Theophil Friedrich Ehrmann

Der Weltbürger oder deutsche Annalen der Menschheit und Unmenschheit, der Aufklärung und Unaufgeklärtheit, der Sittlichkeit und Unsittlichkeit für die Jetztwelt und Nachwelt

Theophil Friedrich Ehrmann

Der Weltbürger oder deutsche Annalen der Menschheit und Unmenschheit, der Aufklärung und Unaufgeklärtheit, der Sittlichkeit und Unsittlichkeit für die Jetztwelt und Nachwelt

ISBN/EAN: 9783743603011

Hergestellt in Europa, USA, Kanada, Australien, Japan

Cover: Foto ©Andreas Hilbeck / pixelio.de

Weitere Bücher finden Sie auf **www.hansebooks.com**

Der

Weltbürger.

Oder

deutsche Annalen

der Menschheit und Unmenschheit, der Aufklärung und Unaufgeklärtheit, der Sittlichkeit und
Unsittlichkeit für die Jetztwelt und Nachwelt.

Gesammelt

von

Freunden der Publicität.

Erster Band.

I. Heft.

Germanien,
Auf Kosten der Herausgeber. 1791.

Der
Weltbürger.
I. Heft.

I.
Der Geist der Zeit.

Ein Fragment.

Statt Vorrede und Einleitung.

Wer vermag es, ihn zu fesseln, ihn zu konterfeyen
diesen launenhaften, faselnden, unbeständigen, sich
selbst immer ungleichen Geist unsers Zeitalters,
der bald im blutigen Harnische, bald im leichten
Stußergewand, bald in der ehrfurchtweckenden Ma=
jestät eines allbeglückenden Erdengottes, bald im Flit=
terpuße eines windichten Abentheurers, bald mit ge=
runzelter Stirne im Philosophenmantel, bald in der
bunten Harlekinsjacke vor uns erscheint?

Man reime sie zusammen, die Groß= und Kleintha=
ten unserer Zeitgenossen — hier die Trophäen einer
Katharina, eines Josephs, eines Leopolds, eines
Gustav's — die Römerthaten der Neufranken —
die zur Unsterblichkeit gereiften Werke aller unserer
grossen Geister — die Schriften, die keine Zeit ver=
tilgen wird — so viele in Marmor gegrabene Züge
erhabenster Tugend......

Und dort — Despotenhudeleien, Kampf gegen
Aufklärung, Modethorheiten, Modelaster, Mesme=
riaden, Rosenkranzereien, Cagliostro'sstreiche, Hals=
bandgeschichten, Illuminatenwesen, Jesuitenjagd,
Körpers=und Geisteständelei, Faselei, Alefanzerei,
Kriecherei, Speichelleckerei, und alles, was die

Schande eines Zeitalters zum Brandmal seiner Ge=
nossen machen kann!

Welch ein Bild!

Und doch ist es das Bild unsers aufgeklärten,
philosophischen Zeitalters.

Wir wollen dies Bild etwas näher betrachten,
wir wollen einzelne Züge zu seiner Schilderung sam=
meln, und dann.... die Ausmalung der prüfenden
Nachwelt überlassen.

Die Menschheit siegt, die Aufklärung verdrängt
die Schatten der Nacht, der Geist des Menschen
hat die höchste Stufe erstiegen, wir haben Fürsten,
Staatsmänner, Helden, Gelehrte, Künstler, wie
sie die Vorwelt nicht hatte; die Denkmäler unsrer
Größe werden der Nachwelt Staunen entlocken,
unsre Lorbeeren welken nicht!

So jubelt der Lobredner unsers Zeitalters.

Aber der weinende Heraklit seufzt: Ach, wie man
sich doch blenden kann! Wir sind Sklaven, wir
schmachten in drückenden Fesseln, der Wagen des De=
spoten rollt ungestraft über unsere ausgemergelte Kör=
per hin, die Tollheit hat die Maske des Freiheits=
eifers genommen, die Zügellosigkeit nennt sich Auf=
klärung, die Vorurtheile und der Aberglaube haben
nur die Gestalt verändert, sie haben sich in modische
Kleider geworfen; unser Geist ist wieder ins Klein=
liche herabgesunken, ihm schwindelt vor der Höhe,
er drückt die Augen zu, und schreit voll Eigendünkel:
Ich habe den Gipfel erstiegen. Der Glanz des Flit=
tergolds blendet die Augen unserer Großen, der
armseligste Weihrauch umnebelt sie, ihre Ohren wie=
derhallen von Schmeicheleien und sie hören es so oft,
daß sie es am Ende selbst glauben, sie seyen Göt=
ter! Ruhmsucht leitet die falsche Politik unsrer Staats=
männer, unsre Helden klauben — vom Ehrgeiz ge=
spornt — die Lorbeerblätter aus dem Brei zusam=

men (*) — unſre Gelehrte ſchimpfen ſich um ihre
Ehre, unſre Künſtler hofieren dem Laſter, und die
Denkmäler die unſer Nachlaß für die Folgewelt ſeyn
ſollen — ach, es ſind rauchende Wüſteneien, glän=
zende Tempel des Laſters, Gebirge von Verbrechen!
Iſt das unſer Vorzug? —

So der düſtre Menſchenfeind.

Aber wer hat wol Recht von den beiden?

Jeder.

Der Lobredner, der im Taumel ſeines Entzückens
— ein Groſſer hat ihm goldnen Beifall zugelächelt
— die Vorzüge unſers Zeitalters auspoſaunt —
Schade, daß ſeine Trompetenſtöſſe verhallen, ehe ſie
den Vorhof der Nachwelt erreichen; der malt nur
die ſchöne Seite ſeines Bildes.

Der finſtre Freudenhaſſer, der (laudator tempo-
ris acti) die Hefen des Kelches trinkt, und — hat
ihn wol der Erdengötter einer ſeines lohnenden Blic=
kes nicht gewürdigt? — dem Tage ſich verbirgt um
in die grauſe Nacht hinauszuſtarren, und denn zu
rufen: Es iſt Alles finſter! — Der malt nur die
trüben Bilder, die ſein freudeſcheues Auge in dem
Menſchengewimmel ſucht!

Beide haben Recht!

Unſer Zeitalter iſt das Zeitalter der Widerſprü=
che. Der menſchliche Geiſt, der kaum eine hohe
Stufe erklimmt hat, fängt ſchon wieder an zu ſchwin=
deln, und radatirt. Wir haſchen nach Licht, nach
Aufklärung; es iſt wahr, aber wir taumeln noch in
der Dämmerung und verfehlen den Mittelweg. Wir
paaren groſſe Tugenden mit groſſen Laſtern. Wir
haben Stückweiſe Alles, und im Ganzen fehlt uns
Alles. Nirgends Uebereinſtimmung. Hier glänzt Af=
ter = Aufklärung, dort herrſcht Dummheit; hier
glaubt der menſchliche Geiſt alle Feſſeln abgeſtreift

(*) Laureolam ex muſtaceo quærere!

zu haben, wenn er die Bande der Menschheit zer=
reißt, und seine Freyheit ist ein Sommernachtstraum;
dort aber küßt er noch seine bleierne Ketten, und hält
sie für die freywilligen Bande geselliger Ordnung.
Eigendünkel und Vorurtheile ringen mit der Ver=
nunft. Die Egoisterei siegt. Alles wird verklügelt,
und wann die Natur verpfuscht ist, so heißt es, seht
da unser Meisterwerk. — Wir dünken uns besser,
als alle Genossen der Vorwelt, und in dieser Ver=
blendung tändeln wir mit uns selbst. Wir besitzen
grosse Vortheile, aber die Jeztwelt hat nicht die Be=
stigkeit sie zu nützen. Durch alle die Verfeinerung
ist der wahre Grundkarakter verschliffen worden. Wir
sind nicht lasterhaft wie die Vorwelt, nicht tugend=
haft wie sie, denn es fehlt uns die Kraft dazu.
Der Luxus hat uns ausgemergelt, und wir lassen
uns itzt, weil wir zu schwach sind, wie Kinder von
dem Eigendünkel gängeln. Der Glanz unsers Zeit=
alters schimmert und flimmert wie Edelgestein —
aber es ist ein schwacher Glanz, den tausend Fle=
ken verdunkeln. Dicht neben der Tugend steht das
Laster, und aus beiden ist ein Mittelding entstan=
den, das bald diesem, bald jener gleicht, und viel=
leicht die einzige Eigenheit unsers hochgeprießnen Zeit=
alters ist — ich wiederhole es, des Zeitalters der
Widersprüche. — Wir können uns mit keinem
Volke der Vorwelt vergleichen. Denn wir enthalten
die Quintessenz alles Guten und Schlimmen, aller
Vorzüge und Gebrechen irgend eines Zeitalters, und
alles dieses ist so in einander verflossen, daß es ein
eigenes Mittelwesen bildet. Dies allein ausgenom=
men, ist alles was wir besitzen geborgt. Selbst in
unsern Fehlern sind wir nicht beharrlich. Wir ha=
ben verdienstvolle Leute und ehren das Verdienst;
aber im folgenden Augenblicke wenn wir uns an ihm
satt bewundert haben, laufen wir einem Gauckler
nach, und, leider! lohnen wir gewöhnlich den Gauk=

ler beſſer als den verdienſtvollen Mann! Wir haben
groſſe Fürſten, Staatsmänner, Helden, Gelehrte
und Künſtler; aber man ſehe die Gruppen, in welchen ſie ſtehen. Der gute Fürſt wird übel geleitet,
der gute Staatsmann ſteht nicht immer bei einem guten Fürſten, der Held iſt zu oft nichts als Held;
der Gelehrte iſt Pedant oder Scharletan, oder darbt,
wenn er keines von beiden iſt, und der Künſtler
wird nur dann unterſtützt, wenn er mit der Mode
zu tändeln verſteht. Die Tändelei iſt der Götze unſers Zeitalters, ſeine Oberprieſterinn iſt die Mode.
Wir tändeln mit Allem, mit Begriffen, mit Wiſſenſchaften, mit andern, wie mit uns, mit Tugend
und Religion — wir tändeln ja mit Gott ſelbſt!
Von unſrer Erziehung an bis zu unſrer Beerdigung
iſt Alles einerlei — Tändelei! Nur der Schimmer
reizt uns, und der Maasſtab nach welchem wir Alles meſſen, iſt unſer werthes Ich. — Aber wir ver-
laſſen eben ſo ſchnell wieder die Lieblings-Tändelei,
um .... eine andere zu erkieſen.

 Der Geiſt unſers Zeitalters iſt der Geiſt
  der Unbeſtändigkeit.
Sein Symbol iſt ein Wetterhahn!

 Es iſt wahr, wir ſind in Kenntniſſen, Künſten,
Wiſſenſchaften, in jeder Verfeinerung, auch in der
Sittlichkeit ſchon weit vorwärts geſchritten; unſer
Zeitalter iſt nicht arm an ſchönen Denkmälern für die
Nachwelt; aber dieſer Geiſt von Unbeſtändigkeit,
dieſe Unveſtigkeit entſtellt jene Vorzüge wieder. Unſre Begriffe ſind noch nicht ganz geläutert, unſre
Tugenden ſchwanken, unſre Fehler machen unſre guten
Eigenſchaften zweideutig, unſre Handlungen werden
nicht von veſten Grundſätzen geleitet, unſre Leiden-
ſchaften unterjochen uns, unſer Geiſt flattert noch
zu unſtät, und jedes Jahr bringt in jedem Fache unſers Wiſſens neue Moden.

 Ich verkenne die Vorzüge unſers Zeitalters nicht;

ich weiß daß meine Zeitgenossen grosse Männer unter sich zählen; aber ich glaube auch, daß dies meinen Satz nicht entkräfte, wenn ich vom Ganzen spreche, wo der Einzelne verschwindet.

Man schlage das grosse Buch unsrer Zeitgeschichte auf, und man wird mir — ich hoffe es — Recht geben: Es fehlt dem Karakter unsers Zeitalters an Vestigkeit.

Aber die Zeit der Verwandlung ist nahe — ich hoffe und wünsche es — dieser schwankende Karakter wird Vestigkeit gewinnen. Der Modefehler unsers Zeitalters — die Egoisterei wird von der Vernunft überwältigt werden, und dann erst werden wir mit reineren Begriffen auch mehr fähig seyn, uns glücklich zu machen.

Möchte doch diese Prophezeihung recht bald in Erfüllung gehen!

Die wohlthätige Gährung, die sich in den Köpfen meiner Zeitgenossen äussert — ich meyne den thörichten Freyheitstaumel nicht — scheint die Morgenröthe einer wahren Aufklärung zu seyn, deren allbeseelende Stralen das Dunkel der Dämmerung aufhellen wird, das wir itzt für das helle Licht ansehen.

Diese Fortschritte der Menschenbildung zu belauschen, sie wenn es uns möglich ist, befördern zu helfen, über Alles was Menschenwol betrift, Licht zu verbreiten, durch richtige Darstellung der die Menschheit am nächsten angehenden Begebenheiten die Edeln und Guten aufmerksam zu machen, den Unedeln und Boshaften mit der Fakkel der Wahrheit zurückzuschröcken, das Verdienst zu ehren und zu ermuntern, und Denkmäler unsers Zeitalters zu sammeln für die Nachwelt — dies ist der hohe Zweck, den sich bey diesen Blättern vorgestellt haben

Die Herausgeber.

2.

Sind verbesserte und auch selbst eigentliche sogenannte Bürgerschulen ein zweckmäßiges und hinlängliches Mittel die zukünftige Generationen, von den Gebrechen der gegenwärtigen zu reinigen? und, wenn diese es nicht sind, welches sind denn die Mittel diese nothwendig gewordene grosse Revolution zu bewirken?

Es ist nicht die Klage falsch verstandener Frömmeley, nicht das Seufzen eines Milzsüchtigen, nicht die Sprache der Verzweifelung weniger, durch ganz sonderbare Verkettungen der Zufälle ausserordentlich unglücklicher Menschen; es ist durch Thatsachen erwiesene, von aufgeklärten, und selbst im Wohlstand lebenden Männern, anerkannte Wahrheit; daß die gegenwärtige Generation an einer tief eingewurzelten Krankheit darnieder liege, die von Tage zu Tage gefährlicher wird, und in gewisser Art den Untergang eines grossen Theils des Menschengeschlechts und Rückfall in die äusserste Barbarey und Wildheit voraussehen läßt. Die Geschichte der Gegenwart, die der Nachwelt eine Erndte der wichtigsten Eräugnisse darbietet, dergleichen die Annalen der Zeit bisher wohl nicht aufweisen konnten, beweist eine gewaltige Gährung in der sittlichen Welt. Frankreich entreißt sich mit kühnen Schritten dem Taumel der Lüste, zerbricht die Fesseln einer Sclaverey, die der Ewigkeit zu trotzen schien, es bestürmt theologische und politische Vorurtheile, deren Alter ihre Schwäche ehrwürdig gemacht hatte. — Belgien entzog sich zum zweitenmale dem angeblichen politischen Despotismus unter dem Schutz der Glaubensfahne, deren Verehrung jedoch bey einem mehr aufgeklärten Volke, als man glaubt, eher Vorwand als Realität zu seyn scheint; überall zeigen

bereits ausgebrochene, dem Ausbruch nahe, oder
heimlich glimmende und doch gewünschte Revolu=
tionen ein Mißbehagen der Völker, an ihrem ge=
genwärtigen Zustande. Alles dies sezt entweder
wirklich unerträgliche oder doch unerträglich
scheinende Uebel voraus; oder eine Kenntniß, ei=
nen Wunsch des in ältern Zeiten nicht so allge=
mein anerkannten besseren, und eine auf Wahr=
scheinlichkeiten gegründete Hofnung, dasselbe zu
erreichen. Es sind also zwei Ursachen möglich,
welche diese Revolutionen veranlassen können: Ent=
weder der moralische und mit diesem im genausten
Verhältniß stehende politische und physische Zu=
stand der Menschen hat sich gegen sonst verschlim=
mert: oder ihre Kenntniß eines besseren Zustan=
des ist so lebhaft geworden, daß der Wunsch, ihn zu
erreichen, in That übergieng. Eine richtige Kennt=
niß der jezigen Lage von gesitteten Nationen belehrt
uns, daß beydes die Quelle der gegenwärtigen auf=
serordentlichen Begebenheiten sind. Künste und Wis=
senschaften, nähere Bekanntschaft mit der Erde
und ihren Bewohnern, tiefere Blicke in die Ge=
heimnisse der Natur, eine gereinigte Theolo=
gie, nähere Bekanntschaft und Verbindung der ge=
sitteten Völker mit einander, durch ausgebreitetere
Sprachkenntnisse, Gelehrsamkeit, Handel und
selbst Kriege befördert, haben alle europäischen Na=
tionen einander näher gebracht, die bisher geschlos=
senen Gränzen der Weltbürgerschaft erweitert, den
Nationalhaß geschwächt, und selbst in einer eigen=
nüzigen Politick, einen der wichtigsten Keime da=
zu erzeugt. Englands Macht zu schwächen ver=
theidigte Frankreich die Sache der Amerikaner,
billigte ihre Gründe, und lehrte dadurch zuerst seine
eigene Unterthanen, daß es unterdrückten Na=
tionen erlaubt sey, den Tempel des Despotismus zu
zerstören. Es wäre weiser gewesen, wenn die fran=

zöſiſche und mehrere Regierungen, bei der ſich aus-
breitenden Cultur ihrer Unterthanen, auch ihre Re-
gierungsgrundſätze geändert; wenn ſie ihre Ge-
ſetzbücher, die ſich aus rohen Zeiten herſchreiben,
umgeſchmolzen; wenn ſie die Lehnsverfaſſung, die
eine Zeit einführte, wo es nur Eigenthümer groſſer
Landdiſtricts und Heerden Eigenthumsloſer Menſchen gab, die nur zu Friſtung ihres kärglichen
Lebens ihre Menſchenrechte veräuſſern, und ſich zu
Leibeigenen, zu Sclaven hingeben mußten, wo noch
kein ſogenannter Mittelſtand vorhanden war, der
durch Reichthümer, durch Talente, durch ihm eigenthümlich gewordene Tugenden und Sitten, und
durch alles dies erworbenen Einfluß, bedeutend geworden, herſtammte, wo nicht durchaus abge-
ſchaft, doch wenigſtens gemildert hätten; allein
es ſchien: daß der Deſpotismus, der ſein Ende
fürchtete, ſeine Erhaltung durch eine nicht mehr
zweckmäſſige Gewalt ertrotzen wollte.

Allgemein bekannte, in allen Zeitungen geleſne
Thatſachen beweiſen; daß das Verderben der gegenwärtigen Generation, hauptſächlich ſeinen
Sitz auf und nahe dem Thron, bei den Oberſten und Angeſehenſten vieler Völker und in der Geſetzgebung und Staatsverwaltung hat, und nur durch
Verbindungen aller Staatsglieder mit einander, bei
einer oder der andern der übrigen Volksklaſſen verhältnißmäßig eingeriſſen iſt.

Die Kennzeichen dieſes Verderbens ſind:
Bei den Regenten, unbegränzte Eroberungs-
ſucht; die, bald in der Nothwendigkeit ſeine
Staaten zu arrondieren, bald in das ſcheinbare Fan-
tom der Erhaltung des Gleichgewichts, zur Unzeit ein-
gekleidet wird, unermeßlich groſſe Heer erfordert,
deren Unterhalt ungeheure Koſten verlangt, die doch
den Ausgaben der übrigen Prachtliebe, Bau-
und Jagd, oder Wolluſt des Regenten einen gleich

freyen Spielraum übrig laſſen ſoll. Man
könnte zwar und mit Recht einwenden, daß, wie
Geſchichte und Erfahrung bezeugt, die Regenten eher beſſer, als ſchlimmer geworden; daß ſie
ſich jener Grauſamkeiten der ältern Kaiſer und Könige, jener Räubereien in den Zeiten des Fauſtrechts,
nicht mehr ſchuldig machten; daß ihre Eroberungs-
ſucht, durch den einer jeden Auslegung fähigen Co-
der der Politick, beſchränkt werde, daß die Eifer-
ſucht der vielen europäiſchen Höfe, die Wachſam-
keit über ihren Beſitz, Rechte und Anſprüche;
die mancherley, und, wie manche Ströme unter der
Erde vor gewöhnlichen Blicken unſichtbar vor-
handenen Bundesgenoſſenſchaften und Verträge;
dieſer durch Rechtsphraſen ausſtaffirten Räuberei,
Einhalt thäten: Allein eben alle dieſe Dinge, bewirken gerade den hobbeſianiſchen Krieg: aller
gegen alle, halten alle Schwerdter gezuckt, verbreiten Mißtrauen in alle Cabinetter, und hemmen
ſelbſt die Aufwallungen guter Geſinnungen, menſchen-
liebender, organiſirter Fürſten, in ihren ferneren wohlthätigen Ergieſſungen; mindern nicht die Klagen des
bedrückten Unterthanen, lindern keine Laſt, ſelbſt
wenn die Härte des Himmels ſich in kargen Erndten,
die Verwüſtungen der Zeit, durch Brand, Hagel-
ſchlag, Gifte und tödliche Krankheiten an Menſchen und Vieh über ganze Länder geiſelnde Plagen
verbreiten. Die Politick, der Menſchheit grauſam-
ſter Tyrann, geht unaufhaltſam ihren ehernen Schritt,
und gleich den Eisgebürgen verwinterter Ströme,
durchbricht ſie Damm und Brücken, und wüthet be-
ſto raſender, je mehrere Hinderniſſe ſich ihr entgegen
ſtellen.

Jahrhunderte bewunderten Alexandern, den die rei-
nere Moral nur einen königlichen Räuber nennt.
Ludwig den XIVten erheben die Jahrbücher ſeiner
Zeitgenoſſen mit Lobſprüchen als groſſen Mann; itzo

nennt ihn aber die Publizität öffentlich, den ge=
krönten Mordbrenner Deutschlands; (*) selbst
die Enkel seiner Pariser, die ihn vergötterten, ihm
den Namen des Grossen beilegten; den Dauphin
Voluptas orbis nennten; zerstören itzt die Denkmä=
ler seiner Siege, vielleicht selbst den Nachruhm
der Kunst in seiner aufgestellten Statue.

Aus diesen Uebeln entsteht nun in mancherley Rück=
sicht despotische Regierungsart. Die unbegränzte Er=
oberungssucht, machte wie gesagt, ungeheure Ar=
meen nothwendig, und diese Armeen sind die einzi=
gen Diener der Leidenschaften der Regenten. Die
Armeen zu Lieblingsdienern bereit und willig zu
erhalten, machte es den Fürsten nothwendig, ihnen
Vorzüge zu ertheilen, Vortheile auf Kosten der übri=
gen Staatsbürger. Diese erhalten, weiß nun das
Militär so geltend zu machen, daß sie es laut sagen:
Der Staat sey nur ihrentwegen da! — Nun
von dem Fürsten geliebkoset; mit einer Macht bewaf=
net, die dem Fürsten selbst furchtbar werden konnte,
wußte das Militär eigenmächtig, noch mehrere Vor=
theile zu erzwingen und heraus zu nehmen, als ih=
nen der Wille des Kriegesherrn gesetzlich eingeräumt
hatte.

Diese Anmaassungen bereicherten nicht nur alle Classen
der Vorsteher der Heers, und veranlaßten schreyen=
de Eingriffe in die Rechte der andern Staatsbürger,
Ausnahmen von den allgemeinen Landesgesetzen,
die das Militär gar nicht für sie geschrieben glaubt;
unbestrafte Gewaltthätigkeiten, die im Criminal
Codex mit Todesstraffen gegen andere vergönnt sind;
keiner gesetzlichen Rüge unterworffene Sittenlosig=
keit, und die Beförderung der Verschlimmerung
der Generation in den untersten Ständen, die auß=
serdem am längsten der Natur treu, und von den Ge=

(*) Schlözers Staats=Anzeigen vom Jahr 1790.

brechen, welche die Verfeinerung erzeugte, noch auf
ein Jahrhundert frey geblieben wäre.

Hieraus nun ist alles das entsprungen, was man
in neueren Zeiten so richtig mit dem Namen des Militair = Despotismus benennte; und der sich so
wohl wider Gesetze, Rechte, Sitten und Mensch-
lichkeit im innern der Heere selbst, und in Ansehung der übrigen Staatsbürger äussert; und nur
von denen geleugnet werden kann, die entweder als
Schmeichler der Regierungen, oder aus Eigennutz, unkunde dessen, was um sie herum vorgeht,
und ohne alle Kenntniß und Gefühl der Natur —
und Gesellschaftsrechte, nicht sehen wollen oder
können. Vergebens, so lobenswürdig es immer
bleibt, schon so manches hierinn gethan zu haben,
prahlt man mit der Disciplinirung der Armeen,
denn wenn auch jene Barbareyen des vorigen Jahrhunderts abgeschaft worden; so ist auch zugleich eine
allgemeine Erkenntniß der bürgerlichen Verhältnisse, zu einem feinern Gefühl, ehemals vielleicht nie bemerkbar gewordener Beleidigung erwacht. Dieser Hauptzweig des Despotismus der
mehresten Staaten, hat noch seine Unterabtheilun-
gen. Nach den Gesinnungen des Heers dulden die
Höfe noch die Bedrückungen anderer Stände. Wo
der Soldat bigott ist, schmeichelt man der Gewalt
der Hierarchie; duldet alle jene Mißbräuche, die
ihrer Herrschaft anhängen, und die Menschen selbst
in Ansehung ihrer Gedanken und Empfindungen, zu
Sclaven des Aberglaubens machen. Nächst diesem aber ist der gefährlichste Feind staatsbürgerlicher
Glückseligkeit und daraus nothwendig entstehender
Verschlimmerung der Generation, der Despotismus
des Finanzgeistes, der nicht sowohl in den Abgaben selbst, als in deren Erhebungsart liegt; der die
redlichsten Bürger Mißhandlungen der schlecht-
denkendsten Menschen Preis giebt, die ohne Kennt-

niß des Geistes der Gesetze, am Buchstaben kleben,
und unter seiner Firma Erpressungen vornehmen,
Denunciationen schmieden, induzirende Betrügereyen
spielen, um unter dem Vorwand der Beförderung
des landesherrlichen Interesse, ihren unbegrenz-
ten Eigennutz zu befriedigen, den sie für so mehr
erlaubt halten, weil ein grosser Theil derselben,
dergleichen Bedienungen für ausgestandene Gefahren
des Todes, der Wunden und gänzlicher Zerstüm-
melung ihrer Körper zu Theil geworden. Alle diese
Uebel trennen den Bürger nothwendig vom Bürger,
lösen das Band der Staatsgesellschaft auf, verhindern
thätige Theilnahme am gemeinen Wohl und
Weh, befördern das Wachsthum des gefährlichsten
Feindes der Menschheit, nehmlich: Einer rücksichts-
losen Eigenliebe, die jedes gute Gefühl erstickt,
und, gestärkt durch die Zeit, selbst an den Banden
der häuslichen Gesellschaft nagt, und die engsten
Verbindungen des Menschen mit seines gleichen
auflöst.

Nach diesen nur kurzgefaßten Ursachen des Verderbens der gegenwärtigen Generation, lassen
sich die einzelnen Bestandtheile desselben leicht ent-
wickeln.

Sie liefern allerdings ein trauriges Gemählde von
dem sittlichen und selbst physischen Zustande der
Nation; sie sind um desto gefährlicher, da sie sich
selbst in's Gewand der Tugenden kleiden, und ihren Raub um so sicherer und ohne Rückkehr zum
Verderben führen. Der traurige Zustand der unte-
ren Volksclassen, die dem Despotismus der höhern
in geistiger und leiblicher Rücksicht auf so mancherley
Art Preis gegeben, kämpfet aus allen Kräften sich
den Wogen des Abgrunds, in dem sie von den Wellen höherer Kraft hin = und hergeworfen werden, zu
entreissen. Sie streben nach höhern Wirkungskrei-
sen, und daraus entsteht jene Verachtung der nütz-

lichsten Gewerbe , (*) die immer mehr einreissende
Armuth bey den productiven Volksclassen, die, was
sie noch sammlen könnten, Söhnen oder Enkeln
hinterlassen, welche die ererbten Schätze anwenden,
um eine Stufe höher, als ihre Voreltern zu steigen,
in der sie alsdenn verarmt, um so unglücklicher leben, weil sie denn sich in einem Element befinden,
welches ihnen keine Nahrung reicht. Dieß allgemeine Heraustretten aller Stände, von der ihrer Natur angewiesenen Bestimmung, wird nächstdem auch
eine Quelle der Muthlosigkeit die Menschheits-
rechte zu vertheidigen, und sich dem einreissenden
Despotismus zu widersetzen. Da unterdeß unter
den vielen, nach höhern Bestimmungen, als ihnen
ihre Geburt anzuweisen schien, ringenden, nur eine
kleine Zahl das vorgesetzte Ziel, dessen erlangter Gewinn auch überdieß größtentheils nur noch zweydeu-
tige Glückseligkeit gewähret, erreichen kann; so muß
daraus eine Art von Verzweiflung entstehen, die
sich, wie die Geschichte des Tages beweiset, auf zwey
ganz entgegengesetzten Wegen äussert. Wir sehen daher, daß bey aller Cultur, bey aller Bücheraufklä-
rung (denn sie ist, was auch die Anti-Faustine sagen, noch nicht merklich ins praktische Leben übergegangen) eine Seuche des Mißmuths und der
Unzufriedenheit bey den Zeitgenossen eingerissen ist,
die entweder in Selbstmorde oder die zügelloseste
Sinnlichkeit ausartet; und welche beide die physischen Kräfte erschöpfen, alle Seelenstärke schwächen, und dieß um so schneller thun, da bey den

Kran-

(*) Wie viel Leute lassen nicht ihre Kinder, ohne alle Anla-
gen und Vermögen, blos aus dem Grunde studieren, um
sie dem Enrollement zu entziehen ? Wie mancher Vater
verheyrathet seine Tochter an einen liederlichen Soldaten,
blos um sie und ihre Kinder von der Unterthänigkeit los-
zumachen?

Kranken beyder Gattung gewöhnlich eine groſſe Anſtrengung der Kräfte zu Erreichung des vorge-
ſetzten und nicht errungenen, oder einer ſolchen
Kraft nicht werth und belohnend genug gefundenen Anſtrengung, vorher gegangen. Dieſe letztere
Art der Betäubung, haben ſelbſt die Regierungen
zu Verbreitung und ruhiger Ausübung ihres Deſpotismus ſo vortheilhaft gefunden, daß ſie ſolche durch Geſetze, Achtloſigkeit und Aufmunte-
rungen zu befördern ſuchen, und in vielen Fällen
ſchlau den doppelten Zweck erreichen, die Nation zu
entnerven, und ihre Caſſen zu füllen. Dieß hat nun
natürlich einen Widerſpruch in der Staatsregierung
verurſachen müſſen, der die Principien des Rechts
und Unrechts, des löblichen und tadelswürdi-
gen, des ſchönen und häßlichen, des guten und
böſen, des ächten und falſchen Geſchmacks,
der Gränzen der Natur und der Kunſt, der Ver-
ſchönerung der erſtern, und der Uebertreibung
der letztern, des falſchen und wahren, des ſchlich-
ten Verſtandes und der Sophiſterey, der Erfahrung und Täuſchung, der Erkenntniß und des
Gefühls, zu einer bloſen Spiegelfechterey des größten Eigennutzes gemacht. Daher jene auffallenden
Widerſprüche in Religionsſachen, jener Aberglaube und Unglaube, jene auf die frivolſten
Hypotheſen gegründeten Syſteme der Philoſophie
und Naturbegebenheiten (*) jene Auswüchſe
in Sachen des Geſchmacks, (**) jene Neigung
zum übernatürlichen und wundervollen Mag-
netismus, und geheime Ordenswirthſchaft, jene Entfernung von dem gewöhnlichen, und ein unwider-

(*) Hr. D. Berger in Culm und einige Franzoſen.
(**) Als alle Siegwarteaden, encyclopediſche Gelehrſamkeit,
und Almanachs = Litteratur.

(D. Weltbürger, I. Heft.) B

ſtehlicher Hang zum wunderbaren, welche die Ge-
winnſucht mit Schlauheit verbunden, und mit
Talenten, die man den Ton der groſſen Welt und
des feinen Geſchmacks nennt, ſo einträglich genutzt
wird. Daher jener Eckel an den reinſten Natur-
genüſſen, jener ſich immer mehr ausbreitende Hang
zur Eheloſigkeit, jenes erſtickte Gefühl des väterlichen und mütterlichen Herzens, jene widerna-
türlichen, und ſelbſt abſcheulichen Wege und Mittel, kinderlos zu bleiben; jene Sorgloſigkeit für
die Seinigen, und die Liebe zur Verſchwendung, die
auf eine zurückbleibende, Unterhalt und Erziehung
fordernde Familie, keinen Bedacht nimmt, weil ſie
ſie itzt nicht für die Ihrigen erkennen kann: daher
endlich jene Treuloſigkeit ehelicher Verbindungen,
jene immer ſeltener werdende kindliche Liebe und
Dankbarkeit: Kurz, die gänzliche Auflöſung
der heiligſten Bande, die allein der Erhaltung der
Staatsgeſellſchaft zur daurenden Grundlage dienen
können!

Und alle dieſe Uebel, die zuſammengenommen das
traurige Gemälde der gegenwärtigen Generation liefern, welches mit einem darſtellendern Pinſel
entworfen, Schaudern erregen müßte; und ſelbſt in
den nur leicht hingeworfenen Zügen, den Nachden-
kenden zu den ernſthafteſten Betrachtungen weckt;
ſollten blos durch beſſere Einrichtungen der Schulen
gehoben werden können? Profeſſor Schummel (*)
hat dieß in einer neulich herausgegebenen Schul-
ſchrift zu behaupten geſucht. Ohne den von ihm
und mehrern aufgeklärten Schulmännern dargeſtellten
Nutzen der Verbeſſerung unſerer Schulen und
der ſogenannten Errichtung von eigentlichen Bür-

(*) An der Königl. Preuß. Ritterakademie in Liegnitz.

gerschulen und Einführung eines Bürgercatechis=
mus, absprechen zu wollen; ist es doch eine gänzli=
che Ohnmöglichkeit, auf diesem Wege allein, oder
nur gröstentheils eine durchaus bessere Generation her=
vorzubringen. Wenn dieß nun aber der Fall nicht
ist, so fragt sich: „Welches können denn also
„die Verbesserungsmittel der gegenwärtigen Genera=
„tion seyn?„ Bey genauer Rücksicht auf die gegen=
wärtigen Uebel, liegen die Quellen derselben in den
Regierungen und deren Vorgesetzten, in den
Gesetzen und deren Handhabung, in den Wegen
zur Volksbildung, in der physilchen und der da=
von abhängenden moralischen Stimmung der Na=
tion, und im Einfluß von aussen einwürkender Gegen=
stände und Welt und fremder Staaten=Revolu=
tionen. Soll daher das gegenwärtige Menschenge=
schlecht, oder ein Theil desselben, veredelt werden ;
so müssen :

1.) die Regenten, eine den Menschheits=Rech=
ten angemeßnere Regierungsform, stufenweise ein=
zuführen suchen, und um dies dauernd zu bewürken,
muß die Erziehung der Fürstenkinder, menschli=
cher, das heißt: der Denkungsweise, der unter ihnen
stehenden Menschen ähnlicher werden. Es muß vom
Thron aus, dem menschenfeindlichen Dämon, an=
geerbter und anerborner Vorzüge entgegen gear=
beitet, daher wenn auch der Adel nicht ganz abge=
schaft, doch mehr auf den Adel des Verdienstes,
als der Geburt Rücksicht genommen ; kein neuer
Adel gemacht, der weibliche Adel gänzlich abge=
schaft, und die Vererbung des Adels blos auf die
Erstgeburt festgesetzt werden, denn werden die Stim=
men der mittlern und erstern Volksklassen eher zum
Thron dringen; dann wird das Richter=Amt frei=
müthiger verwaltet, die Staatsabgaben gleichmäßi=
ger eingetheilt, und die Aemter mit fähigern Leuten

beſetzt werden. Kein falſches Mitleid, wird dann
einem Vorurtheil mehr das Wort reden; kein Gröſ=
ſer, wird dann ſich die ſchreiendſten Unterdrückun=
gen der niedern Volksklaſſen erlauben, um den Flit=
terſtaat verjährter Vorzüge auslegen zu können! Alle
Ueberhebungen eines Standes, über die andern,
müſſen geſetzlich unterſagt ſeyn, und die nothwendig
bleibende verſchiedenen Verhältniſſe der Staatsbürger
wie ſanfte Tinten leicht in einander verflößt werden.
Der Soldat muß dem Staat für die ihm aufgetra=
gene Ehre ſeiner Vertheidigung, Dank erweiſen,
aber ſich nicht, weil er der ſtärkſte, zum Tirannen
der übrigen Bürger aufwerfen. Der Religionsleh=
rer, muß von dem Dünkel eines unmittelbaren Ge=
ſandten Gottes abſtehen, und ſeine Vorzüge nur
in der Uebereinſtimmung ſeines eigenen Wan=
dels, mit den vorgetragenen Lehren ſuchen. Denn
alle dieſe Schranken, die den Menſchen vom
Menſchen ſondern, ſind ſo viele Loſungen zu ge=
heimen Verſchwörungen eines Standes wider den
andern; ſind die giftigen Ausdünſtungen jener Peſt,
die den Menſchenhaß erzeugt, dem allgemeinen
Wohl Hinderniſſe in den Weg ſtellt, und die Sit=
ten verunreinigt, um leibliche und geiſtige Meuchel=
mörder zu Erreichung ſeiner Abſicht zur Hand zu ha=
ben. Die Aufhebung dieſer Gränzen, erleichtert
dann den Weg zum Thron, und macht den Regenten
ſo gut zum Vater des Hirten, als ſeines höchſten Va=
ſallen. Es giebt ſeinen Tugenden einen ausge=
breitetern Strahlenkreis, und die Milde ſeines Her=
zens, ergießt ſich wie ein Silberbach durch ebne Flu=
ren auf alle Ländereien, ohne durch Felſenhölen auf=
gehalten zu werden. Selbſt falſche Maasregeln der
Regenten, werden dann eher entſchuldigt, wenn
man ſie keinem Einfluß der Schmeichler, keinen
Rathſchlägen ſchlauer Günſtlinge zuſchreiben kann;
indem der Menſch eigne Fehler des Regenten, mit

mehr Nachsicht trägt, als fremde! Gut geartete
Kinder, ertragen auch den leidenschaftlichen Ausbruch des väterlichen Zorns geduldig; aber sie verachten den Vater, dem der Rath des Knechts,
die Ruthe in die Hand giebt. Regenten haben
dann den Vortheil freimüthig vor den Schlangen
gewarnt zu werden, die so gern an den Schwellen
des Thrones nisten; und erndten selbst die Segnun-
gen ihrer Völker für eigne Tugenden. Mehrere
Gleichstellung der bürgerlichen Verhältnisse, hemmt
dann auch den Despotismus des Finanzgeistes, wo
die Grossen zu vielen Einfluß haben, suchen sie
Kreaturen zu bekommen, die sie durch Belohnungen sich unterwerfen; diese vermehren die Staats-
Ausgaben, befördern den Anwachs überflüßiger
Bedienungen, reißen den Geiz und Stolz zum
Streben nach höhern Dingen, entreissen den produk-
tiven Volksklassen thätige Hände, und brauchbare Köpfe, und sind mit eine der Ursachen alles
des moralischen Elends, welchem die von dem Na-
turstande entfernteren Volksklassen, unvermeidlich
ausgesetzt bleiben.

Wenn Fürsten bei besserer Erziehung, von der
Eroberungssucht geheilt; wenn sie überzeugt werden, daß ein guter Fürst glücklicher ist als ein Erobe-
rer; daß der reichste Gewinn eines Krieges, für
einen unermeßlich höhern Preis, als sein Werth erkauft ist; daß das Recht Menschenblut ungestraft zu
vergiessen, mit frevelhafter Hand in ein Gesetzbuch
eingeschoben ist, zu dessen Urheber man das höchste Wesen nicht ohne Gottes-Lästerung machen kann.

Diese Grundsätze würden dann die übermäßig
grossen Heere entbehrlich machen, von welchen zu
einseitig vorgegeben wird, daß sie zum Betrieb
der Gewerbe nothwendig seyen.

Eine zweite mitwürkende Ursach zur Verbesserung der Generation, muß in einer zweckmäßigern

Gesetzsammlung und Handhabung der Gerechtigkeit gesucht werden. Die Gesetze müssen dem Kli-
ma angemessen, in der Sprache des Volks abgefaßt, allgemein verständlich und kurz seyn. Der
gesunde Verstand, muß sie auslegen können,
und spitzfindige Beurtheiler derselben, abgewiesen
werden. Todes und infamirende Strafen müssen
nach und nach eingehen; Denunziations Prämien
nicht statt finden, und alle Vergehungen die nicht
wider das Naturrecht laufen, nie härter, als
durch Ersetzung des verursachten Schadens bestraft werden. Richter und ihre Gehülfen muß
der Staat besolden, und das Recht unentgeldlich
ertheilt, muthwillige Zänker aber körperlich bestraft
werden. Die Urtheilssprüche muß der Buchstaben
des Gesetzes enthalten, und die Gründe zur Anwendung des Gesetzes auf einen gegebenen Fall, in der
faßlichsten Sprache vorgetragen seyn. Da Privilegien immer Ungerechtigkeiten enthalten, so sind
dieselben nach und nach abzuschaffen, diejenigen die
derselben verlustig werden zu entschädigen, und
keine neuen, als aus sehr erheblichen Ursachen,
und nur auf kurze oder wenigstens bestimmte Zeit
zu ertheilen. Fällt der Auffwand für grosse Heere
weg; so können auch die Auflagen gemildert, und
ein Theil ihres Betrags mehr auf Anlegung ins Grosse
gehender Gewerbe verwandt werden, zu deren Betrieb Privat-Personen nur durch Privilegien ange-
reitzt werden könnten; gar zu theuer erkaufte Errichtung von Manufakturen und Fabriken, ist dann
selbst nicht mehr so nöthig, weil eine mehr ausgebreitete Handelsfreiheit, alsdenn von weniger übeln
Folgen ist.

Diese Grundsätze werden dann den Geist der
Weltbürgerschaft gemeiner machen, und den ver-
derblichen Staatsegoismus, der am Ende alle
Nationen zum Aufruhr reizen würde, begränzen und

endlich ganz tödten. Der Mensch ist bestimmt ins
Ganze zu würken. Menschenwohl beruht auf
Ausbreitung der Menschenthätigkeit im weite=
sten Kreise; und wenn schon der näher liegende
Punkt mehrere Aufmerksamkeit verdient, so muß doch
der weiter liegende nicht ganz ausser Acht gelassen
werden. Was bisher fürs Ganze gut war, kanns
nicht immer bleiben. Wenn Schmerzen die Ge=
burt befördern, so können zu lang daurende We=
hen, die Gebährerinn und das Kind umbringen.
Weise Regierungen müssen den Umständen nach=
geben, denn selbst der gröste Geist kann sich nicht im=
mer die äussere Lage der Dinge nach seinem Willen
schaffen, in Benutzung seiner Lage, liegt die grö=
ste Politik. Wer verstand dies besser als Friedrich
der Einzige; aber wer kann auch glauben: daß
wenn Friedrich mit einer gleichen Thätigkeit sei=
nes Geistes noch tausend Jahr hätte regieren können, er
immer sein altes Regierungssistem beibehalten haben
würde? Seine Regierungsgeschichte selbst, giebt
davon den Beweis. Er folgte dem Strom der Zeit;
aber er führte sein Schiff mit jener Vorsicht, daß
es unbemerkbar, die Felsen und Klippen auswich,
die es hätten zerstören können. Hätte 1778. Carl
VI. noch aufs Josephs Thron gesessen; so wäre we=
nigstens noch das österreichische Schlesien an Preß=
sen gefallen. Aber mit einem Gegner der seine
Knechte mit Friedrichs zu messen lüstern war, wä=
re ein absichtlich ernstlicher Krieg, das Gefecht des
Kalten mit einem Verwegnen geworden; der so
lange nach Blut dürstet, bis ihm ein tödlicher Streich
versetzt worden. Und Friedrich wollte kein Gan=
zes an einen Theil wagen.

Die dritte und wichtigste Verbesserung der ge=
genwärtigen Generation, beruht auf einer Refor=
mation des religiösen Unterrichts. Dahin gehö=
ren freye Religionsübung aller Partheien; Ab=

schaffung der beschränkenden Autorität, der simbo-
lischen Bücher; Hemmung des römischen Ein-
flusses in deutsche Kirchen: Angelegenheiten,
Aufhebung der Nuntiaturen mit Fakultäten, und
Herstellung der bischöflichen Würde und Anse-
hens nach dem Vorbilde der älteren Zeit; unbe-
schränkte Preßfreiheit in allen wissenschaftlichen
Fächern; Abschaffung des zu sehr nach diesem Alterthum geformten akademischen Unterrichts; ei-
gentlichere Sitten, Geistes und Herzensbildung
künftiger Volkslehrer; Ausrottung aller der Uebel,
welche daraus entstehen, daß der Lehrstand als ein
Erwerbungsweg betrachtet wird, und Errichtung
solcher Anstalten, daß der künftige Volkslehrer nur
mit der Welt und seinem eigenen Herzen bekannt,
mit Erfahrungen aus fremder und eigener Beobachtung ausgerüstet, den Lehrstuhl betrete; genauere
Aufsicht über die Geistlichkeit und Nachforschen ob
sie und ihr Wissen, mit ihrem Zeitalter fortschrei-
ten; strenge Bestrafung ihres unsittlichen Betragens, durch Entfernung vom Amt, und Vertil-
gung des schädlichen Vorurtheils: daß zu Vermeidung böser Eindrüke, alle Bubenstüke und
die größten fortdaurende Unsittlichkeiten, die
nicht über die Klasse menschlicher Schwachheiten gerechnet werden können, unterdrückt werden müßten; Abschaffung alles Käuflichen in Ge-
wissenssachen, als Lichtgroschen und Klingebeu-
tel; unentgeltliche Taufe der Kinder, Trauung
und Beerdigung. Mit diesem hängt nun genau
zusammen:

Verbesserung der Lehre und Erziehungsmetho-
den, sowohl in öffentlichen Schulen als Privat-
Instituten. In Rücksicht des ersteren, gehören dahin, Einführung eigentlicher Bürgerschulen, philo-
sophischere Auswahl der Lehrer, nicht allein nach dem
Wissenschaftlichen, sondern nach Lehrkenntniß;

Karakter und Sitten. Man glaubt alles gethan zu haben, wenn man in den Schulwissenschaften geschickte Lehrer anstellt; aber oft ist selbst ihr vieles Wissen, Hinderniß ihrer Nützlichkeit, und ein Grund ihres Mißvergnügens in einem zu beschränkten Wirkungskreise.

Da unterdeß die öffentlichen Lehr-Anstalten einen zu geringen Einfluß auf die sittliche Bildung haben; so muß auch der Privat-Unterricht und selbst die häusliche Kinder-Zucht, unter Aufsicht der Gesetze stehen, (*) und jeder Hauslehrer und Hauslehrerin, sowohl in Ansehung ihres Wissens geprüft, als auch über ihre Sitten und Karakter, eine unpartheiische Untersuchung verhängt werden.

Selbst von Privatlehrern und Lehrerinnen erzogne Kinder, müssen sich zu bestimmten Zeiten, einer unpartheiischen Prüfung, einer niedergesetzten Commission unterwerfen; die Hauslehrer und Hauslehrerinnen müssen von Zeit zu Zeit an die Geistlichkeit ihrer Parochie darüber Berichte erstatten, in wie fern die Eltern ihrer Zöglinge, ihren heilsamen Erziehungsplanen etwa entgegen arbeiten, und diese müssen dann mit Sanftmuth belehrt und zurecht gewiesen, jene aber, wegen etwanigen Vorstellungen dieserhalb von den Gesetzen, in besondern Schutz genommen werden. Bey Besetzung der Kirchen-und Schullehrer-Dienste, muß alles Patronatrecht aufhören. Die zu diesen Aemtern sich meldenden, geprüften und sich qualificirenden Subjecte, müssen nach dem Tage ihrer Prüfung, wenn sie darinn bestanden, blos von den Consistorien angestellt werden, und den Gemeinden nur frei stehen, wegen recht-

---

(*) Im Preußischen ist schon ein wichtiger Schritt hierzu gethan, indem niemand ohne Vorwissen des Oberschulkollegii, ein Privat-Erziehungs-Institut in Berlin errichten darf.

lich erwiesener Unfähigkeit eines Kandidaten vor-
stellende Einwendungen zu machen. Denn nur dadurch allein wird aller offenbaren und versteckter
Simonie Einhalt gethan.

Der 5te Weg zur Verbesserung der Generation
ist Sittenverbesserung. Diese wird erreicht durch
Verbreitung wahrer Aufklärung, durch beförderten
Umlauf aller derjenigen Kenntnisse, die den Men-
schen von seiner wahren Bestimmung unterrichten;
Schutz und Aufmunterung der schönen Künsten und
Wissenschaften in Verbreitung des Edlen und Schönen; Volksfeste, Belohnung des hervorstechen-
den und Erweckung des auflebenden Talents;
Ausrottung der Spielwuth, durch Beyspiele des
Hofes und der Grossen, genauere Aufsicht der Polizei auf öffentliche Häuser, und Entwerfung eindrük-
licher und doch milderer Strafverbote; mehrere
Bildung des weiblichen Geschlechts; und grössere
Aufsicht auf die Sitten der weiblichen Dienstbo-
ten; Belohnungen vorzüglicher Tugenden durch
öffentliche Denkmäler. Dies kann dadurch bewürkt werden, wenn jeder Commune frei steht einen besonders tugendhaften oder patriotischen Bürger,
einer dazu ernannten Sittenkommission in Vorschlag bringt, welche dann, ob er zu einer Belohnung
berechtigt ist, möglichst genau und strenge untersuchen
soll. Vertheilung der Denkmäler vaterländischer
Tugend, auch in Provinzial-Städte und auf
das platte Land; und öffentliche Bezeige davon in
dem Kalender des laufenden Jahrs.

6. Belebung des vaterländischen Patriotismus,
ohne Unterdrückung weltbürgerlicher Gesinnungen.
Das erstere geschieht, wenn möglichst vermieden wird,
daß keiner der nicht Landesunterthan, oder vorher Landesangesessener ist, oder von unten auf
gedient hat, mit öffentlichen Aemtern bekleidet werde; so bald oder so lange es noch gleich fähige

Menschen im Staat giebt; hiervon sind jedoch aus
zu nehmen, Gelehrte, die blos von den Arbeiten
ihres Geistes leben, und Schriftsteller, Privat-
lehrer und Akademiker werden können; Unterfa-
gung der Einführung und Fortsetzung aller Orden, jedoch ohne Verbannung und Verfolgungs-
geist; weil alles jenes die Menschen von Menschen
trennt; und wenn vielleicht ehemals, dadurch der
Kosmopolitismus befördert, ältere Weisheit fortge-
pflanzt werden konnte, die mehresten Nationen itzt
auf dem Grade der Kultur stehen, alles dies in einem höhern Grade auf weniger verdächtigen,
gefährlichen und bei dem grösten Theil der Nation,
auf beliebten Wegen, erreicht werden kann.

3.
Die deutsche Inquisition aus den Anna-
len des achtzehnten Jahrhunderts.

Noch immer sieht der Philosoph Handlungen,
worüber sein gefühlvolles Herz in den grösten Unwillen geräth. Augenscheinliche Spuren, daß Wissenschaften und Verfeinerung der Sitten bei weitem
noch nicht jene Grösse erreichet haben, die man sich
mit lautem Beifalle zuklatschet. So lange das Resultat mangelt, muß man auf die Zeugursache Verzicht thun, oder blos spekulative Grübeleien, die der
Menschheit so wenig nützen, als ein künstliches Spin-
nengeweb vermuthen. So unzertrennlich ist diese
wechselseitige Verbindung. Griechenland und Rom
sind mir Bürge für diese Wahrheit. — — Was
Wunder nun, wenn der Beobachter Thatsachen an-
trifft, die die Menschheit entehren, die das ächte
Gepräg der Gefühllosigkeit sind! Die Grundursache
mag sich also auf jenem Ruhepunkte befinden, wo

der Mensch anfängt, seiner Seelenkräfte bewußt
zu seyn.

Das jugendliche Alter ist nicht zu schwach, sich
Begriffe vom Guten und Bösen zu machen. Und
wie leicht ist es nicht, dieses weichliche Herz, das
sich nach der Hand des Künstlers schmieget, zu bilden? Wie vielfältige Früchte hat nicht diese Art Arbeit zum Lohn? Ein neues Gefäß, sagt Horaz,
behält lange den Geruch, womit es anfänglich ist
angefüllt worden. Die Perser und Lacedemonier
giengen den Fehlern ihrer Mitbürger gleichsam entgegen, da sie die strengste Erziehung und Bildung
der Sitten anbefahlen; dadurch geschah, daß sie sich
von Jugend an gewöhnten, die Tugend zu lieben,
und das Laster zu fliehen. Plutarchs und Xeno-
phons Erziehungsanstalten dienen uns zum Beweis.

Auch Deutschland kann in einigen Staaten schon
jene seligen Wirkungen der guten Erziehung aufweisen: wechselseitiges Wohlwollen, Menschenliebe, ver-
feinerte Moralität sind nicht mehr so unbekannt, als
in den roheren Zeiten unserer Urväter. Eine Mäs-
sigung, die alle Bewegungen der Seele beherrschet,
die Wohllust verbannt, von unmäßiger Freude zurük-
hält, die jene wonnevolle Ruhe dem Geiste gewährt,
die uns befiehlt, die Vernunft als unsern Führer anzunehmen, soll diese nicht als die Grundlage in dem
werdenden Manne gelegt werden? Welch traurige
Wirkungen, wenn nicht die Vernunft den Willen,
der den Menschen von einer Extremität zur andern
hinreißt, regiert! wenn diese wohlthätige Menschen-
beglükerinn nicht aufgekläret wird! Es ist zwar leichter geschehen, dem Menschen ein eisernes Joch auf-
zubürden, unter den grausamsten Peinen der Folter
ein Geständniß herauszupressen, als sie durch einleuch-
tende Beweisgründe zu überzeugen, sie durch sanfte
Leitung zurecht zu weisen. Allein, wo Dummheit
mit dem eisernen Septer thronet, da liegt der ge-

sunde Menschenverstand in den letzten Zügen, den
bald Aberglauben, bald Fanatismus, bald schwär-
merische Ausfälle zu ersticken drohen.

Doch, nicht Sachenkenntniß, nicht Skizzen, nicht
ein Talmud von scholastischem Wirrwar bestimmt
unsre Aufklärung. Man muß zwar eingestehen, daß
unsere Kenntnisse sich verbreitet haben: wir wissen
nicht nur, was unsere Väter erfanden, sondern auch
alles, was der Kindische Verstand der Urwelt, und
die gebildete Vernunft der Griechen und Römer
hervorgebracht hat. Unser Zeitalter prüfte und ord-
nete jene ungeheure Erkenntnißmaasse der Vorwelt,
man scheidete das Brauchbare von dem Unnützen,
das Wahrscheinliche von der Wahrheit, man vermehrte diesen Schatz mit sehr vielen und wichtigen
Entdeckungen. Wo der Forschungsgeist unserer Väter vom Gängelbande des blinden Aberglaubens hin-
geschleppet wurde, wo Vorurtheile, Sektenintolle-
ranz ihren Machtstab erhoben, da gehet unsre Denkungsart frei und ungehindert. In jenen Gegenden
des Erdbodens, über welche noch unsere Väter die
dichtigste Nacht der Rohig- und Unwissenheit ausge-
breitet sahen, fängt es nun an zu dämmern, es
wird allmählig Tag. Wo ehemal die Morgenröthe
von Kultur und Aufklärung schimmerte, da ist nun
der glänzendste Tag. Auch unsre politische Verfassung läßt uns hoffen, daß unsre Erkenntniß zu jenen verbreitet werde, welche wir wegen ihrer dichten
Finsterniß Johanneshagel und Barbaren zu
brandmarken pflegen.

Aber bei allen unseren ausgedehnten Kenntnissen
ist noch ein unendlicher Absprung: — wirkliche Aufklärung, oder nur wahrscheinliche. — Der Mensch
ist nicht allein zum Denken erschaffen, sondern auch
zum Handeln. Die gründlichste Theorie macht den
Menschen nicht glücklicher, Erkenntniß, nicht blos
Endzweck für den Menschen, sondern nur Hilfsmit-

tel; so lang nicht **Biederſinn** und **Patriotismus**
öffentliche und Privatgeſchäfte beſeelen, ſo lang nicht
die Unſchuld gerechtfertiget, und die Bosheit ver:
hältnißmäßig beſtrafet wird, ſo lang das wahre Ver:
dienſt mißkennet, und der Thorheit Weihrauch ge:
ſteurt wird, dürfen wir uns nicht als aufgeklärtere
Menſchen rühmen. Allgemeine Glückſeligkeit muß
die Grundlage ſeyn.

Aber eben dieſe Menſchenglückſeligkeit iſt nach den
Zeugniſſen der Geſchichte ſo verſchieden, daß ganze
Nationen, jede ihre Glückſeligkeit in einem andern
Geſichtspunkte beobachteten: der Straſſenräuber
und **Menſchenfreund**, der **Tartüf** und der
Atheiſt, **Sibarit** bei ſeiner delikaten Tafel auf dem
Pflaumlager, und **Diogenes** in ſeiner Tonne, der
aus ſeiner hohlen Hande Quellwaſſer ſchlürft, haben
im Grunde einen gleichen Begriff von Glückſelig:
keit. Doch bleibt es denn bei allem dem ganz ge:
wiß, wie ſich **Cicero** b. Tuſc. ausdrückt, daß alle
Bewegungen der Seele, die die Vernunft erſticken,
uns der Glückſeligkeit dieſes Lebens berauben. Al:
ſo verdiente nur derjenige, wie **Seneca** de Beat.
1. 3. 4. ſagt, glücklich genennt zu werden, der kein
anderes Gut kennt, als die Ehrbarkeit, und kein an:
deres Uebel, als die Schand, denn ſeine gröſte Wohl:
luſt iſt, die Wohllüſte zu verachten, der ſich mit
der Tugend begnüget, den das gählinge Glück nicht
ſchwindelnd macht, noch ein mißlicher Zufall nieder:
ſchlägt, der ſich ſeines Glückes vernünftig bedienet,
ohne ein Sclave deſſelben zu ſeyn; ein ſolcher Serb:
licher muß in der That eine reine unzerſtörbare Won:
ne der Seele genieſſen. Es iſt alſo blos die Tu:
gend, die uns hienieden, trotz den Widerwärtig:
keiten, mit denen das menſchliche Leben verwickelt
iſt, glücklich machen kann. —

Nothwendig muß alſo das Laſter dem Menſchen
jene glückliche Seelenruh benehmen, ihn durch tau:

ſend Unruhen foltern. Allein es verbirgt ſich nicht
immer im Dunkeln; ſeine giftigen Anſchläge wer=
den in den ſchwärzeſten Handlungen ſichtbar; das
Beiſpiel reitzet, die Verſuchung wird mächtiger, und
endlich das allgemeine Verderbniß, worauf der Unter=
gang des Staats erfolget. Prieſter der Gerechtigkeit!
Eure theure Pflicht iſt es, für das Wohl des Staats
zu wachen, und alles, was demſelben entgegen ſteht,
ſorgfältig aus dem Wege zu räumen, jene unmora=
liſchen Fälle, die das ächte Gepräg einer verwahr=
loßten Erziehung ſind, durch die ſtrenge Zuchtruthe
im Zaum zu halten. Ohne Geſetze können weder Na=
tionen, noch einzelne Familien beſtehen; dieſe ſind der
Damm gegen das einreiſſende Verderbniß, die Grund=
pfeiler, worauf das Wohl des Ganzen ruht. Ih=
re Nothwendigkeit bedarf keines Beweisgrundes.
Nach welchen Zeitumſtänden, Lagen und Verſchie=
denheit der Nationen, mit welch groſſer Weisheit
ſie abgefaſſet werden müſſen, überlaſſe ich höhern
geſetzgebenden Mächten. Doch finde ich hier Gele=
genheit, einige Anmerkungen über Dauer oder Ab=
änderung zu machen.

Geſetze ſind für Menſchen gemacht, welche ge=
meinnützig auf das allgemeine Wohl abzwecken; es
ereignen ſich aber Fälle, wo ſich entweder die Um=
ſtände ganz oder zum Theil abändern; folgſam müſ=
ſen ſich die Geſetze, wenn ſie anderſt den Nutzen
der Menſchheit befördern wollen, ſich nach denſelben
modifiziren. Wie oft Griechen und Römer ihre
Geſetze abgeändert, wie oft die Umſtände ſelbe um=
zuſchaffen gebothen, beweiſet uns die Geſchichte tau=
ſendfältig. — — Frankreich, Engelland, Deutſch=
land geben uns von ihrem Urſprunge an bis auf den
jezigen Zeitpunkt bei ihrer vielen Verbeſſerung Be=
weiſe genug hievon. — — Noch immer findet ſich
hierinn ein Mangel, dem eine nordiſche Gebie=
therinn durch ein neues Geſetzbuch aufzuhelfen ſucht.

Bald werden politische und peinliche Gesetze abge=
faßt, und nach einer kurzen Zeit wieder zernichtet.
— — Probe genug, daß nicht jedes Gesetz für je=
des passe, daß die Menschen nicht allemal nach dem
Plan einer troknen Theorie können behandelt wer=
den. — — Religion, Vernunft, Kenntniß des mensch=
lichen Herzens, Lokalumstände müssen die Urquellen
der Gesetze seyn, die sich alsdann nach der politischen
Lage und Verhältniß der Sitten entweder verviel=
fältigen, oder vereinfachen.

Ganz sicher kann man schliessen, daß das peinli=
che Strafgericht desto einfacher seyn müsse, je ein=
facher und unverdorbner die Sitten einer Nation sind.
Weil aber selten eine ganze Gemeinde, viel weniger
eine ganze Nation, aufzufinden ist, die ganz fehler=
los wäre; so müssen immer peinliche Gesetze vorhan=
den seyn, die die Gerechtigkeit handhaben, die all=
gemeine Ruh erhalten, sittliche, politische, Religions=
fehler bestrafen. Nun fragt es sich, wie dieses Straf=
gericht beschaffen seyn müsse? daß es den Fehlern
und den Menschen angemessen seye? Strafen, die
nur zum Schrecken, und nicht zur Besserung sind,
finde ich nicht für natürlich, ausser in gewissen Noth=
fällen. — — Folgsam verdienen sie in den übrigen
Fällen abgeschaft zu werden. Strafen, die noch gröſ=
seres Uebel verursachen, sind verabscheuungswürdig,
und entehren die ganze Menschheit. Denn wozu die=
nen wohl solche Gesetze, die dem geringern Uebel
Einhalt thun, die jämmerlichsten Unfälle veranlassen?
Kann man sie wohl für wohlthätige Schutzgeister des
Staats ansehen, wenn sie demselben so viele blut=
triefende Wunden schlagen, die zwar einzeln sind,
dennoch in Rücksicht des Ganzen sehr beträchtlich
werden? — —

Klugheit, die die gegenwärtige Umstände erwäget,
giebt hier, wie in allen dergleichen Fällen, den Aus=
schlag.

schlag. Zeiten ändern sich ab, und in vielen einzel=
nen Punkten die Denkungsart der Menschen —
obgleich sie in den ältesten Zeiten, wie heut zu Ta=
ge, allzeit einen Hang gegen das Verbothene ha=
ben. Der Irokese, wie der Europäer, sucht auf
Kosten der Gesetze seinen Willen, seiner Eigenliebe,
als der Triebfeder, zu folgen, der Muselmann,
wie der Christ, schmachtet, der in der Seele lodern=
den Wollust Genüge zu leisten. Wenn nun das
Gesetz dergleichen Handlungen verbiethet, weil die
Moralität, und durch sie die Ruhe des Staats zer=
trümmert wird, soll man heimlich zu Werke gehen?
Wenn ich dergleichen moralische Ausschweifungen
betrachte: so finde ich, daß sie theils Ueberbleibsel uns=
rer verderbten Natur, theils Mangel einer guten Er=
ziehung sind. Niemal soll man vergessen, wie weit
die Natur den Menschen über das Vieh erhoben hat:
diese fühlen nichts, dann Wollust, und werden durch
eine Gewalt zur selben hingerissen. Wenn der Mensch
einen stärkern Hang zur selben fühlet, sich von ihr
fesseln läßt, verbirgt er seine Bewegungen aus Scham=
haftigkeit. Woraus sich folgen läßt, daß die Wohl=
lust des Körpers der Würde des Menschen entge=
gen sey, Unwillen und Verachtung verdiene. Ich
will nichts davon sagen, daß diese körperliche Lust
gebrechlich, kurz und desto geschwinder eckelhaft sey,
je begieriger sie eingeschlürfet wird, daß sie gemeinig=
lich die Reue zur Folge habe, weder daß sie veräcnt=
lich und niederträchtig sey, sondern nur, daß unsre
Seele das Gepräge der Gottheit sey, weßwegen man
nach Tugend trachten, und alle körperliche Wollust
verbannen solle.
Sind dies nicht Gründe, denen man noch tausend
andere hinzufügen kann, die den Instinkt zurechtwei=
sen, die den thierischen Menschen zum vernünftigen
und tugendliebenden umschaffen, die in ihm jenen
verderblichen Hang bezäumen? Und dennoch werden

troß den weiseſten und chriſtlichſten Gründen, Fehler gegen die Enthaltſamkeit begangen werden, ja,
ſie geſchehen wirklich. Die Gerechtigkeit fand es alſo für nöthig, mit der Zuchtruthe der ſchändlichen
Vergehung Eiuhalt zu thun. Sie ſchreitet zu Werk;
aber auf welche Art geſchieht es wohl? Menſchen-
freunde, verhüllet euer Antliß, damit Ihr das
Schandtheater, welches der Unſinn der Richter auf-
ſchlägt, nicht erblicket. Ich möchte gern den Vor-
hang fallen laſſen, um euren Augen das vernunftwidrige Betragen der Richter zu entziehen. Doch,
zur Sache! Die Frucht der Wolluſt iſt kundbar,
— — Der Oberprieſter der Gerechtigkeit beſteigt ſeinen Richterſtuhl, in einer Hand das Schwerdt, das
Evangelium in der andern, er unterſucht die wol-
lüſtige Geſchichte, der unbekannte Vater wird kund
gemacht, er, ſein Liebchen mit ihm ihres Verbrechens wegen verurtheilet, und, unmenſchliches Urtheil!
wird beiden jungen Leuten zur Strafe aufgelegt, daß
ſie ſich am nächſten Sonntage mit Strohkränzen
und ſchwarzen Pechfakeln unter die Thüre der Kirche ſtellen. — —

Religion, Vernunft, Geſetze! Wer ſollte glauben,
daß ein ſolches Verfahren in unſerm hochgeprieſenen
aufgeklärten Jahrhunderte noch Statt hätte, und
dennoch war ich Augenzeuge dieſer tragiſchen Geſchichte in N., das ich auf meiner Reiſe durchwan-
derte. Schrecken, Gram, Unwillen und Abſcheu
überfielen mit gewafneter Hand meine Seele, ich
konnte mich aus dieſer ſchaurenden Lage nicht ehender
herausreiſſen, bis mich meine Geſchäfte auf andere
Gedanken verleiteten.

Ich dachte nach einem Zeitraum kaltblütig der Sache nach, ich durchſuchte Chriſtuslehre, ob es ihr
angemeſſen ſey; ich fand aber in allen Blättern des
neuen Bundes nichts, dann Liebe und Sanftmuth,
die den Verirrten zurückrufen, ihn mit Geduld zurück-

weisen, und endlich den Fehler des Mitmenschen mit
Liebe zuhüllen. Dürften nicht vielleicht auch Richter
in manchen Fällen das Karolinische Gesetzbuch verlassen, und ein Model von diesem vollkommnen Muster abborgen; Unbedachtsamkeit, Erziehungsmangel
sind ja nicht unverziehliche Verbrechen? — — Wer
immer auch nur die obersten Falten des menschlichen
Herzens kennet, der muß eingestehen, daß der Mensch
durch Gelindigkeit, und wenn er gesunden Verstand
besitzt, durch Ueberzeugung mehr gebessert wird, als
durch gewaltsame Mittel. Beispiele jedes Zeitalters
überzeugen uns hievon. Ich will zwar diesem Vergehen keine Apologie schreiben, ich will nicht behaupten, daß es nichtsbedeutend sey, noch, daß es unge-
ahndet werden lassen sollte; allein, ich dächte doch,
daß sich ein Unterschied zwischen Boßheit und menschlicher Schwachheit einfinde, daß der Richter, wenn
er gleichwohl nur nach der Aussenseite der Handlung
urtheilet, auch hie und da einen Blick in das menschliche Herz thun dürfe. Es findet sich also ein Unterschied bei den Strafen in wohleingerichteten Staaten; welch traurige Folgen würden wohl nicht seyn?
Ich will es versuchen, solche scheußliche Verfassung
vor Augen zu legen.

Auf allen Seiten bemühet man sich in unseren Zeiten, dem Kindermorde Einhalt zu thun, Universitäten und Privatgelehrte eifern in die Wette, Preis-
fragen von dieser Art vorzulegen und aufzuschürzen,
und welche Bemühung könnte wohl herrlicher seyn?
Sie ist das ächte Gepräg wahrer Menschenliebe, dessen Vernachläßigung unverzeihbar ist. Nun, was
befördert wohl mehr den Kindermord, als eine solche vernunftwidrige Behandlung, die ich aus Rache
gegen die verkappußte Dummheit erzählt habe? Zu
welchen grausammen Schritten verleitet nicht den Menschen eine angeborne Schamhaftigkeit, der Verlust
der Ehre? Die Furcht, öffentlich beschimpfet zu wer-

den, macht, daß Vater oder Mutter das zarte Ge=
fühl ersticket, Religion und Vernunft hintansetzet,
und das Resultat ist — Menschenmord. — —
Können wohl solche Gesetze für gut anerkannt wer=
den? Kann wohl ein Staat bei dieser herodischen Ver=
fassung glücklich gepriesen werden? Gesetzgeber, die
das menschliche Herz etwas genauer kennen, haben
solche Strafen für diese Vergehung abgeschaft; weil
sie gar wohl einsahen, daß dieß der Weg nicht sey,
den verderbten Hang zu bessern, sie behandelten die
Gefallenen mit Liebe und Sanftmuth, wiesen ihnen
einen gewissen Platz an, wo für die Bedürfnisse der
Mutter, ihre Zeit hindurch gesorget wird, wo ihr Na=
me unentdeckt bleibt, und das Kind auf alle mögli=
che Art zum Christen und zum Bürger ausgebildet
wird. Heilige Gesetze, glückseliger Staat! wo der
Regent dem Hang zum Verbothenen vorkömmt! Spu=
ren, daß man den Werth des Menschen höher zu schä=
zen, und zwischen Schwachheit und Bosheit einen
Unterschied zu machen wisse.

Solche Strafen verbessern das menschliche Herz
keineswegs, sondern man giebt ihm Gelegenheit, um
ungestraft seine wollüstige Neigung zu begnügen,
zur feinern Bosheit, und nun wird sie nur ausstudir=
te Wollust. — — Wäge man dies auf der politi=
schen oder moralischen Waagschaale ab, welche Hand=
lung ist wohl weniger schlimm? — — Ihr Wäch=
ter in Israel, und Priester der Gerechtigkeit, warum
eifert Ihr nicht gegen Mißbrauch der Religion und
Vernunft? Es ist freylich wohl gefehlt, wenn sich
das Mädchen oder der Jüngling auf des andern herz=
greifenden Zureden, nach einer Flasche starken Weins,
der das Geblüt und die Phantasie erhitzet, Vernunft
und Gewissen gleichsam einschläfert, zu einer unehr=
baren Handlung verleiten läßt; aber soll der Rich=
ter nicht darauf bedacht seyn, die Fehltritte zu ver=
mindern, anstatt zu vermehren? Man könnte viel=

leicht gar oft ſagen, daß eben dieſer unerbittliche
Rhadamant, wenn er in der Früh in ſeinem Waa-
gen dahergefahren kömmt, die verfloſſne Nacht nicht
bei ſeiner Gattinn zugebracht habe, — — daß ſein
Beyſpiel, und anderer Hochgeſtrengen — — Doch,
dieß entſchuldiget den Fehler des andern nicht.

Aber die Ehre iſt es, der jeder Sterbliche Weihrauch ſtreuet, nach welcher jeder geißet, die zu vielen lobenswürdigen Handlungen der Beweggrund iſt,
und meiſtens, wenn ich mich ſo ausdrücken darf,
die Seele des Menſchen iſt, dieſe wird durch eine
ſolche unproportionirte Strafe, in die niedrigſte Klaſ-
ſe herabgeſetzt, ſie wird das Opfer eines mechaniſchen
Richters. — Was bleibt denn dem Menſchen noch
übrig, wenn die Hauptquelle des Guten verſtopfet
iſt, wenn der Menſch nach dieſem Verlurſt zu allem
gleichgültig, kaltblütig, und gleichſam verſteinert wird?
Von der erſten Minute der Schöpfung an bis auf
den letzten Odemhauch, haben die Menſchen durch
ein wechſelſeitiges Wohlwollen und Hochachtung, als
durch einen Haupttrieb, im geſellſchaftlichen Leben ſich
verknüpfet; wenn alſo dieſer zerrüttet iſt, oder mangelt, was folgt wohl anders, als daß Leute, die wegen eines unbedachtſamen Vergehens öffentlich ſind
beſchimpfet worden, keinen Anſpruch mehr auf eine
ehrbare Geſellſchaft haben. Was Wunder nun,
wenn ſie ſich zu noch ſchlechtern geſellen, den Reſt
etwaiger Tugendkeime erſticken, und in dem ſchänd-
lichſten Leben wandeln? Dies heißt ſchlechterdings
den Menſchen, der nicht bis zum Verlurſte tugendhafter Empfindungen verderblich iſt, gänzlich verderben.

Dies wäre aber nur auf eine oder zween einzelne
Perſonen beziehend; aber erwäge man den Schand-
fleck, welcher ganzen verwandten Familien dadurch
angehängt wird: die beſten, die rechtſchaffenſten Aeltern ſind öfters an dem Vergehen ihrer Kinder un-

schuldig, noch weniger Schuld haben die Verwand=
te, und nun werden sie der Gegenstand der Schand,
der Verachtung. Sie müssen an der Ehre und Schan=
de der Ihrigen Antheil nehmen, sie werden von ver=
läumderischen Zungen durchgelassen, auf ihren Konto
wird der Fehler gerechnet, und ihre grauen Haare ver=
senkt der Schwarzzüngige in das Grab. — Können
wohl Gesetze billig genennt werden, wo der Dritt=
unschuldige leiden muß?

Die Erfahrniß folget selbst: Blutsverwandte ma=
chen sich wechselweise die derbsten Vorwürfe, die schwa=
chen Seiten werden entdecket! Zank und Hader be=
gleiten die Sprache, die Bande des Bluts zerreis=
sen, die Liebesdienste werden aufgekündet, und man
lebt in größter Feindschaft. Ist wohl ein solches Straf=
gericht von dem wahren Geiste der Gesetze beseelt?
Ich dächte wohl, eine Ummodelung solcher Gesetze
wäre äusserst nothwendig, damit man der Ehre und
Hoheit des Menschen nicht zu nahe trete; weil ei=
ne öffentliche Kundmachung die Strafe grober Ver=
brechen ist.

Ich wüßte wohl nicht, was diese öffentliche Strafe
für Vortheile gewährte: denke man sich zwey Per=
sonen, deren Schläfe nicht mit unsterblichen Lorbern,
sondern mit Stroh, umwunden sind, deren Hände
nicht ein Scepter, sondern eine schwarze Pechfackel
schmücket, und in diesen traurigen Pronke vor der
Thüre des Heiligthums stehen, die der Gegenstand
des frommen Christen ist, der in die Kirche eilet,
seine Anbethung und Liebe Gott zu bezeugen, mit
welchen Gedanken mag sich wohl der Christ in dem
Heiligthume beschäftigen, da seine Augen eben das
scheußliche Spektakel dieser spanischen Inquisition er=
blicket haben, die in Deutschlands rohen Gauen ein=
gepflanzet ist? — — Ein herrlicher Stoff zur Un=
terredung zur Abendszeit in der Weinschenke! zu
welch vorwitzigen Fragen giebt solches Schauspiel

der Jugend nicht Anlaß, die fromme Aeltern früh-
bezeitig in die Kirche schicken? — — Je mehr man
es ihnen zu verbergen sucht, desto mehr wächst ihre
Neugierde, die sie itzt beunruhiget, sie besprechen sich
über diesen Punkt in ihren kindischen Zusammenkünf-
ten, und wie leicht mag sich eines dabey befinden,
dem unverschämte Aeltern oder Wärterinnen die
Schandthat entdecket haben? Nun werden sie lüstern
— — Geist der Gesetze, auf welche Abwege ver-
irrest du dich! Hier bist du nicht das Schrecken weder des jugendlichen, noch des männlichen Alters,
sondern der Keime feinerer Bosheit, der Stein des
Anstoßes.

Kirchen waren jederzeit Gottgeheiligte Oerter, man
entfernte von ihnen alles, was die Gläubigen in der
Andacht stören konnte. Nur in spätern Zeiten wurden Kramläden an Domkirchen angebaut, damit
der Geitz auch mit dem verkleisterten Heiligthume wu-
chern könnte, welcher Mißbrauch noch in unseren
Zeiten auch in aufgeklärten Orten geheiliget bleibt. —
Nun, wie viel scheußlicher ist es, wenn hier die
Anbether der Wollust in einem tragischen Auftritte
vorgestellet werden? Ist der Vorhof des Heiligthums
die Scene des Lasters, sind denn Belial und Christus
verwandt, daß der Richter kein Bedenken trägt, den
Schandort hier aufzurichten? — — In jeder Gemeinde finden sich Plätze, die zur öffentlichen Bestrafung bestimmt sind, wo Bosheit und Laster gebrand-
markt werden, um das Wohl des Staates und der
Sitten aufrecht zu halten.

Es ist also ein blos hergebrachtes Vorurtheil,
oder, besser zu sagen, eine alte Gewohnheit, der
man so getreulich anhängt, worüber der Vernünftige
eine Mitleidsthräne weint. Weder der Ort, noch
die Strafe, ist der gesunden Vernunft angemessen,
und nur in rohen Gegenden, wie in N., wo das
Vorurtheil und Dummheit im Diktatorstone spre-

chen, statt finden. Es ist fast unbegreiflich, daß
man da, ich will nicht sagen, der gesunden Vernunft,
weil sie in Fesseln schmachtet, sondern klügeren Staa=
ten nachahmet. Ich war Augen=und Ohrenzeuge der
betrübten Folgen: Nannete darf sich vor ihren Eltern
nicht mehr blicken lassen, sie ist enterbet, sie dienet
itzt in einem Gasthofe etliche Stunden von N. Ich
traf sie nach etlichen Wochen auf meiner fernern Reise
an, ich besprach mich mit ihr, und nach einigen Vor=
bereitungen gestand sie mir, mit welchen Fallstricken —
sie Hanns gefangen habe, der nun flüchtig ist, und
vermuthlich zu den Preußen übergegangen. Nach ei=
nigen Thränen heiterte sich ihr Antlitz wieder auf,
ihre Wangen glühten, wie die Morgenrose. Ach,
fuhr sie fort, meine Eltern und Freunde leben nun
in größter Feindschaft, Schand decket den Namen
unsrer ehrlichen Familie, man machte mir Vorwürfe,
daß ich mit Hansen — und zwar die Sache so plump
— angefangen hätte, wodurch mir ein feinerer Be=
griff beygebracht wurde. Nun, sagte das gutherzige
Geschöpf, weil ich Verunglückte von einer guten und
mir angemessenen Ehe für allzeit ausgeschlossen bin,
so kann ich dennoch derselben Lüste genießen, auch
ebenfalls ein Stückchen Geld damit verdienen. ——
Ein kalter Schauer überfiel mich bey dieser Erzäh=
lung, meine vorige Gedanken, die Folgen dieses un=
sinnigen Verfahrens, sah ich nun realisirt. Ich grie=
gramte und fluchte dieser tollen Inquisition, die den
Werth des Menschen so wenig kennet. Es ist zwar
der Mensch wie ein Wachs, aller Eindrücke fähig, so
veränderlich, wie ein Kaniäleon, der minutenweis
seine Gestalten verwechselt. Von dem Getöse lär=
mender Begierden betäubt hört er die Stimmen der
Vernunft nicht, und von dem Reize äußerlicher Sin=
ne geblendet, verläßt er seine Führerinn. Er geräth
auf Abwege. — Er stolpert im Finstern hin, und
ergreifet Phantomen. Die Wollust, die tyranni=

sche Königinn der Welt, nimmt ihn auf, mit ent=
flammtem Herze springt er in ihre offene Arme, sie
bezaubert seine Sinne mit Blendwerk, das ihm die
wahre Gestalt der Dinge verbirgt, er sieht tausend
liebliche Gestalten herumgauckeln vor seiner Stirne,
die wie Seifenblasen vor ihm entstanden. Gott,
sich, seine Pflichten vergessend hängt er itzt ganz
an den Geschöpfen, macht sie zu Götter, und be=
thet sie an. Er würdiget sich von seinem hohen Ur=
sprunge herab, er kriecht im Staube, trinkt mit ver=
nunftlosen Geschöpfen aus schlammichten Pfützen, und
eckelt vor reinen Quellen. Er ist feindselig gegen an=
dere, wenn ihn Leidenschaften und Eigennutz hinter=
gehen. —

So verderblich aber der Hang des Menschen nach
dem Falle Adams ist, so ist er dennoch nicht bis zum
Verlurste tugendhafter Empfindungen verderblich. Ue=
berzeugende Gründe, die entweder die Religion oder
Vernunft darbiethet, erheitern seinen rohen Verstand,
beugen und lenken seinen Willen, er betrachtet und
handelt. — Die Religion drohet mit dem schmettern=
den Urtheil, er besiegt seine Leidenschaft, er scheuet
keine Ueberwindung mehr. — Er handelt nicht mehr
gegen bessere Erkenntniß, er opfert seine Glückselig=
keit nicht einer vorübergehenden Wollust auf. —
Die Vernunft und Erfahrniß zeigen ihm die Rache
der Natur in der Natur, er zittert. — Und wenn
ihn weder natürliche noch göttliche Gesetze zurückhal=
ten, so bewerkstelligen dies menschliche Strafgesetze,
die ihn auf eine angemessene Art züchtigen und bes=
sern. — Er ist nicht als Despot von der Hand des
Schöpfers gebildet worden, er will auch beym Feh=
ler edel, wie es seine Hoheit erfodert, behandelt seyn.

Steuermänner des Staats! regieret Euere Brüder
nicht durch Vorurtheil, bestrafet sie nicht nach einer
tyrannischen Gewohnheit, deren Ursprung sich in die
rohesten Zeiten verliert, an welche man nicht, ohne

zu schaudern, gedenken kann. Religion, Vernunft,
Gefühl wird Euch bey menschlichen Schwachheiten
sanftere Mittel anweisen, die das Verderbniß vermindern, den innerlichen Krankheiten des Staats
vorbeugen, aus welchen gemeiniglich dergleichen Ver-
irrungen entstehen. Priester der Gesetze! gehorchet
ihnen selbst, Euere Uebertrettung ist allgemeines Verderbniß. — — Eure strenge Beobachtung derselben
ist der Ruhepunkt des allgemeinen Wohlseyns. —
Aufklärung, Gesetze! — Wenn bringt uns diese ein
himmlischer Genius von Oben herab?

4.

Ueber Frankreichs gegenwärtige Lage.

Ausgezogen aus den Briefen eines erst kürzlich von Paris zurückgekommenen Deutschen an einen seiner
Freunde.

Im August und September 1791. geschrieben.

Erster Brief.

Sie fragen mich, Lieber, was ich von Frankreichs
gegenwärtiger Lage denke? Was ich von dem Geschrei
so vieler deutscher Schriftsteller halte, die über das
unglückliche Frankreich mit heischrer Stimme den Fluch
aussprechen? Was ich von den ansteckenden Eigenschaften eines so fürchterlich abgemahlten Freiheitsfie-
bers urtheile?

Freund, Sie haben den Punkt getroffen, über den
ich mich sehr gerne expektorire; denn ich muß es Ihnen nur gleich Anfangs in's Ohr sagen; Ich bin ein
Freund der französischen Revolution, ohne ein schwär-
merischer Verehrer derselben zu seyn, und ohne die
Fehler und Gebrechen zu verkennen, die wirkliche Fehler und Gebrechen sind. Eben so wenig glaube ich

daß andere Staaten einer solchen gewaltsamen Um=
wälzung bedürfen, und hasse die unberufenen Frei=
heitsapostel, die mit versengtem Hirne oder angefaul=
tem Herzen in ruhigen, friedlichen Ländern Aufruhr
predigen. Aber mit Unwillen seh' ich auch, wie sich
so viele Deutsche vor dem ganzen aufgeklärten Europa
prostituiren, und mit ihren Pfennigpfeifchen das wie=
dergenesene Frankreich auszupfeifen, ihre Lunge in
Bewegung setzen.

Ueber alle diese Gegenstände will ich Ihnen meine
Herzenserleichterungen mittheilen. Doch vorher
muß ich Sie bitten, mir die einem unbefangenen
Beobachter schuldige Aufmerksamkeit zu schenken; denn
daß ich dies bin, davon werden Sie sich gewiß bald
überzeugen.

Zuerst muß ich, so dünkt mich, von den verschie=
denen Urtheilen sprechen, die in Deutschland über
Frankreich gefällt werden, und nebenher Einiges zur
Widerlegung der zahllosen Lügen beybringen, die,
was Frankreich betrift bei uns ausgesprengt werden.

Ein Theil — und ich glaube der klügere — sieht
dem Gange der Dinge zu, und suspendirt für erst
noch sein Urtheil, bis die Sache sich entwickelt hat.

Ein Andrer nimmt feurigen Antheil an Frankreichs
Schicksal, seine erhitzte Fantasie träumt sich in das
goldene Zeitalter zurück, das nach seinem Urtheile in
Frankreich wieder aufblüht, er sieht nur das Schöne,
Große, Erhabene, das den Scheelsüchtigen so fatal
in die Augen glänzt, er spricht nur immer von Frei=
heit und Patriotism, er glüht wenn von den Neufran=
ken die Rede ist, und das Herz hüpft ihm, wenn er
die Nationalfarben in bunten Schleifen erblickt —
dieser Theil — er mag der Gutherzigere seyn — hat
wol Unrecht. Was seinem Herzen Ehre macht,
kann wol zu gleicher Zeit seinen Kopf benebeln. Denn
wozu das Partheinehmen bei bloßen Zuschauen? —

Es ist freilich Beweis eines feinen Gefühls, wenn wir an allem Schönen und Guten, das uns auch nichts angeht, mit Leib und Seele Antheil nehmen; aber es ist doch eben so erwiesen, daß diese Feinheit des Gefühls uns nicht selten unglücklich macht, indem es die Schuld ist, wenn unser Herz mit dem Kopfe davon läuft. Ueberhaupt ich glaube das Partheinehmen in diesem Falle ganz mißbilligen zu dürfen.

Ein dritter hat seine Herzensfreude an Frankreichs Umwandelung, bloß weil er den Adel oder die Geistlichkeit haßt, weil die Gleichheit der Stände seinem Stolze schmeichelt, weil es seinen Ehrgeiß befriedigen würde, wenn er auch zu sich sagen dürfte: Ich habe Antheil an der Regierung, denn ich wähle die Repräsentanten der Nation so gut als ein andrer, oder weil er die Reichen und Grossen beneidet, u. s. w. Dies ist einer der schlimmern Theile, dessen Gutherzigkeit und Gesinnungsreinheit der Psycholog wol in Zweifel ziehen dürfte.

Ein Vierter tadelt Frankreichs Konstitution, bloß weil er Edelmann, oder Geistlicher, oder sonst ein Privilegirter ist, oder weil er bey einer ähnlichen Verfassung in seinem Vaterlande verlieren würde. Dies ist der unedle, eigennützige, selbstsüchtige Theil, dem kein Edler diesen Beweggrund verziehen wird; am meisten ist doch darunter der Adel zu entschuldigen. Wie groß ist nicht, besonders in unserm lieben Deutschlande die Zahl der Edelleute, die leider sonst nichts auf Gottes-Erdboden besitzen, als ihren Adel, und die freilich auch diesen nicht verlieren könnten, ohne ganz unglücklich zu seyn. Graben mögen sie nicht, auch schämen sie sich zu betteln, flugs werden sie dann Officiers oder Domherren, und diese letzte Ressource würde dann grossentheils für sie wegfallen, wenn man bey solchen Stellen nicht mehr den Adel in Betracht zöge, sondern auf Verdienste sehe. Ferner ist es für uns auch sehr gut, daß es bei uns einen

Stand giebt, aus welchem man die Leute ziehen kann,
die sich an der Spitze unsrer Miethkrieger für wenige
Thaler monatlich todtschiessen lassen; eine Sache, die
ein Begüterter aus der höhern Klasse der Bürgerlichen, so wenig als ein Gelehrter, oder überhaupt
einer, der etwas besseres gelernt hat, als das Men-
schenmorden, oder das Wächterhandwerk, selten zu
goutiren Lust hat, und doch muß man solche Leute
haben, die sich halb mit Ehre halb mit Geld für diese beschwerliche Dienste bezahlen lassen. Die Unadelichen welche dies hohe Gefühl nicht besitzen, ver-
schmähen eine solche Bezahlung, weil man die Ehre
bisher noch nicht zur Sättigung des Magens hat gebrauchen können. Wir wollen es also den Adelichen
noch verzeihen, wenn sie nur mit Angst und Schreken an eine Gleichheit der Stände denken können,
und besonders den Neu-Adelichen, für deren jungen
Adel es doch ewig Schade wäre, wenn er so frühe
schon sterben müßte! Es thut doch so wol, sich auch
ohne Verdienst für besser halten zu können, als der
verdienstvolle Bürgerliche, und wenn man erst diesen grossen Vorzug noch nicht lange erlangt hat,
wer sollte da nicht Behagen daran finden? — Doch,
ich verweile mich zu lange bei dieser Klasse.

Ein Fünfter — welches wohl der größte Haufe
seyn möchte — deräsonnirt und deklamirt über die
Unbilligkeit der französischen Staatsreformatoren, über
die Fehler der Konstitution u. s. w. u. s. w. Er tadelt
und schimpft, weil er .... es nicht besser versteht!
Es gehört mehr als ein Kopf voll Prätensionen und
ein Bischen gesunder Menschenverstand dazu, um
Frankreichs Revolution und Konstitution beurtheilen
zu können. Man muß Frankreich selbst, die traurige
Lage desselben vor der Revolution, den Gang der
Bildung der Franzosen, (*) alle die Trieb- und

(*) Man sehe die Abhandlung über die vorbereitenden Ursachen der franz. Staatsveränderung, im 12. Hefte von
Schillers Thalia.

Schwungräder der ganzen Maschine, und überhaupt
die Beweggründe der Reformatoren kennen, wenn
man die Revolution und jetzige Konstitution gehörig
beurtheilen, und über die Wirkungen von beiden
sprechen will, muß man nicht alle Zeitungsmährchen
glauben, oder jedem kahlen Schwätzer nachbeten,
sondern man muß selbst in Frankreich gewesen seyn,
wenn man hierinn nicht saalbadern will.

Ein Sechster findet jetzt in Frankreich Alles ta-
delnswürdig, weil sein Interesse es heischt, es so zu
finden. Entweder ist dies Hofton — den muß man
freilich nachlallen — oder der Fürst hat eine Ursache
mit der National=Versammlung unzufrieden zu seyn,
und die Schaar der Kopfnicker und Speichellecker
schimpft mit voller Kehle über die Franzosen; oder
der ängstliche Regent befürchtet, seine Unterthanen
möchten sich von dem Freiheitsfieber anstecken lassen,
und Empörung brüten; er darf seine Furcht nur einem
äussern, so werden der Beifallächler bald Tausende
seyn (wenn sein Land so viele faßt) die von den
Greueln der französischen Demokraten, von dem Elende der Anarchie, von den schröcklichen Folgen der
Rebellion, und von andern Dingen, die nur in ihrem Schädel existiren, das ganze Land voll heulen;
und sie thun wohl daran; denn so was bringt Geld,
Ehrenstellen u. s. w. Freilich giebt es auch wieder
Leute, welche diese Art sich gefällig zu machen nicht
loben, nicht nachahmen wollen. Das sind aber Son-
derlinge in der heutigen Welt.

In diese sechs Klassen, denke ich, kann man alle
diejenigen bringen, die in unserm deutschen Vaterlande über Frankreichs gegenwärtige Lage sprechen und
schreiben.

Unglücklicher Weise sind — zur Schande Deutschlands unter den Schreibenden mehrere, die sich
selbst in diejenigen unedleren Klassen rangiren, und
die à tort & à travers über Frankreichs neue Ver-

faſſung ſchimpfen. Von dieſen hauptſächlich und
den Lügen, die ſie verbreiten, will ich Ihnen im nächſten Briefe meine unmaaßgebliche Meinung mittheilen.
— Unterdeſſen bin ich   Ihr   * * *

Zweiter Brief.

Ich ſagte Ihnen, mein Lieber, in meinem letzten
Briefe, es gereiche unſerm Vaterlande zur Schande, daß ſo viele unſerer Schriftſteller — zwar nur
aus der mittlern Region — ihre kreiſchende Stimme gegen Frankreichs Befreiung erheben, und ich
glaube dieſen Saz vor jedermänniglich behaupten zu
können. Wir ſind Deutſche und rechnen uns dadurch
zu einem biedern, freien, auf ſeine alte Treu und
Tugend ſtolzen Volke — und wir ſolten ein Volk
begeifern, das ſeinen Nacken dem drückendſten Joche
entzieht? Wir Deutſche, die ſoviel von Deutſch-
heit ſprechen, die wir uns auf unſern ſo günſtig anerkannten Nationalcharakter ſoviel zu gut thun, ſollten ein von uns entſproßnes Volk läſtern, weil es
einmal den Muth hatte frei zu ſeyn? Wir deren
unbeſtechbare Treue einſt ſelbſt den ſtolzen Römern
zum vorwurfsvollen Muſter dargeſtellt wurde, ſollten uns itzt von niedrigen Vorurtheilen hinreiſſen laſſen, unſere eigene Grundſätze zu verkennen, und unſre
Stimme dem ſchnöden Golde zu leihen? — Wir,
die wir in jedem Fache der Aufklärung ſo weit fort-
geeilt zu ſeyn wähnen, ſollten es einer Nation zum
Verbrechen anrechnen, wenn ſie den Menſch und Bürger wieder in ſeine urſprüngliche Rechte einſetzt, die
Bande der Vorurtheile kühn zerreißt, und ſich in
einem Nu in die Sphäre der groſſen Griechen und
Römer emporſchwingt? Wir Deutſche ſollten uns von
Neid, Habſucht, Eitelkeit, Egoiſterei und ihren Ge-
ſpielinnen zu Herolden des Deſpotismus dingen laſſen?
— Pfui der Schande!

Und sie trift uns diese Schande. — Die Brit-
ten, die wir so sclavisch ehren, vergessen den tiefge-
wurzelten Nationalhaß und jubeln bei den Freiheits-
festen der Franken; überall nimmt der edlere Theil
warmen Antheil an Frankreichs Wohlergehen; selbst
die Pohlen, wo die Morgenröthe der Aufklärung
kaum anbrach, wetteifern mit den Franken; unsre größte Köpfe nicken dem edeln Volke, das mit unerhörtem
Muthe die Sclavenfesseln abstreifte, ihren Beifall
zu, und doch nähren wir der Schriftsteller noch so
viele, die es wagen dies edle Volk zu verläumden,
und uns selbst dadurch ein untilgbares Brandmal auf-
zudrücken.

Welches sind wohl die Ursachen dieser uns so en-
tehrenden Schreibereien?

Die erste ist gewiß Unwissenheit — Unbekannt-
schaft mit Frankreichs vorigem Elende und itzt begin-
nenden Glücke, bevorurtheilte Begriffe von den Franzosen und ihrer bewundrungswürdig bewirkten Revolution.

Wir sind — Troz den Apologien so vieler grossen Männer — doch noch gewöhnt, die Franzosen
nur nach den Abendtheurern, Windbeuteln und Glüks-
jägern zu beurtheilen, die über den Rhein zu uns her-
übergeflogen kommen, um von den lourdise alle-
mande zu profitiren. Die Franzosen haben eben das
Recht die Deutschen nach den verschwenderischen,
tölpischen Baronen zu beurtheilen, die nach Paris
reisen, um ihr Geld und ihre Gesundheit auf bequemst
mögliche Art los zu werden. Eben so gerecht würden wir handeln, wenn wir von den Mäusefallenkrä-
mern, und Murmelthierträgern auf den Nationalcharakter der Italiener schliessen wollten.

Wir wissen dies alles recht wohl; aber wir haben
nun einmal die schiefe Idee von den Franzosen gefaßt, und nun wäre es — wie lächerlich! — Schande, diese Ideen wieder zu verlassen. Wir halten die
Fran-

Franzosen samt und sonders für entnervte, flüchtige, wollüstige, weichliche, windbeutlerische, unsolide Geschöpfe — weil wir sie nur von dieser Seite kennen. Aber ich darf es kühn behaupten, daß jeder Deutscher von Kopf, der in Frankreich gewesen ist, diese liebenswürdige Nation liebgewonnen hat, und mit ganz andern Begriffen von ihr schied.

Es ist seltsam, wie tief oft solche Vorurtheile Wurzel fassen. Ein biedrer, schätzbarer deutscher Offizier sprach mit mir über das französische Militär. Aus der deutschen Kriegsgeschichte, in welcher die französischen Truppen so übel wegkommen, aus den satirischen Ausfällen auf die Mätressen, Lustigmacher und Pommadenbüchsen, die man in Gefolge französischer Armeen fand, und aus den alltäglichen Schilderungen des französischen Luxus hatte er den Schluß gezogen, der französische Soldat müsse ein entnervtes, weichliches, feiges Geschöpf seyn. Der gute Mann hatte vergessen, daß alle die Unglücksfälle der französischen Armeen auf die Rechnung ihrer zur Zeit des Despotismus von Mätressen ernannten Generale (*) gehören; daß eben diese Armeen unter eines Marschalls Moriz von Sachsen Kommando die schönsten Siege erkämpften; daß die Beweise von Weichlichkeit, die man in den deutschen Kriegen bei französischen Truppen fand, sich von der Gensdarmerie herschreiben, die aus lauter jungen Leuten von guten Familien bestand, deren jeder Leutenants Rang und Gage hatte; er vergaß, daß die Schilderung von dem übertriebenen Luxus nur auf die höhern Klassen der Städtebewohner, und nicht auf den Bürger und Landmann paßt, und doch bestehen die Truppen — die Offiziere ausgenommen — ja nur aus Gliedern beider letzten Klassen; auch vergaß er, daß die stu-

---

(*) Man lese nur Archenholzens Geschichte des siebenjährigen Krieges nach.

zerischen Offiziere, über die man sich so gerne lustig
macht, nur Adeliche waren, und daß wir Deutsche
Gegenstücke genug zu solchen Gemälden aufstellen
können.

Ich habe Gelegenheit gehabt, das französische
Militär kennen zu lernen; ich habe unter den Offizieren die respektabelsten Männer, und bei den Soldaten gerade das Gegenbild von den nachtheiligen Schilderungen gefunden. Ich kann es behaupten, der französische Bauer — und die meisten Soldaten sind
ja Bauernsöhne — ist im Durchschnitte genommen, weniger verdorben, weniger entnervt, weniger
weichlich, als der Deutsche. Die Despoten sorgten
schon dafür, daß ihm wenig genug zur Weichlichkeit
übrig blieb. Der französische Bauer und auch der
französische Soldat begnügt sich mit schlechterer Kost
als der Deutsche. Das Kaffeetrinken, das in manchen deutschen Ländern selbst unter den Landleuten so
sehr zur Mode geworden ist, das ist beinahe allen
französischen Ländern ganz unbekannt. Auch habe
ich unter diesem Stande in Frankreich nicht die mindesten Spuren von Weichlichkeit oder körperlichen
Entkräftung gefunden, und ich habe immer die stäm-
migen, schöngebauten, kraftvollen Leute der französischen Grenadierkompagnien mit Entzücken betrachtet.
Mit gleichem Vergnügen sah' ich die martialischen
Leute, aus welchen die meisten französischen Kavalle-
rie-Regimenter bestehen. Sie glühen für Ehre und
Vaterland, und nicht der Stock treibt sie ins Feld. Ich
hörte sie mit einer Würde von kriegerischen Vorfällen
sprechen, die mich bezauberte. Und diese Leute wollen wir Deutsche verächtlich zu machen suchen? —
Hohe Vaterlandsliebe, Hang zur Ordnung, glü-
hendes Ehrengefühl und Reinlichkeitsliebe zeichnen
den französischen Soldaten aus. Er will edel behandelt seyn, aber mit einem guten Worte, mit einem
guten Beyspiel kann ihn sein Offizier in des Teufels
Rachen führen.

Ueberhaupt hebt sich der gemeine Franzos durch feinere Bildung weit über den Deutschen empor. Ich habe Proben gemacht. Ich fragte Abends eine Schild-wache von einem deutschen Regimente, das bei mei-nem ersten Aufenthalte in Straßburg lag, wie viel es an der Uhr sey? — Was weiß ich's! „gab mir der Kerl trotzig zur Antwort. Ein hundert Schrit-te weiter fragt' ich einen Franzosen; mit der höflich-sten Gefälligkeit antwortete er mir. Ich habe auch sonst diese Bemerkung gemacht. Wo der deutsche Soldat schon mit dem Flintenkolben drein stößt, da bittet der französische noch ganz höflich.

Noch ein anderes. Ich kam auf meiner Reise durch Frankreich in ein Wirthshaus, wo ich meh-rere bürgerlich doch sauber gekleidete Männer um ei-nen Tisch herum sitzend fand. Sie tranken wenig, aber plauderten desto mehr. Ich gesellte mich zu ih-nen. Sie sprachen von neuen Erfindungen, von re-ligiosen Vorurtheilen, von neuen Schriften, mit ei-ner Einsicht, die mich in Erstaunen setzte. Der ei-ne bat sich Voltaire's Histoire universelle von den andern zum Lesen aus. Ein andrer sprach über Mon-tesquieu's Esprit des Loix; ein dritter erzählte, wie wolfeil er neulich Rousseaus Schriften gekauft habe,. u. s. w. u. s. w. Ich hatte meine Freude an den Leuten; doch ward ich am Ende neugierig zu wis-sen, wer sie seyen. Ich fragte den Wirth, und erfuhr: — — Der eine war ein Schlosser, der an-dre ein Tischler, der dritte ein Schuster, u. s. w. lauter Handwerker! — Wo finden Sie das auch in Deutschland? — Und zu bemerken ist dabei, daß die Leute so höflich und gesittet mit einander sprachen, als hätten sie einer adelichen Erziehung genossen.

Dies ist reine Wahrheit. Die Franzosenfeinde mö-gen auch sprechen was sie wollen.

Auch ist das völlig wahr, was Campe (in sei-nen Briefen aus Paris) über den Abscheu der Fran-

zosen gegen den Diebstal sagt. (*) — Der Name Voleur ist ein Mißton in den Ohren aller
Franzosen.

Kein französischer Soldat dient neben einem andern,
der sich eines Diebstals verdächtig gemacht hat, und im
Jahr 1789. mußte sich das Regt. Darmstadt von
Straßburg entfernen, weil die andern Regimenter es
beschuldigten, mehrere seiner Soldaten hätten bei dem
grossen Pöbeltumulte gestolen. Ich hatte eine Zeit
lang einen Soldaten, aus Guienne gebürtig, zum
Stiefelwichsen; ein treflicher Kerl, der, Gott weiß
es, keinen Begriff davon hatte, daß ich nur muth-
massen könnte, er sei' im Stande mir etwas zu stehlen.
Doch dies sei' für ißt genug.

Die übrigen Ursachen der Schreierei unsrer Schriftsteller mögen wol seyn — Kriecherei, um sich bei
Grossen beliebt zu machen — Paradoxensucht — Gewinnsucht, da man doch gerne etwas über Frankreich liest — u. s. w. Daß — wie man mich in
Straßburg versichern wollte — wirklich auch einige
politische Schriftsteller im Solde der französischen
Aristokraten ständen, das will ich für ißt, zur Ehre meines Vaterlandes noch nicht glauben. Nächstens aber ein Mehrerers von ihnen.

* * *

(Wird fortgesetzt.)

(*) Wie armselig steht nun Prof. Bischof da, wann er
S. 202. seiner praktischen Darstellung europ. Staatshändel sagt: "So wie dagegen die Seltenheit der Strassen-
räuber und Diebstähle, welche ein neuerer Reisender in
Frankreich bemerkt haben will, von der Armuth des Volks
herrühren möchte."

5.

Beitrag zur Kenntniß der Armen - Anstalten und der innern Verfassung von Straßburg.

Bericht und Antwort auf die vom Niederrheinischen Departements-Direktorium vorgelegten Fragen über die zur Unterstützung der gebrechlichen Armen und alten Personen bestimmten Capitalien und die Mittel, dem dürftigen Mangel abzuhelfen.

Der Munizipalität der Gemeine von Straßburg vorgetragen den 15 und 23 April 1791, von dem Verwalter der öffentlichen Anstalten. (*)

Anweisung, welche vom Ausschuß der Nationalversammlung, der sich mit der Abschaffung des Bettelns beschäftigt, den HHn. Verwaltern der Departemente zugeschickt worden.

Dem Wohl der Menschheit und dem Interesse der öffentlichen Ordnung ist es gleich viel daran gelegen, daß das Betteln abgeschaft werde; aber dieses Unternehmen kann nicht begonnen werden, ohne eine vorherige genaue Kenntniß von der Größe des Uebels, dem man steuren soll. Man muß sich daher vor allen Dingen die zuverläßigste Kenntnisse von diesem Gegenstand verschaffen. Die Herren Verwalter der Departemente, denen diese wichtige Sache ganz besonders anvertraut ist, werden gewiß alle ihre Kräfte anstrengen, um diese Kenntnisse zu erwerben, und sie dem Ausschuß der Nationalversamm-

---

(*) Ein — mich dünkt — wichtiges Aktenstück, dessen Bekanntmachung, wie ich hofe, dem Statistiker und Kameralisten angenehm seyn wird.

A. d. Einsender.

lung, der sich mit der Abschaffung des Bettelns be=
schäftigt, mitzutheilen.

Der Ausschuß glaubt, daß es ungerecht seye, ein
Verbot des Bettelns zu erlassen, bevor man für die
unentbehrlichsten Bedürfnisse der Unglücklichen gesorgt
habe, welche das hohe Alter, Gebrechen, oder die
mit dem zunehmenden Alter abnehmende Kräfte auf=
ser Stande setzen, ihren Unterhalt zu verdienen; und
ehe man versichert ist, daß die Arbeit denjenigen
Menschen, welche arbeiten müssen, um leben zu kön=
nen, angemessen ist; aber anderer Seits wäre es auch
eben so ungerecht, als unpolitisch, wenn man ohne
Noth die Hülfsmittel verschwendete, welche die öffent=
liche Beschwerden des Staats auf eine unbedachtsa=
me Art vergrösserten, und wodurch der Gesellschaft
ein doppelter Schaden durch die Aufmunterung zum
Müßiggang und Fortpflanzung aller damit verbun=
denen Uebel zugefügt würde.

Um eine so viel als möglich bestimmte Kenntniß
von den Bedürfnissen zu erhalten, wendet sich der Aus=
schuß an die Herren Verwalter der Departemente,
mit der Bitte, sie möchten doch die Herren Ver=
walter der Distrikte einem jeden Hauptorte der Can=
tone ihrer Distrikte Verzeichnisse zuschicken, welche
nach beiliegendem Muster eingerichtet sind, und die
Herren Munizipalbeamte des Hauptorts eines jeden
Cantons aufmuntern, sich mit den Herren Maire und
Munizipalbeamten dieser Cantone zu vereinigen, um
dieses Verzeichniß kontradiktorisch auszufüllen. Es
ist nothwendig, daß die Herren Verwalter von der
genauen Wahrheit der Nachrichten, die sie überschi=
ken werden, ganz überzeugt sind. Der Ausschuß
muß sie um so viel mehr um diese Aufmerksamkeit
bitten, als die Verzeichnisse, welche bisher von den
wohlthätigen und andern Armen=Anstalten gemacht
worden, so offenbar übertrieben waren, daß man
sich unmöglich darauf verlassen kann.

Die Oekonomie der Finanzen, die öffentliche Ruhe und das allgemeine Wohlseyn ruhen auf der gewissenhaftesten Genauigkeit der Nachrichten und Angaben, welche die Departemente einliefern werden.

Gegeben im Comite, den 9ten Julius 1790.

Liancourt, Präsident; Bonnefoi, Sekretär.

Erste Frage.

Volksmenge.

Bürger (*) in dem Umfang der Stadt, nach den Bevölkerungs-Listen. : , 40267

Klöster, milde Stiftungen und öffentliche Anstalten.

Kloster der Nonnen von St. Margaretha.	;	35
— — — von St. Barbara.	;	46
— — — von St. Stephan.	;	72
— — — von St. Magdalena.	;	31
	184 ;	184

40451

Comthurei von St. Johann.	;	;	24
Grosses Kloster der Herren Pater Capuziner.			19
Kleines Kloster der Herren Pater Capuziner.			18
Kloster der Herren Pater Franziscaner. (**)	;		33
Königliches Collegium.	;	;	72
Bischöfliches Seminarium.	;	;	77
Protestantisches Collegium von St Wilhelm.			21
Bürger-Hospital.	;	; ;	811
Armen-Haus.	;	; ;	359
Zucht-Haus.	;	; ;	130
Waysen-Haus.	;	; ;	199
Haus der unehlichen gefundenen und armen Kinder.	;	; ;	493
		2256 ;	2256

(*) Nebst Familien.   A. D. E.
(**) Diese drei Klöster sind itzt leer, weil die Mönche, die den neuen Bischoff nicht anerkennen wollten, auswanderten.
    A. D. E.

		2256
Stadt = Bann und deren Zubehörde.		
Citadelle. = = = =	676	
Einwohner ausserhalb der Stadt, vor den		
verschiedenen Stadt = Thoren. =	1480	
Ruprechtsau. = = =	1317	
Neuhoff. (*) = = =	584	

                                                    3381 = 3381

Volksmenge der Personen, die auf Nacht=
                    scheine hier sind.
Einwohner, die keinen bestimmten Wohn=
        ort haben.   =   =   =   =   1352

                    Summe der Volksmenge.   =   48116

Hiezu sind aber die Garnison und die Per=
sonen, welche dazu gehören, nicht gerechnet.

Zweite Frage.
Feuerstellen.

Da die Feuerstellen nicht aufgezählt sind, so kann
man ihre Anzahl unmöglich genau bestimmen, und
sie daher blos beiläufig angeben.

Gewöhnlich zählt man fünf Personen auf eine Feuer=
stelle. Diesemnach müßte man ihre Anzahl auf den
fünften Theil der ganzen Volksmenge, die in der
vorhergehenden Antwort angezeigt ist, ansezen. Von
dieser Summe müßten aber erstens die 2440 Per=
sonen, welche unter der Rubrik der Klöster, milden
Stiftungen u. s. f. vorkommen, und zweitens die 1352
Personen, deren unter der Rubrik der Volksmenge
der Personen, die auf die Nachtscheine sich hier auf=
halten, erwähnt wird, und die meistens allein leben,
abgezogen werden. Nach Abzug dieser beiden Gegen=
stände der Volksmenge von 48,116 Personen, bleiben
noch übrig 44,324; wovon das Fünftel ausmacht. 8864

Auf diese leztere Summe kann also die beiläufi=
ge Anzahl der Feuerstellen angesezt werden.

_____

(*) Besteht aus zerstreut liegenden Höfen, Gärten und Gü=
    tern, nicht weit vom Rheine.   A. D. E.

Dritte Frage.

Anzahl der Hausväter oder Wittwen, welche auſſer
Stande ſind irgend eine Abgabe zu bezahlen.

Nach einer Berechnung vom J. 1790 enthält
Straßburg 935. Bürger, welche nur auf 12. Sous
angelegt, und wovon die meiſten auſſer Stande
ſind, ſie zu bezahlen.   ⁂   ⁂   ⁂   935

  Es finden ſich 612. Hausväter, die das Almoſ-
ſen von St. Marx genieſen, welches für die Handwerker geſtiftet iſt.   Dieſe ſind in Anſehung des
Genuſſes dieſes Almoſens von allen Steuern befreit.   ⁂   ⁂   ⁂   612

  Aus den Steurliſten vom J. 1789. erhellt, daß
unter 2493. Perſonen, die zur Claſſe der Schirmer (*) gehören, welche gar kein Gewerb treiben,
ſich eine Anzahl Hausväter oder Wittwen befinden, die auſſer Stande ſind, irgend eine Abgabe
zu bezahlen.   Dieſe Anzahl beſteht in   ⁂   149

  Und die Anzahl der Perſonen, welche keine
königliche Abgabe bezahlen, und welche niemals
über 32. Sols angelegt waren, belauft ſich auf   597

746

  Von dieſer Anzahl von   ⁂   2493
abgezogen.   ⁂   ⁂   ⁂   746 hier oben.

Bleiben   ⁂   1747.

  Beynahe die Hälfte derſelben iſt zwar angelegt,
aber immer rückſtändig, und kann weder den Rück-
ſtand, noch die laufende Taxe bezahlen.

  Unter obgemeldten Taglöhnern, ſind alſo   ⁂   746
und die Hälfte von 1747., welche in beſtändigem
Rückſtande ſind,   ⁂   ⁂   ⁂   800

  Von 2493. ſind folglich Nichtbezahlende überhaupt.   ⁂   ⁂   ⁂   ⁂   1546.

  Ferner, die Hausväter von der Schirmer-Claſ-
ſe, die das öffentliche Almoſen genieſſen, welches
von den Büchſenträgern und aus den Opfer-Stö-
cken in den Kirchen eingeſammelt, und von einzelnen wohlthätigen Bürgern geſteuert wird.   ⁂   488

2034. 2034

  Die gänzliche Anzahl der Hausväter, welche zu
den Auflagen nicht beytragen können, beſtehet in   3581.

(*) Schirmer waren vormals was man anderwärts Beiſaſſen
  nennt.   A. d. E.

Vierte Frage.

Anzahl der Hausväter und Wittwen, welche nur den
Werth eines oder zweier Taglohn=Preiſſe bezahlen.

Es finden ſich 139 Hausväter oder Wittwen,
welche nur den Werth eines Taglohns bezahlen,
den Taglohn zu 20 S.   ;   ;   ;   139
    Es ſind 136, welche zween Taglohn=Preiſſe
bezahlen.   ;   ;   ;   ;   136
    Unter den 947, welche das Schirmgeld bezah=
len, ſind zwei Drittel nur auf zween Taglohns=
Preiſſe angelegt.   ;   ;   ;   630
                    Ueberhaupt ; 905.

Fünfte Frage.

Alte Perſonen, welche nicht arbeiten und ſich ihren
Unterhalt nicht erwerben können.

Unter den 612 Hausvätern, welche das Almoſen von St.
Marx (*) genieſſen, ſind   193 verheurathete Handwerker.
                            18 Wittwer.
                            ___
                            211

    Unter den 488 Hausvä=
tern, welche das öffentli=
che Almoſen genieſſen,
ſind   ;   ;   94 verheurathete Taglöhner.
                        8 Wittwer.
                        ___
        313   ;   ;   313
Die Hälfte derſelben iſt unter die Greiſſe zu zählen. ½ 156
Sechzigjährige Arme im Spital.   ;   ;   171
Sechzigjährige Arme im Armen=Haus.   ;   184
                    Männer   ;   511

    Unter den Weibern, wel=
che das Almoſen von St.
Marx empfangen, ſind ; 214 verheurathete Handwerks=
                        Weiber.
                        225 Wittwen.
                        43 verlaſſene Weiber.
                        ___
                        482

_____

(*) Eine milde Stiftung zur Unterhaltung der Armen, welche dar=
aus wöchentliche Beiſteuren und Brod erhalten.   A. d. E.

482   511.

Unter den Weibern, wel-
che das öffentliche Allmo-
sen genießen, sind   ⸝   115 verheurathete Handwerks-
Weiber.
155 Wittwen.
17 verlaffene Weiber.
————
769 ⸝ ⸝ 769
Die Hälfte derselben kann unter die Alten gerechnet werden.   ⸝   ⸝   ⸝   ½ 384
Sechzigjährige Arme im Spital.   ⸝   262
—— —— — im Armen-Haus.   230
Weiber ⸝ 876

Ganze Anzahl der Sechzigjährigen ⸝ 1387.

Sechste Frage.

Gebrechliche Personen, welche nicht in den Spi-
tälern sind.

Unter den 612 Manns-
leuten, welche das Allmo-
sen von St. Marx erhal-
ten, sind   ⸝   71 gebrechliche Handwerker.
7 gebrechliche Wittwer.
16 gebrechl. ledige Mannsl.

Unter den 488 Manns-
leuten, welche das öffent-
liche Allmosen genießen, sind 75 gebrechliche Taglöhner.
11 gebrechliche Wittwer.
4 gebrechl. ledige Mannsl.
Mannsleute.   ⸝   184.

Unter den Weibsleuten,
welche das Allmosen von
St. Marx erhalten, sind   50 gebrechliche Mütter.
55 gebrechliche Wittwen.
60 gebrechliche ledige
Weibspersonen.

Unter den Weibsleuten,
welche das öffentliche All-
mosen genießen, sind   52 gebrechliche Mütter.
128 gebrechliche Wittwen.
53 gebrechliche ledige
Weibspersonen.
Weibsleute.   ⸝   398

Ueberhaupt   582

Siebente Frage.

Arme Kinder unter vierzehn Jahren, oder die auſſer Stand ſind ihr Brod zu verdienen, wenn ſie noch ihren Vater oder ihre Mutter haben.

663 Kinder unter vierzehn Jahren, welche an dem Allmoſen des Stifts St. Marx mit ihren Eltern Theil nehmen, weil das Allmoſen in Rückſicht auf die Kinder vertheilt iſt.   ⸲   ⸲   663

Und 412 Kinder, welche das Allmoſen aus der Armen ⸲ Caſſe unter den nemlichen Bedingungen empfangen.   ⸲   ⸲   ⸲   412

Wayſen unter vierzehn Jahren, die im Wayſen⸲ haus erzogen werden   ⸲   ⸲   ⸲   121

Arme Kinder, die auf Koſten der Gemeine erzo⸲ gen werden, und im Findel⸲Haus eingeſchrieben ſind   215

Unehliche Kinder, welche auf Koſten der Gemeine erzogen werden, und im nehmlichen Haus eingeſchrie⸲ ben ſind   ⸲   ⸲   ⸲   ⸲   ⸲   265

Ueberhaupt ⸲   1676.

Achte Frage.

Anzahl der Armen, welche einer Unterſtützung bedür⸲ fen, um leben zu können, im Dezember 1790.

	Hausväter, welche das Allmoſen von St. Marx genieſſen ⸲ ⸲	612
	Nehmlich, verheirathete Handwerker.	193
	gebrechliche Handwerker.	71
St. Marx.	Wittwer. ⸲	18
	Gebrechliche Wittwer.	7
	Wittwen. ⸲	225
	Gebrechliche Wittwen.	55
	Verlaſſene Weiber. ⸲	43
		612

612

Oeffentliches Allmosen.
{
Hausväter, welche Allmosen aus den gesteuerten Geldern der Bürger erhalten.   488
Nehmlich, verheur. Taglöhner.   94
Gebrechliche — — —   75
Wittwer.   8
Gebrechliche Wittwer.   11
Wittwen.   155
Gebrechliche Wittwen   128
Verlassene Weiber.   17
                    ———
                    488

Ueberhaupt   1100
}

Hospital.
{
Sechzigjährige Arme, die im Bürger-Hospital aus den Einkünften der Stiftung erhalten werden, oder Pfründer.   171
Sechzigjährige arme Weiber, die im Bürger-Hospital aus den Einkünften der Stiftung erhalten werden, oder Pfründerinnen.   262
}

Armen-Haus.
{
Sechzigjährige Arme, die im Armen-Hause auf Kosten der Gemeine erhalten werden.   184
Sechzigjährige arme Weiber, die im Armen-Hause auf Kosten der Gemeine erhalten werden.   230
}

St. Marx.
{
Weiber, die nebst ihren Männern das Allmosen von St. Marx geniessen.   214
Eben solche gebrechliche Weiber.   50
Gebrechliche ledige Weibspersonen.   60
}

Oeffentliches Allmosen.
{
Weiber, die nebst ihren Männern, das öffentliche Allmosen geniessen   115
Eben solche gebrechliche Weiber.   52
Gebrechliche ledige Weibspersonen.   53
}

St. Marx.   Gebrechliche ledige Mannsleute.   16

Oeffentliches Allmosen.
{
Gebrechliche ledige Mannsleute.   4
Ledige Weibspersonen, welche dieses Allmosen ihrer unehlichen Kinder wegen erhalten.   13
}
                            ———
                            2524

2524

St. Marx. { Kinder unter vierzehn Jahren, welche nebst ihren Eltern an dem Almosen von St. Marx Theil nehmen.   663

Oeffentliches Almosen. { Kinder unter vierzehn Jahren, welche nebst ihren Eltern, das öffentliche Almosen geniessen.   ,   412

Wayfen. { Waysen unter vierzehn Jahren, die auf Kosten des Stifts-Waysenhauses erzogen werden.   ;   ,   121
Waysen von 14 bis 18 Jahren, die auf Kosten des Stifts Handwerker lernen.   ;   ,   88

Arme und Findel-Kinder. { Arme Kinder unter vierzehn Jahren, die auf Kosten der Gemeine im Findel-Haus erzogen werden.   216
Uneheliche Kinder, die auf Kosten der Gemeine im Findel-Haus erzogen werden.   ;   ,   265

4288

Wittwen, welche Monatlich Brod von der Frauen-Haus-Schaffnei erhalten.   ,   ,   90

4378

Unter der Anzahl Einwohner, welche der Armuth wegen die Steuren nicht bezahlen können, nemlich:

Bürger.   ,   ,   ,   935
Ehemalige Schirmer.   ,   149
Desgleichen.   ,   ,   597
Desgleichen in inerwährendem Rückstand. 800

2481   Personen.
befinden sich zwey Drittel, welche durch die besondere Wohlthätigkeit der Pfarreien, der Geistlichkeit und der Bürger unterstützt werden;
also   ,   ;   ;   1654

Ueberhaupt   ;   6032.

Wiederhollung des Almosens von St.

Marx.	¤	612
	'	214
		50
		60
		16
		663
		—— 1615 Köpfe.
Oeffentliches Almosen.	¤	488
		115
		52
		53
		4
		13
		412
		—— 1137 Köpfe.

Neunte Frage.

Welche Art von Arbeit könnte in diesem Cantone
Statt haben?

Um diese Frage zu beantworten, berufen sich die
Munizipalbeamten auf den Brief, welchen sie den
Direktorien, den 10 Hornung 1791 zuschickten. Ein
Canton, das von drei Flüssen umwässert ist, deren
Beet sich sehr oft verändert, verschaft hauptsächlich
im Sommer, wenn die Wasser niedrig sind, und öf-
ters auch im Winter, eine nützliche Arbeit, welche
in der Säuberung der Fluß-Beete besteht; wenn alle Verwaltungen durch gegenseitig-freundschaftliche
Gesinnungen sich einander mittheilen und nur auf einen Zweck hin arbeiten, nehmlich die Gemüther auf
die öffentliche Glückseligkeit zu lenken, so werden die
Ingenieurs sich zu dem Vortheile der Bürger ver-
wenden, um den Lauf und Fall des Wassers, die
Abschüßigkeit der Ufer-Gegenden, die Oefnung der
Rinnen und Gräben so zu leiten und einzurichten, daß
der Ackerbau ohnfehlbar dabei gewinnen muß.

In Ansehung der übrigen Arbeiten, welche eine
Aufmunterung verdienen, müssen die Eisen-Stahl-

Zinn, und Kupfer = Arbeiten ohnstreitig den ersten
Rang im Elsaß einnehmen; weil der Stahl, das Bley,
und das Kupfer, deren das Königreich gänzlich ent=
behrt, zuerst nach Straßburg kommen, ehe sie in
das innere Frankreich dringen — weil diese Arbei=
ten starke, kraftvolle Männer beschäftigen, und in
einer glücklichen Thätigkeit unterhalten — weil der
Wetteifer und Zusammenfluß der Künste, den Künst=
lern Hülfsmittel anbietet, um die mechanischen Ar=
beiten zu vervollkommnen — weil unsere Künstler und
Handwerker noch einen Grund von Lokal= Kenntnis=
sen besitzen, welcher seit einiger Zeit brach liegt, aber
noch nicht ganz vertilgt ist, — weil der Zufluß deut=
scher Arbeiter Straßburg immer in den Stand setzen
wird, seinen Nebenbuhlern und Wetteiferern den Rang
entweder abzustreiten, oder wenigstens nicht hinter ih=
nen zu bleiben, wenn die Handwerker sich nicht von
dem Schwindelgeist und dem Hang zu ausschweifen=
den Zerstreuungen hinreissen lassen, und endlich, weil
die grosse Zölle, welche auf den Eingang der frem=
den Waaren in Frankreich gelegt werden, uns in ei=
nigen Jahren aus der Betäubung aufwecken und
uns nöthigen werden, diesen Arbeiten unsern Geist
und Kräfte zu wiedmen. Die Unternehmung dersel=
ben wird anfangs mit vielen Schwierigkeiten zu kämp=
fen haben, welche vorzüglich durch die seit fünfzehn
Monaten nach Frankreich gebrachte grosse Menge frem=
der Waaren veranlaßt werden, über deren Einfuhr
die Beamten der bedrohten oder niedergerissenen Zoll=
stätten nicht wachen konnten. Wir beharren daher
auf der Meinung, daß man den guten Arbeitern ei=
nen Vorschuß ohne Zinse thun müsse, ohne welchen
alle Versuche scheitern würden und man sich den Vor=
wurf machen müßte, die Hülfsquellen mit kleinen
Allmosen verschwendet zu haben, um den grossen
Haufen zu besänftigen und seine Ruhe zu erkaufen.

Die

Die Spinn-Anstalten, vorzüglich aber die Wolle-Spinnerei verdienen alle Aufmunterung; sie beschäftigen Weiber und Kinder, deren Anzahl in Verhältniß mit der Volksmenge, sehr groß ist.

Sehr wenig Städte, welche eben so bevölkert, als Straßburg sind, werden auch eben so viele Wittwen und verlassene Kinder haben. Alle Versuche, welche diese Stadt anstellte, um ihnen Unterricht und Beschäftigung zu verschaffen, können als eine öffentliche Ausgabe angesehen werden; und wenn diese Verfahrungsart von den obern Verwaltungsstellen angenommen wird, so kann sie auch in Ansehung der Armen des Departements vollzogen werden, welche täglich und in Menge nach Straßburg kommen, auf Befehl der Polizei zu einem Thor hinaus geführt werden, aber zu einem andern wieder eingehen. Man könnte dieses Landstreichen verhindern, die Landläufer so lang in hiesigen Arbeitshäusern anhalten, bis sie arbeiten gelernt haben, und keinen aufnehmen, dem man nicht ein Mittel sich zu nähren angewiesen hätte, wozu in jedem Canton ein Spinnsaal von den obern Verwaltungs-Stellen errichtet werden sollte, welcher einem Handelsmann unter bestimmten Bedingungen übergeben, und auf seine Kosten fortgesetzt würde, aber immer unter der Aufsicht der Verwaltungs-Stellen stühnde.

Zehnte Frage.

Anzahl der armen Kranken der Gemeine, ein Jahr ins andere gerechnet.

Ein Jahr ins andere gerechnet, werden 1600 kranke Personen im Spital verpflegt.

Im Jahr 1788.	⸰	1516.
1789.	⸰	1610.
1790.	⸰	1626.

Eilfte und zwölfte Frage.

Wie hoch belaufen sich die Einkünfte der Stiftun=
gen und besondern Allmosen?

1.) Die Einkünfte der mit dem Mehrern Hospi=
tal (*) vereinigten Stiftungen zur Pflege der Kran=
ken, Aussäzigen, der Venerischen, der armen und
kranken Reisenden, belaufen sich im Jahr 1790 auf

2285 Viertel Weizen, nach dem Verzeichnis des Distrikts
　　　　　　　　　　zu 15 L. 16 S. ⸗ L. 36103.
1004　—　Korn　zu 9　16　⸗　　 9839. 4 S.
　602　—　Gerst　zu 8　—　⸗　　 4816.
　 45　—　Haber　zu 6　16　⸗　　　306.
　145 Ohmen Wein　zu 6　—　⸗　　　870.
L. 11344 in Geld　⸗　　　⸗　　11344.
　　　　　　　　　　　　　　　　L. 63278. 4.

Die vermehrte Anzahl der Armen und Gebrech=
lichen im J. 1790. erhöhte die Ausgabe um 32000
Livres, die aus dem Capital des Hospitals bestritten
wurde.

Die Einkünfte des Mehrern Hospitals, welcher
von den Bürgern gestiftet worden, um die armen
alten Bürger zu ernähren, belaufen sich im J. 1790.
auf 1390 Viertel Weizen　zu 15 L. 16 S. ⸗ L. 21961.
　904　—　Korn　　zu 9　16　⸗　 8859. 4.
　498　—　Gerst　　zu 8　—　⸗　 3984.
　221　—　Haber　　zu 6　16　⸗　 1502. 16.
　369 Ohmen Wein　zu 6　—　⸗　 2214.
　1752 — Zehnte.Wein zu 6　—　⸗　10512.
L. 37484 in Geld　⸗　　　⸗　　37484.
　　　　　　　　　　　　　　　　L. 86517.

2.) Die Einkünfte des Allmosen = Stifts von St.
Marx, welches im J. 1523. zu einem wöchentlichen
Unterhalt an Brod und Geld für arme Hausväter
von den Handwerks=Zünften, welche wenigstens fünf

(*) So wurde der Bürger=Hospital zum Unterschiede von
dem militärischen (zu Straßburg wälschen) Hospital,
genannt.　　　　A. d. E.

Jahre lang hier wohnen, nach dem Verhältniß ihrer
Kinder, und zu einem Theil der Besoldung der Pfarrer und Helfer bei den Kirchen des Augspurgischen
Glaubensbekenntnisses und zu Gehalten für ihre Wittwen gestiftet worden, und ausserdem mit dem Unterhalt verschiedener Gegenstände des öffentlichen Diensts,
als der Gottesäcker und anderer beladen war, belaufen sich im J. 1790.

auf 1188 Viertel Weizen   zu 16 L. 16 S.   L. 18730 8 S.
    1279   —   Korn   ;   zu 9 · 16 ; ; 12534. 4
     466   —   Gerst   ;   zu 8 ; — ; ;   3728.
      80   —   Haber u. Erbsen zu 6 · 16 ; ;   544.
     114 Ohmen Wein   ·   zu 6   684.
L. 18456 in Geld.   ;   ;   ;   184 : 6.
                                          _____
                                          54,676. 12.

Die Collekte der Protestantischen Kirchen, welche
in die Casse des St. Marx-Stifts geliefert wurde,
belauft sich auf etwa 2400 Livres.

Die Anzahl der armen Handwerks-Familien stieg
im J. 1790 von 500 bis auf 688 unter 1617 Köpfe vertheilt; aller Vorrath auf den Speichern wurde daher aufgezehrt und die Ausgabe war grösser als
die Einnahme.

3.) Das Waysenhaus, welches im J. 1534,
zur Zeit der Aufhebung einiger Klöster, zum Unterhalt der Bürgers-Kinder, der vater- und mutterlosen
Waysen, die unter 15 Jahre alt und in der Protestantischen Religion erzogen sind — vom Rath gestiftet worden, dient jetzt zum Unterhalt der Waysen
aller Religionen, deren Anzahl sich wirklich auf 209
belauft.

Die Einkünfte nebst den Collekten sind seit zehn
Jahren kaum hinreichend, um die jährlichen Ausgaben zu bestreiten.

Diese Einkünfte beliefen sich im J. 1790.
auf 986 Viertel Weizen   zu 15 L. 16 S. L. 15578. 16 S.
    363 — Korn   zu 9   16   3557. 8
    140 — Gerst   zu 8   —   1120. —
     13 — Haber u. Erbsen zu 6   16   88. 8
     12 Ohmen Wein   zu 6   —   72.
 L. 16800 in Geld   ;   ;   ;   16800.
                                        _____
                                        L. 37216. 12.

Der Ertrag der Collekte aus den Protestantischen
Kirchen und der Vermächtnisse belief sich im Jahr
1790 auf   ;   ;   ;   ;   L. 2330.
Der Catholischen Kirchen und Vermächtnisse
auf   ;   ;   ;   350.

4.) Das Frauen=Haus, (*) welches ein Eigen=
thum der Gemeine und von ihr verwaltet ist, theilt
Brod unter 85 Familien aus, welches geschätzt wird
auf   ;   ;   ;   ;   L. 800.

Es giebt unter der Aufsicht und Leitung der
Munizipalbeamten, armen Familien, zur Be=
zahlung ihrer Hauszinse, jährlich etwa   L. 1860.
                                        _____
                                        L. 2660.

Es liefert dem Findelhaus 50 Viertel Getrei=
de zu 9 L. 16 S.   ;   ;   ;   L. 490.
                                        _____
                                        L. 3150.

5.) Die bey den Bürgern und in den Kirchen,
Collekten=weis eingesammelte öffentliche Allmosen be=
liefen sich im verflossenen Jahre, in fünfzehn Mona=
ten, auf   ;   ;   ;   L. 12865. 18 S.
        Für das Jahr auf   10291. 3
Die Ausgabe der öffentlichen Allmosen an 488
Schirmer=Familien, die aus 1134 Köpfen bestehen,
nehmlich   ;   188
                    300
                    234
                    412 Kindern
belief sich in fünfzehn Monaten auf 23162 Liv.

_____

(*) Das sogenannte Frauenhaus ist die Schaffnei oder Ver=
    waltung der Stiftung zur Unterhaltung des Münsters
    u. s. w.   A. d. E.

Für das Jahr auf   L. 18530
Das Mangelnde wurde aus der Gemein=Casse
ersetzt mit   L. 8240
wovon man die Gebühre abziehen muß, wel=
che zum Nutzen der Armen von den seitdem ab=
geschaften Fest= und Schauspiel = Dispensen
erhoben worden   :   :   :   3360
woburch also der Beitrag der Gemein=Casse
vermindert wird, auf   ⸴   :   L. 4880.

6.) Das Findel=Haus genießt des Rechts einer Lot=
terie, welche ihm eintragen sollte,
L. 1080 und nachher   ⸴   L. 810 monatlich.

  12960 jährlich.   9720 jährlich;
aber dieser Vortheil wirft seit einem Jahr beynahe
nichts mehr aus, weil die von 6000 auf 4500 her=
abgesetzte monatliche Anzahl der Lotterie=Zettel nicht
mehr abgeht, und jeden Monat noch tausend unver=
kaufte übrig bleiben, wobei die Gemeine dem Ohn=
gefähr ausgesetzt ist.

Die Einkünfte des Findlings=Stifts bestehen in
der mäßigen Summe von L. 2466. 8 S.

Die jährliche Ausgabe desselben, welche die Ge=
meine von Straßburg bestreiten muß, belauft sich
auf 50,000 Liv.; sie hat daher angehalten, daß die
Beschwerde des Unterhalts der unehlichen Kinder
von dem ganzen Departement getragen werde, wel=
ches in Zukunft die Besorgung dieser Kinder über
sich nehmen wird.

Die Gemeine wird also nur noch etwa 215 arme
Taglöhners Kinder zu versorgen haben, deren An=
zahl der Zahl der Kinder, die im Waysen=Haus er=
zogen werden, gleich ist.

7.) Das Armen = Haus, dieser Zufluchts=Ort und
Aufenthalt des dürftigen Alters der Armen, der Bett=
ler und anderer, welches im J. 1767 errichtet wor=
den, um das Betteln abzuschaffen, hat keinen Fond

und wird gänzlich aus den Gemein-Geldern unterhalten. 360 bis 420 alte Männer und Weiber, welche viele Jahre in der Stadt gedient und keine Mittel haben, sich zu ernähren, werden auf lebtägig darein aufgenommen, gekleidet und genährt. Sie arbeiten so viel als ihre Kräfte es ihnen erlauben;
sie fegen die öffentliche Plätze, um die Reinlichkeit
derselben und eine gesunde Luft zu unterhalten. Diejenigen unter ihnen, welche in der Stadt oder auf
dem Lande irgend eine Beschäftigung erhalten können,
geniessen des freien Ausgangs und vergüten der Ge-
mein Casse täglich fünf Sous. Ihre Anzahl zu Ende des Jahrs 1790 war 417; man berechnet den
Unterhalt einer jeden Person zu 140 Liv. jährlich;
welches der Gemeine eine jährliche Ausgabe von
58,380 Livers und den Unterhalt auf 130 Liv. her-
abgesetzt, von 54210 Livers verursacht.

Da die meisten von ihnen keine geborne Straß-
burger sind, so werden sie in dieses Haus aufgenommen, um sie in einem Alter von sechzig Jahren vor
dem Elend, dem Herumlaufen und dem Müssiggang
zu bewahren. Wenn je eine Anstalt eine wohlthätige Regierung aufmerksam machen sollte, um von
ihr eine Ausstattung zu erhalten, so ists das hiesige
Armen-Haus! Sollte es wohl ein vermessener Gedanke seyn, zu hoffen, daß die Nation, zu einer Zeit,
wo so viele den Armen gewiedmete Güter, ihr heim-
fallen, einen geringen Theil davon anweisen werde,
um dieser Herberge des dürftigen Alters, deren künf-
tiges Schicksal in aller Rücksicht die gröste Aufmerksamkeit verdient, eine sichere Dauer zu verschaffen!

Ohnerachtet viele Personen der Meynung sind,
daß der Unterhalt der Armen in Zukunft blos von
der freiwilligen Steuer der Bürger oder der Auflage eines Zusatzes zu den Nationalabgaben abhängen
solle, so kann man doch die Jahre des Mangels
oder der Theurung, die uns wieder heimsuchen kön-

nen, nicht ohne Schrecken ansehen, wenn das Schiksal der Armen nicht durch eine Quelle von beständi-
gen und unabänderlichen Einkünften gesichert wird,
die man nicht genöthigt ist zu verdoppeln, so oft der
Preis der Lebensmittel auf das doppelte steigt.

In diesem Hause sind acht Betten für sechzehn
junge Weibsleute, welche ohne Dienst sind, in den
Spinnsälen arbeiten, und in diesem Haus ein ohn-
entgeltliches Nachtläger finden, und des Sonntags
eine mäßige Nahrung erhalten.

Zwanzig andere Betten im nemlichen Armen-Haus
dienen vierzig dienstlosen Weibern und unverheirathe-
ten Weibsleuten, die in der Zwischenzeit von einem Quartal zum andern genährt sind, einen Aufenthalt haben, Wolle oder Hanf spinnen, und aus
dem verhältnißmäßigen Theil des Ertrags ihrer Arbeit sich ihre Kleidung anschaffen können.

Dieser Zufluchtsort genießt keiner Stiftungs-Ein-
künfte und wird allein auf Kosten der Gemeine unterhalten.

Wiederholung:

1)
{ Der Bürger-Hospital für die Kranken, Aussäzi-
gen, Venerischen und Kindbetterinnen hat Stiftungs-
Einkünfte   L. 63278. 4 S.
Der Mehrere Hospital, der von den
Bürgern für alte, gebrechliche und ar-
me Bürger gestiftet worden.   86517.

2) Das Allmosen Stift von St. Marx
für die armen Handwerker und andere Gegenstände.   54676. 12

3) Das Waysen-Haus.   37216. 12

4) Die Unterstützung, welche das Frauen-
Haus armen Familien ertheilt.   3150.

Stifts Einkünfte   L. 244838. 8 S.

für Aufenthalts-Orte, deren Einkünfte
den Ausgaben beinahe gleich sind.

£. 244838. 8 S.

Freiwillige Allmofen der Bürger.
Collekte der Proteſtanten für St. Marx.   £. 2400.
— — — — für das Wayſenhaus   2330.
— der Katholiken.   ,   ,   350.
Oeffentliche Collekte.   ,   ,   10291. 3
                                        _____
                                        £. 15371. 3 S.

Beitrag der öffentlichen Caſſe.
£. 8240 im J. 1790 für die öffentlichen All-
                  moſen,
54210 für das Armen-Haus.
_____
62450
        50000 für das Findel-Haus welches
              im Jahr 1791 nur 215 arme
              Taglöhners Kinder zu un-
              terhalten-hat, wovon jedes
              jährlich 130 Liv. koſtet.
_____
27950
£. 90400 aus der Gemein-Caſſe.   90400.
                                      _____
              Ueberhaupt   350609. II.

Dieſe Ausgabe von 90400 Liv. wurde ehemals
von den herrſchaftlichen Einkünften beſtritten; das einzige Mittel, dieſe Quelle in Zukunft zu erſetzen, iſt,
daß man Einkünfte von liegenden Gütern zur Aus-
füllung dieſer Lücke anweiſet.

Dreizehnte Frage.

Anzahl der Armen, die auſſer der Stadt betteln und
das Land durchſtreichen.

Die Frage läßt ſich nicht ſo leicht in einer ſo gro-
ſen Gemeine, wie die Straßburgiſche iſt, die überdieß ſo nah an das Ausland gränzt, beantworten.
Die Gemeine bezahlt ungefähr 300 Livers Almoſen
des Jahrs, an 1500 durchwandernde Handwerks-
Burſche und 200 Liv. an andere Arme, welche
durch die Stadt reiſen.

Vierzehnte Frage.

Ursache des Bettelns an dem Orte, und wodurch
man ihm steuren könnte.

Das Verzeichniß der zunehmenden Volksmenge
und das Gepräge der Menschen, aus welchen groß-
sentheils die Ankömmlinge bestehen, können diese
Frage am besten auflösen.

Eine Garnison von sechstausend im ledigen Stand
lebenden Mannsleuten, die heimathlosen Weibleute,
welche den Regimentern nachziehen, ihre späte Ver-
ehligung mit den Invaliden, dies sind die Schöpfer
und Beförderer eines eingeimpften Geschlechts, welches nirgends zu Haus ist und sich weder zur Arbeit
noch zum sitzenden Leben entschließt. Flatterhafte und
unstete Neigungen, ein beständiges Wandern und Veränderung der Wohnung und Beschäftigung geben sie
dem Elend Preiß, so bald sie von einer Schwäch-
lichkeit überfallen werden. Da sie entweder wenig
oder gar keine Verwandte haben und in keinen Verhältnissen mit den Handwerkern stehen, welche diese
Classe von neuen Ankömmlingen meiden, so sind sie
ganz hülflos und können sich keine Unterstützung oder
Allmosen von der Privat-Wohlthätigkeit der Bürger versprechen, die sie nicht kennen, ihre Bekanntschaft sogar fliehen, wodurch sie also alle dem öffentlichen Allmosen zur Last fallen.

Das einzige Mittel einen Staat blühend zu machen, so groß oder klein er auch seyn möge, besteht
darinn, daß man die Familien-Bande enger zusammen schliesse, und diese thätige und milde Wachsamkeit über eine jede Classe von Bürgern, Handwerkern, Ackersleuten, Taglöhnern ausdehne, damit
sich jeder in der grossen Kette, welche alle Wesen um-
schließt, an seinem Platz befinde, mit seiner Rangs-
ordnung zufrieden seye, und sich mit der Erleichterung und Pflege derjenigen beschäftige, welche am

meisten mit ihm verbrüdert, vereinigt sind. Wenn
jeder für sich und allein lebt, so entbehrt er auch
aller Theilnehmung und Hülfe, wird ein Opfer des
Elends und ist gezwungen, seinen Unterhalt von der
Gemeine zu begehren. Sogar die väterliche Liebe
erkaltet und die Kinder schmachten alsdann von aller Welt verlassen. Die wandelbare Neigung der
Aeltern zu einem herumschweifenden Leben, das den
Kindern eingeflößt wird, kann nicht mehr unterdrückt werden; die Erziehung wird ihr Schranken
setzen, aber nicht ausrotten.

Die öffentlichen Schulen sollen dieses Uebel heben; bisher ermangelten wir derselben, und diesen
gegründeten Vorwurf muß man den geistlichen Vorgesetzten machen, welche allein und ausschließlich die
öffentliche Gewalt in den Pfarr-Schulen ausübten.
Den Absichten der obrigkeitlichen Personen wurden
sehr oft Schwierigkeiten entgegen gesetzt; aber bei der
Zusammenberufung der Reichsstände vereinigten sich
die Wünsche der guten Bürger, um zu begehren,
daß ein Theil der geistlichen Pfründen in jeder Stadt
und Gemeine in Zukunft zur Erhöhung der weltlichen Schullehrer-Besoldung angewendet werde.

Die Schulen können das Betteln vermindern, wenn
man mit ihnen Spinn-Strick-und Näh-Säle für
die Mädgen vereinigt. Aber Knaben und Solda-
ten-Jungen hassen das sitzende Leben; sie müssen
andere Beschäftigungen haben; und um ihren Körper zu bilden, und sie in ihrem Knaben-Alter schon
an die Arbeit zu gewöhnen, muß man ihnen Gelegenheit verschaffen, Feld-Arbeiten zu erlernen. Beim
ersten Ueberblick scheint dieses in einer Provinz, wo
der Ackerbau einen hohen Grad von Vollkommenheit
erreicht hat, und in einer Stadt, welche eine würdige Classe von Gärtnern enthält, die ein Feld von
mehrern tausend Aeckern anbauen, sehr thunlich und
ausführbar zu seyn.

Aber der gröffere Theil dieser Jugend ist so sehr dem
Leichtsinn und der Liederlichkeit ergeben, daß man
die Abneigung der Gärtner, sie in den Schoos ih=
rer ehrbaren, biedern Familien aufzunehmen, nicht
überwinden kann.

Die Mittel also die Bettler zu beschäftigen, sind
die Fortsetzung öffentlicher Arbeiten an Straffen,
Ebenungen, Dämmen, Austrocknungen u. s. f. die
Unterstützung der Spinn=Säle, die Aufmunterung
der Eisen=Stahl= und Kupferarbeiter durch Geld=
Vorschüffe.

Das wirkliche Uebel kann nur durch öffentliche
Schulen, worinn der Unterricht ohnentgeldlich er=
theilt wird, und durch weise Maasregeln zur Ablei=
tung des Stroms der Leute, die keine Mittel sich
zu nähren besitzen, kein Handwerk erlernt haben, und
sich alle in die Stadt sammeln, gehoben werden.

Das Heilmittel für das künftige Uebel sind die
Wünsche, daß die Garnisons=Verfaffung der Stadt
aufhöre; welches durch die Veränderung des Schik=
sals der Soldaten, weit leichter vollführt werden kann.

6.

Zur Geschichte der Aufklärung in Tyrol.

Votum anonymum.

Abgelesen vom Grafen Khuen und Belaffis, Deputirten
des Thunikapitel zu Trient, auf dem Landtage zu Inn=
spruk 1791.

Aus den bereits so vielfachen auf diesem offenen Lands=
tage vorgekommnen Beschwerden ersiehet jedermann,
daß ein gewiffes heimliches, langsames Fieber, un=
ser Vaterland aufzehre.

Wir empfinden von Tag zu Tage mehr der trau=

rigen Folgen für die sittliche Krankheit, ohne doch
wieder ein wahres Heilungs-Mittel an Hande zu haben, weil wir nehmlich die im Grase verborgene
tödtende Schlange noch nie gesehen haben. Wir klagen, wir seufzen zwar alle, über die gefährliche Wun-
de; und wissen noch nicht die Ursache davon. Es
sey uns heut erlaubt, das Uebel Tyrols aufzudecken,
und den bisherigen Landes-Beschwerden mit der Wichtigsten das Ende zu machen.

Die Freimaurerei ist es, welche uns in die Fessel
schliesset und grausam unterjochet, welche den Bürger der öffentlichen-und Privat-Ruhe und Sicherheit beraubet.

F. Was ist aber die Freimaurerei?
A. Dieser fürchterliche Orden ist uns kein Rätsel
mehr: Nein; wir kennen davon mehr Secten,
welche wir Kürze wegen, in zwo Hauptklassen
eintheilen. Einige davon sind Epikürer, andere Fanaticker; man nennt sie hernach Illu-
minaten, Rosenkränzer, wie man will. Beide aber untergraben die stärkste, die erste Grund-
feste des Staats, das ist die Religion, und sezen auf den Schutte der guten Sitten, der Polizei und der Gerechtigkeit, die Sieges-Zeichen
ihrer ersättigten viehischen Wollüsten in vollem
Glanze auf. Die Ordens-Gesetze und Thatsachen der heutigen Epikürer dieser Freimaurerei
sind zu Verabscheuungs-würdig, als daß man sie
hersagen könnte, da sie selbe selbst mit boshafte-
stem Stillschweigen bemänteln, und auf dieses
Geheimniß mit dem Mißbrauche des Eidschwu-
res, das Siegel aufdrücken. Um ihre schwarze und geile Endzwecke zu erreichen, greifen sie
die Leute auf der schwachen Seite an. — Sie
sehen folglich auf Genie und Temperament der
Personen mit welchen sie einen Umgang haben. —
Ihre Treibfeder sind falsches Lob und Schmei-

cheleien, mit welchen sie der Welt die Augen schlief-
sen, damit man das Betragen der Menschen
nicht nur nicht sehe, sondern sie ja für Stützen
des Fürstens und des Vaterlands dankbar anbete.
Die Fanaticker, die zwote Classe der Freymaurer, wollen durch gewisse hieroglyphische Figuren
und Gebräuche, den Orden ehrwürdig und selig
machen; sie versprechen sich durch ihren Fleiß den Stein
der Gelehrten zu finden; sie muntern einander zu gewissen lächerlichen Unternehmungen auf, um mit ihren angehoften Arzneien und Gold, den bedrängten
unter die Arme greifen zu können. — Sie sagen, ihre geschwächte Natur wieder zur ersten Vollkommenheit des Paradieses aufschwingen zu können; —
erwarten von Tag zu Tage ein nehmliches Commer-
cium mit den Enkeln, denen sie hier auf Erden ähnlich werden sollen. — Und was das Böseste ist, sprechen sie jedermann selig, der nun an Jesum Christum
glaubet, er mag hernach ein Muselmann, Jud, Cal-
vinist oder Lutheraner seyn. — Sie führen die theologische Toleranz ein, und handeln der heiligen Of-
fenbahrung schnur gerade zuwider. — Und diese
Fanaticker rühmen sich Schüler des Salomons zu
seyn. — Sie leiten ihre Stiftung von dessen Tem-
pelbau her. Sie, derer Entstehung die Republick
Venedig in einer öffentlichen Schrift (1785.) als
eine förmliche Empörung betrachtete, und ihre Sim-
bola durch Freymanns Hände dem Feuer übergeben
hat; Sie, derer heimliche Privat-Zusammenrottun-
gen, deren Finsternissen die heilige Schrift und
Päbstliche Stuhl verfluchet; Johann V. König von
Portugal von seinem Reiche verbannt, das Schwei-
zer-Land an Johann Custos abgestraft, der Chur-
fürst von Hannover fürchtet, (Illiert zum Jahr 744.
F. 78. § 70,) und unser Staat eben so zittern machen muß, wie das benachbarte Bayern noch davon
zittert!

Die thätige Nächsten-Liebe wäre zwar freylich
mir erwünschte Sache; allein die Geschichte eines Cagliostro hat uns die Feile, die theuerste Liebe der Frey-
mäurer kennen gelehrt; nemlich sie machen es wie
der Bühn-Arzt, welcher nur deswegen zwei alten
Weibern die Zähne unentgeltlich herausbricht, damit
er andern Leuten desto leichter das Geld ablocken könne. — In der That nie ist die Nächstenliebe käl-
ter, der Weg der Gerechtigkeit enger, die Verfol-
gung der Biedermänner grösser, und die Bedienstung
zu erlangen für einen Verdienten härter gewesen als
itzt da die Freymaurer groß an der Zahl sind? —
Oder sie werfen nur Geld unter das Volk, um sich
die Sünde-Freiheit zu erkaufen, und die allgemeine
Ruhe ohngehindert zu stören. — Nun auf der Schul-
ter solcher weichen Achselträger, wie wird wohl unser Vaterland ruhen können, welche so dreist sind,
auch dem Monarchen die Wahrheit zu verhalten?

Wir legen unsere aller unterthänigste Bitte zu dem
Fürsten unserm allergnädigsten Landsvater, auf daß
er das Uebel der Freimauerei von unserm Vaterland
entfernen wolle. Die davon vergiftete Luft Tyrols
aber, wird sich kaum durch was anders reinigen lassen, als durch Unfähigmachung zu Bedienstungen solchen erwiesenen Sectirer, durch Unterstützung der
öffentlichen bestätigten Andachten, durch gute Schul-
Anstalten, durch Verehrmachung der würdigen Priester, und besonders durch Wiederherstellung der Eif-
rigen Missionarien, welche aus heiligsten Absichten,
die die schönsten Früchte allezeit in und unter uns
entsprochen haben, sind gestiftet worden; welche Mis-
sionarii itzt weiter herab gewürdigt als bei Luthers Zeit
sind, da doch unser Uebel ein schleichenders, ein schäd-
lichers Uebel ist, als die Kezerei-Gefahr unseren
Voreltern.

Ad Majorem Dei Gloriam!
Presens Oratio Thermometrum certum est Status
mentis humani in Regione Tyrolensi.

7.

Beitrag zu der Biographie des K. K. Generals Grafen von Haddik. (*)

Aus dem Reichsgrafendiplome gezogen, das ihm im Jahr 1777. von Kaiser Joseph II. ertheilt wurde.

Wenn wir (so spricht in gedachtem Diplome der grosse Thatenschätzer Joseph) wenn wir nun gnädigst angesehn, wahrgenommen und betrachtet die herrlichen Kriegsthaten, besonderer Treue, und unermüdeten Eifer, durch welche Andreas Graf von Haddik, gleich seinen Voreltern sich um unser Durchlauchtigstes Erzhaus und das gemeine Wesen ausnehmende Verdienste erworben hat. — Massen er schon unter der Regierung unsers Glorreichsten Hr. Großvaters Kaiser Karl des Sechsten, und noch mehr unter jener unsrer geliebtesten Fr. Mutter der Kaiserin Königinn sowohl als auch Weiland unsers glorreichen Hr. Vaters Majestäten und Liebden, bei allen Gelegenheiten in Friedens=und Kriegsläuffen, besonders in zween französischen, und einem türkischen Kriege, dann in den drei preußischen Befehdungen, zur Beschützung unsrer Erbkönigreiche und Staaten, durch mehr als fünf und vierzig Jahre mit gröstem Muthe sich dermassen hervorgethan, daß er in gefährlichsten Fällen sich besonders ausgezeichnet, und zwar

In dem türkischen Kriege, da derselbe bei dem Einbruche in Bulgavien schon als Rittmeister mit

(*) Andreas Graf von Haddik ward geboren im J. 1712. sein Vater, dessen einziger Sohn er war, war ein Ungarischer Edelmann, und diente dem König von Ungarn zu Tököly und Ragozky Zeiten mit ausgezeichneter Treue als Obristlieutenant. Sein Sohn Andreas fieng seine militärische Laufbahn in seinem 17ten Jahre als Cornet unter Dessofy Husaren an. Und stand in Allem 63 Jahre in östereichischen Kriegsdiensten.

hundertzwanzig ungarischen Reutern, die türkischen
Vortruppen standhaft zurückgeschlagen; sodann an
den Gränzen von Boßnien mit 400 Mann das
Schloß Rodnik erobert; in der Schlacht bey Grozka
auch, als er mit 260 der auserlesensten Mannschaft
den Feind zu trennen beordert wurde, solche durch
die ungeheure Menge der Türken glücklich zurückgebracht. — In den ersten, und darauf erfolgten zweiten preußischen Befehdungen so fort, als Obrist-
wachtmeister, in die von den Feinden eingeschränk-
te Vestung Neiß in Schlesien 400 Mann mitten
durch die feindlichen Posten eingeführt. Den Tag
vor der Schlacht bei Molowitz, wie auch bei Leu-
thenberg, und bei Grotkau in Schlesien durch
ausserordentliche in den grösten Gefahren bezeigte Stand-
haftigkeit, den Feinden einen nahmhaften Abbruch
zugefüget; nachher auch als das preußische Heer bei
Frankenstein sich gelagert; in das Innerste von
Schlesien über Breßlau mit 350 Reutern einge-
drungen, und ein alldort angelangtes preußisches
Husaren-Regiment ganz über den Haufen geworfen, und das meiste davon gefangen eingebracht. Auch
nachdem er dadurch zum Obristlieutenants Grabe gelanget, durch seinen tapfern Beistand unter
Anführung des Obersten Beleznay ein ganzes Ku-
rassier-Regiment samt zwoen Eskadronen Karabiniers
geschlagen, viele davon niedergehauen, und einige
hundert gefangen, nebst zwoen Estandarten erobert. —
Im dem zweiten französischen Kriege anbey als Obri-
ster bey Biberich über den Rhein gesetzt, und aus
dem feindlichen Lager bey Oppenheim fast die ganze
Reuterey, nebst einer starken Unterstützung von Fuß-
volk zurückgeschlagen, und viele gefangen eingebracht.
Nicht minder als das französische Kriegsheer vor der
glücklichen Kayserlichen Wahl Weiland unsers geliebtesten Hr. Vaters Majestät über den Rhein zog,
dessen Nachtrapp mit solch glücklichem Erfolge ange-
grif-

griffen hat, daß davon eine beträchtliche Zahl theils
erleget, theils gefangen genommen worden. Ferner
in den Niederlanden bey Ramillier und Antwerpen verschiedene Aufträge dermaſſen geschickt ausgeführt hat, daß da er als General-Feldwachmei-
ster mit 5000 Mann gegen besagtes Antwerpen
und die Festung Bergopzom die Besorgung dieſer
Postirung auf sich gehabt, nicht nur zwo für die feindlichen Belagerer bestimmte grosse Mund-und andre
Vorraths-Zufuhren zerstreuet, sondern auch als der
Vestungs-Kommandant mit einem Theile seiner Besatzung die unter einer starken Bedeckung zu ihm
ankommende Vorraths-Zufuhren an sich zu ziehen
getrachtet, er zugleich nach einem herzhaften Angriff
der Bedeckung, und der aus der Besatzung entgegen
kommenden Truppen 47 Offiziers, sammt 945 Gemeine zu Gefangenen gemacht, und zwey Feldſtücke
erobert. Vornehmlich in der letzten preuſſiſchen Be-
ſedung als General-Feldmarschall-Lieutenant
der erste bis Berlin in die feindliche Lande eingedrun-
gen iſt, dieſer Stadt sich selbst bemächtiget, die darinn gelegene Besatzung verjagt, und obschon der
König in Preußen sammt dem Prinzen Mauriz von
Dessau mit zwei verschiedenen Kriegsheeren gegen
ihn angezogen waren; dennoch durch seine besſon-
dere Geschicklichkeit die eroberten Kriegsſteuren mit
7 Fahnen und vielen Gefangenen, vornehmlich aber
das ihm anvertraute Heer unverletzt in die Oberlau-
sitz zurückgeführt hat. Wornach da er als General
der Kavallerie dem Prinzen von Zweibrücken bei-
gegeben, und ihm die Befehlshabung über Kaiserli-
che königliche Mannschaft verliehen worden, dem obgedachten Prinzen in den Unternehmungen bei Meiſ-
sen, Strehlen, Torgau und Wittenberg durch
seine kluge Maaßnehmungen, standhaft unterstützet;
und da ihm nachher der Poſten zu Dippolswald,
und währendem Winter hindurch die Beschützung je-

nes zu Freyberg und des ganzen dortigen Gebür-
ges sammt dem Herzogthum Altenburg anvertraut
worden, er sothane Aufträge mit solchem Muthe und
Tapferkeit vollzogen, daß alle diese Gegenden von
den feindlichen Anfällen befreit geblieben. Als er
nun darauf bei dem in Sachsen befindlichen Heer
als Obrist Befehlshaber angestellt sich befunden,
jenes so unter dem Prinzen Heinrich von Preussen
gestanden, aus ihrem ausserordentlich bevestigten, und
fast unzugänglichen zwei Lagern nach einander zu weichen gebracht, daher er auch in best verdienter Rüksicht so vieler rühmlichsten Thaten von unserer geliebtesten Frau Mutter der Kaiserinn apostolischen
Königinn Majestät und Liebden bereits im Jahre 1763 mit Hungarischen Grafenstande ist begna-
diget, und in dem nämlichen Jahre zum ersten Gou-
veneur der Hauptstadt und Vestung Offen benannt,
so fort im Jahr 1764. ihm die Würde eines bevollmächtigen Komissarius wie auch Präsidenten und
kommandirenden Generals in Siebenbürgen ertheilt worden, welcher er gegen vier Jahre, mit
solch sich erworbener Zufriedenheit vorgestanden ist,
daß er in dem fernern 1769 Jahre als königlicher
Kommissarius zu dem National-Kongreß der
Illyrischen Nation abgesendet; und dieser wichtige Auftrag durch dessen geschickte Einleitung in 11
Monaten glücklich vollendet worden ist.

Nach dem er hier nach 1772. das General-Kom-
mando des nach Pohlen eingerückten Kriegsheers,
und so noch auch die Gubernators Stelle vom Gal-
lizien und Lodomerien erlanget, wurde er im Jahre 1774 aus besondern in seine grosse Einsicht, Er-
fahrenheit, Treue und Geschicklichkeit setzenden Vertrauen, zu der noch wirklich begleitenden erhabenen
Würde unsers Kaiserlich Königlichen Hofkriegs-
raths Präsidenten anher berufen, zugleich auch zu
unsern kaiserl. königlichen Feldmarschall, wie auch

noch letzlich im Jahre 1776, zum Obergespann der Grafschaft Baes im Königreiche Hungarn benannt worden ist. 2c. 2c.

Das ist das Zeugniß, das Kaiser Joseph den herrlichen Thaten dieses grossen seltenen Mannes selbst geleistet, und wodurch Höchstselber sich beweget gefunden, die Verdienste Haddiks mit Erhebung in den Reichsgrafen-Stande zu belohnen.

8.

Verfolgungs-Geschichte des Paters Egidius Fischer.

Aus den Rintler theologischen Annalen. (*)

Egidius Fischer, ein Benefiziat der das Schulwesen sowohl in der Stadt, als auf dem Lande zu besorgen hatte, ein freimüthiger, aber im Reden etwas unvorsichtiger Mann, gab vor einigen Jahren mehrere Schulbücher, theils mit, theils ohne Münchnercensur, heraus. Bürger und Bauren sahen es sehr ungerne, daß die alten Elementarbüchlein verdrängt wurden, und daß sie ihre Kinder mit neuen bisher ungewohnten Büchern, von denen sie nichts verstanden, versehen sollten. Ein paar Geistliche, Zoller und Atterer, welche dem Fischer wegen seiner zu freien Reden, ohnehin schon gram waren, machten sich diese Gelegenheit zu Nutze, erregten Verdacht gegen ihn, und machten verschiedene Ausstellungen an seinem Katechismus und andern Lehrbüchern. Sie mochten nun seicht oder gründlich seyn; genug, sie bewirkten so viel, daß ein allgemeiner Auflauf darüber entstand. Die Eltern gaben den Kin-

dern wieder ihre uralten vorigen Elementarbücher in
die Hände, und in wenigen Tagen durfte kein Schullehrer mehr die Kinder nach Fischers Lehrbüchern
unterrichten. Dieser wandte sich an den Stadtpfleger von Härtling, der ihm alle Hülfe versprach, auch
den Stadtpfarrer, Baron von Donnersberg, zu bewegen suchte, mit ihm gemeine Sache zu machen,
um dem Unfug mit allen Kräften zu steuren, aber
umsonst! Dieser war durch die obengenannten Geistlichen schon zu sehr gegen Fischer und selbst gegen
den Stadtpfleger eingenommen. Die Hofnung, die
Sache in Güte beizulegen, schlug fehl und sie kam am
Münchnerhofe zur Klage. Die mächtige donnersber-
gische Familie nahm sich des Stadtpfarrers an, und
berichtete ihn von den Bezüchtigungen des Stadtpfle-
gers. Kaum da solches zu Mindelheim ruchtbar
geworden war, entstand ein allgemeiner Aufstand,
Burgermeister und Rath beriefen die Burgerschaft
zusammen, um ihre Gesinnungen gegen diese zu vernehmen. Als nun alle für denselben stimmten, dagegen aber gegen Fischer und den Stadtpfleger selbst
verschiedene Klagen anbrachten, so wurde man einig,
gegen beide eine Klagschrift wegen Illuminatismus
einzugeben, und diese machte die gehofte Wirkung.
Denn wie sehr der Illuminatismus in Baiern verhaßt ist, das ist bekannt. Fischer wurde bald darauf von sechs Soldaten aus dem Bett abgeholt,
in einem geschlossenen Wagen nach München abge-
führt und in den neuen Thurm gelegt, wo er lange
Zeit bleiben mußte. Auch der Stadtpfleger wurde
zur Rechenschaft gezogen, und hatte es blos mächtigen Fürsprachen und ganz besonderer Gunst zu dan-
ken, daß er glücklich durchkam, und seine Stelle
behalten durfte. Der Stadtpfarrer hingegen erhielt
ein sogenanntes Belobungs-Dekret von München.
Ueber Fischer aber wurde erst nach langem Gefängniß vor einigen Monaten ein sehr hartes Endurtheil

abgefaßt. Denn es heißt in demselben: „ der punc-
to blasphemiæ & lesae majestatis tam divinæ
quam humanæ arretirtete Aegydius Fischer soll
auf immer hin aller kurfürstlichen Länder verwiesen
seyn, und über die Gränzen nach Augsburg abge=
führt werden. „ Diese Sentenz ist um desto merk=
würdiger, weil Fischer ein Exjesuit von der baieri=
schen Provinz war : aber seine Denkungsart und
Freimüthigkeit war freilich nicht jesuitisch, und in
der Gegend, in welcher er lebte, wäre ihm daher
eine stärkere Dosis von theologischer Klugheit zu
wünschen gewesen, als er zu besitzen scheint. — Un=
ter andern Klagpuncten über seinen Katechismus,
der in seinem Schul=Buch für die Normal=Schu=
le, Mündelheim 1787, stehet, soll auch einer über
den unbedingten Gehorsam seyn, den er von Kindern
gegen die Eltern fordert. Der Leser mag selbst dar=
über urtheilen, wenn ich die angefochtene Stelle Seite
105, in welcher er sich behutsam und bestimmt ge=
nug ausgedrückt hat, hersetze; "und weil ihr nicht
unterscheiden könnet, was euch gut und nützlich ist,
von euren Eltern aber die Voraussetzung gilt, daß
sie ihrer Pflicht gemäß euch nur, was gut, nütz=
lich und löblich , befehlen werden: so sind ihr ihnen
auch unbedingten Gehorsam schuldig. „ Dieser Fi=
scher, welcher in Baiern so übel weg kam, wird
von dem Stadtha⸗⸗r und Weih=Bischoff, Baron
von Ungelter, in Augsburg sehr unterstützt, hielt
sich eine Zeitlang zu Dillingen auf, und ist jetzt,
bis auf nächstens zu erwartende Beförderung , im
Kloster Roggenburg.

9.

Louise Margarethe Oesterreich Kindermörderin. Verhaftet in Coeslin in Hinter-Pommern, seit dem 19 August 1789, flehet hierdurch diejenigen im lesenden Publikum an, die etwas zu Beendigung ihres Prozesses beizutragen vermögen, durch einen Freund der Gerechtigkeit.

Es giebt Gegenstände des allgemeinen Mitleids, bei deren Anblick nur der Gefühlloseste kalt vorüber geht; über deren Schwächen, nur ein Tyrann im Richterstuhl mit unerbittlicher Strenge urtheilen; nur ein Sittenlehrer mit Wolfs-Organen, aus dem Dunst seiner Studier-Lampe die Hölle prebigen kann. Vorzüglich gehört zu jener Art der Bemitleidenswerthen, ein unerfahrnes armes Geschöpf mit heissem Blut, einigen die Verführung lockenden Reitzen, und übrigens ohne Erziehung und Sittlichkeit (dem gewöhnlichen Zustand der untern Volksklassen) die nur die Thorheit ihrer Handlungen am Rande des Abgrundes einsieht, und ihm zu entgehen, sich in die Nacht des Verbrechens hüllt, die sie vollends ins Verderben hinabstürzt.

Louise Margarethe Oesterreich, ist die Tochter armer Eltern. Sie hatte das scheinbare Glück in den Kauffmann J. zu C. ei"n bemittelten Verwandten zu haben, der nicht nur für ihren Unterhalt Sorge zu tragen versprach, sondern sogar wider der Eltern und ihren Willen, ihr solche aufdrang, und sie wider beider Neigung in sein Haus nahm. Sie war als solches geschah kaum 15 Jahr alt, mußte unter mehreren ihr aufgetragenen Beschäftigungen, die Stelle eines Handelsburschen vertretten, und ward nicht nur zu einiger Kenntniß in dem einzigen möglichen Fall der gemeinen Leute, durch Besuchung des öffentlichen Gottesdienstes, nicht nur nicht an— son-

dern sogar davon ab-und zurückgehalten. In ihrem 16 Jahr, der gefährlichsten Periode, wo die
Natur bisher unbekannte Bedürfniſſe mit Heftigkeit
zu befriedigen ſucht; wo oft — wo in Menge, wohl
unterrichtete Perſonen, Frauenzimmer von einigen
Grundſätzen, von Ehr - und Tugendgefühl in eine
Abweſenheit ihrer Vernunft verſanken, die ſie nach
einem ſchimpflichen Fall, zum Schrecken erweckte,
ward — der einzige Schutz der Unglücklichen, ihr
Verſorger, ihr Vormund, ihr Vater, der einzige Mann, an den ſie ihr Zutrauen, ohne erröthen
zu müſſen, ſchmiegen durfte, dem häusliche Verhältniſſe bei Fremden, ſtrafwürdige Vertraulichkei-
ten gut hieſſen — ihr Verführer. Er war kein
raſcher befangener Jüngling, entglühte nicht von
Wein und Tanz, die auch wohl manchen geſetzten
Mann auf Augenblicke zum Thoren machen, ihn
die Folgen ſeiner Handlungen entweder überſehen
oder vergeſſen laſſen: — er war ein Mann von völlig
reifen Jahren, mit Ueberlegung und nach Planen,
ihr Verführer, und ſuchte durch Spiegelfechtereien
der Argliſt, die Furcht der Folgen ihres gemein-
ſchaftlichen Verbrechens zu verſcheuchen; allein eitel
war die Hofnung der Unerfahrnen, auf die ſtrafwürdige Einſicht des Verbrechens. Bald erſchienen in
die Augen fallende Zeugniſſe davon, welche auch die
Aufmerkſamkeit des Publikums rege machen mußten.
Die Unglückliche drang nun in den Verführer, ſie
zu ihren Eltern zurückkehren zu laſſen; aber vergebens. Vermuthlich fürchtete derſelbe alsdann eine
gerichtliche Anklage, oder ſein Gewiſſen beſchämte
ihn im voraus, über die Vorwürfe, die er von
Leuten zu erwarten hatte, die ihm ihren einzigen Schatz,
die Tugend einer geliebten Tochter, in der größten
Zuverſicht anvertraut hatten; ohne zu wähnen, daß
es ein Räuber ſey, dem ſie ihr Kleinod in Ver-
wahrung gaben! Immer rückte die kritiſche Stunde,

die das schrecklichste Geheimniß eines Mädchens of-
fenbart, näher heran. Zwar hatte der Verführer
sie auf diesen Fall zu bereden gesucht, auf seinen
Knecht zu bekennen, dem er zur Uebernahme eines,
unter den würklichen und gesetzlichen Umständen ehrwürdigen Namens, 100 Rthlr. geben wollte. Allein Louisgen (der Name mit dem man sie gewöhnlich benannte) schlug dies aus, weil der
Knecht, der einen Bruder in Collberg hätte, doch
vermuthlich nur dahin gehen, und ihre beiderseitige
Schande also in der Gegend immer ausbrechen würde. Auch sollte sie noch auf einen Soldaten bekennen, der in einigen Verhältnissen im Hause stand:
aber Louise, Louise die Kindermörderin, dachte zu edel, um dem Menschen unverdiente Strafe zu
ziehen zu wollen, die vermuthlich der Stolz des Verführers unter dem Vorwand der Beschimpfung seines
Hauses, und zu Verdunkelung seines eigenen Verbrechens zu bewürken gesucht haben würde. Die
Ehefrau des Verführers, mußte Louisens Umstände
bemerken; und es wäre sowohl als Verwandtin und
Hausfrau ihre Schuldigkeit gewesen, bei dem klein-
sten Verdacht, eine Wahrheit aufzufinden, die
ihr in den Verhältnissen einer Hausgenossenschaft
unmöglich entgehen konnte; allein sie that dies nicht;
sprach zwar mit der Magd: „ daß ihr Louise bedenk-
lich vorkäme, und lachte, wenn sie Louisen sah. Nun
traten die Wehen ein, Louise, die davon noch keine
Begriffe hatte, glaubte sie sey blos krank. Die
Ehefrau des Verführers, bähete sie mit Hülfe eines
alten Weibes, mit Kräuterdampf, der sie völlig
betäubte; sie gieng allein und unbewacht in ihre
Kammer, und ward, wie sie glaubt, in einer hal-
ben Stunde darauf entbunden. Noch hatte sie,
weil der Mensch überhaupt so ungern an unangeneh-
me Folgen seiner Handlungen denkt, nicht erwogen,
was sie auf den Fall einer Entbindung, mit dem

Kinde anfangen sollte? Sie war, wie das schon bey
so vielen der Fall gewesen, die keine Beyhülfe hat:
ten, in einer gänzlichen Betäubung, riß die Na:
belschnur ab, und wickelte das, was von ihr gegan:
gen war, und wovon sie angiebt, nicht gewußt
zu haben, ob es ein Kind sey, denn schreien
hatte sie nicht gehört, in ein Tuch, und trug es in
derselben dunkeln nebelichten Nacht, Morgens gegen
3 Uhr ins Wasser. Man könnte zwar aus dieser
Handlung folgern, daß die Unglückliche doch habe
vermuthen können und müssen, daß sie ein Kind
gebohren habe; daß der Gedanke, es ins Wasser
zu tragen einen Vorsatz einer Ermordung oder
Aussetzung begründe; und daß sie bey den ihr be:
kannten Umständen ihrer Schwangerschaft, und bey
dem Bewußtseyn, ihres vertrauten Umgangs mit dem
Verführer, doch untersuchen sollen, ob sie würklich
ein Kind und ein lebendiges Kind gebohren habe. Al:
lein Schlußfolgen, welche die kalte Ueberlegung
zieht, sind nicht der Ideengang einer vom gedachten
Bade betäubten, am Körper geschwächten, von
schmerzhaften Empfindungen geängstigten, von trau:
rigen Vorstellungen aufgeschreckten, und von Strah:
len der Hofnung daß sie auch wol kein Kind über:
haupt, oder auch nur kein lebendiges Kind geboh:
ren haben könne, getäuschter Person. Der vorher
angeführte Grundsatz; daß der Mensch oft aus Furcht,
etwas unangenehmes zu erfahren, der traurigen Bot:
schaft, wenigstens auf einige Zeit ganz ausweicht;
daß dem Unglücklichen, auch ein geringer Grad der
Möglichkeit, die seine Hofnung erwärmt, so leicht
ein Kind der Würklichkeit wird, kann die Unglück:
liche vor jenen Spitzfindigkeiten einer gewiß schon öf:
ters irregeführten Philosophie der Rechtsgelehr:
samkeit, rechtfertigen.

Sie kam von der schrecklichen That zurück, und
begegnete ihrem Verführer, der sie fragte, wo sie her

käme. Sie beantwortete seine eigentliche Frage
nicht ; sondern sagte ihm blos „ daß der Thorweg
„ noch offen stühnde. „ Im Vorbeigehen sagte sie
ihm aber alsdann: „ ich habe es fortgebracht! „

Man kann hier fragen: was hatte der Mann schon
so früh für Geschäfte? Warum fiel es ihm nicht auf,
daß Louise so zeitig von der Straße ins Haus kam?
Setzt ihre, im Vorbeigehen gegebne Nachricht,
nicht einen Wink einer Verabredung wegen Entfernung der Geburt von seiner Seite voraus? Dies
würde zwar die Unglückliche sträflicher machen, indem es einen vorsetzlichen Mord, oder wenigstens eine
vorsetzliche Probsetzung begründete; allein es wird auch
dadurch der Verführer nur destomehr inculpirt. Doch
zur Geschichtserzählung.

Nach der Zeit einer Viertelstunde, kam der Verführer an Louisens Fenster, und fragte sie, was
sie weggebracht, und wohin sie es gebracht hätte?
Sie erwiederte: „ ins Wasser !

Es finden sich hier natürlich wie in jeder Geschichtserzählung eines leidenschaftlichen Zustandes Lük-
ken, die der dritte, mehr oder weniger nachtheilig
auslegen kann; allein da dergleichen Gespräche, nur
gewöhnlich das Resultat dunkler Ideen sind; so
muß der menschenliebende Beurtheiler und Richter
eine gelindere Auslegung der Grund-Ideen, billig
der strengeren vorziehen.

Er kam noch einmal, um die nehmliche Frage zu
thun, und gab ihr endlich den Rath: stille zu seyn,
und wenn von der Sache etwa gesprochen würde,
sich ganz unbefangen anzustellen, und sich ins Gespräch
zu mischen.

Durch einen Zufall, der in der Kette menschlicher
Begebenheiten so oft zur Entdeckung wichtiger
Vorfälle Veranlaßung giebt, war das Wasser seicht,
weil der Müller dasselbe eben geschützt hatte, und
das Kind ward also aufgefunden, Muthmaßungen

giengen hin und her, und gaben endlich zu einer
Hausvisitation in der ganzen Stadt, Veranlassung.
Man kam auch endlich in das Haus des Kaufmann
J. Man erkundigte sich zuerst nach den Mägden,
und seine Gattin antwortete: "daß, da die Mägde
" im Felde wären und arbeiteten, wol die Vermu=
" thung einer heimlichen Entbindung wider sie nicht
" statthaft sey. „ Louise stand im Hause; einer der
Visitatoren fragte sie: Sie sinds doch nicht? sie
antwortete mit einem abgebrochenen Nein! worauf
sie sich umkehrte und unbemerkt weinte. Ihr Verführer
aber sagte: für diese steh ich. Die Untersuchenden ver=
liessen das Haus, ohne weitere Nachforschung.

Endlich ward die Vermuthung wider Louisen
ernstlich, und sie zur gefänglichen Verhaft gebracht.
Indem sie aber abgeholt wurde, ließ man ihr noch
Zeit, sich von ihrem Verführer und seiner Gattin
zu beurlauben, und diese sagten ihr beide: "sie solle
die That ableugnen! Sie erhielt ein leidliches Gefäng=
niß, konnte selbst unter Aufsicht einer Wache sich auf
der Strasse an der Thür des Rathhauses aufhalten.
Ihr Verführer hatte Erlaubniß sie im Gefängniß
ohne Zeugen zu sprechen. Hier unterrichtete er sie,
sie solle aussagen: es sey einmal ein ihr unbekann=
ter fremder Mensch, Abends in den Laden gekom=
men, habe sich mit ihr unterredet, sich nach der
Lage des Hauses und wo sie schlafe erkundigt, und
sey am Morgen fruh gradezu in ihr Zimmer ge=
kommen und habe sie geschwängert. So lange Are=
stantin bei dieser Aussage blieb, beköstigte sie der
Kaufmann J. aufs beste. Sie ward endlich krank.
Ein Chirurgus, der ihr zugegeben ward, befragte sie,
ob nicht der Kaufmann J. zu dem von ihr gebornen
Kinde Vater sey? Sie entdeckte ihm hierauf, daß
jener Vater wäre; und der Kaufmann J. kam her=
nach mit dem Chirurgus wieder zu ihr, und verwies
ihr solches. Sie äusserte: daß bei der, wegen ihrer

Krankheit sie befallenen Todesfurcht, ihr Gewissen
erwacht sey, und sie zum Geständniß der Wahrheit
genöthiget habe. Sie that hierauf gerichtlich eine
gleiche Aussage, und bezog sich wegen der Wahr=
heit ihres Geständniß, auf das Zeugniß des Chirur=
ge, der es gehört, daß ihr Schwängerer, sie wegen
dieses Bekenntnisses der Wahrheit zur Rede gestellt,
und es ihr verwiesen hätte. Der Chirurgus ward
demnach vernommen, leugnete aber den ganzen Vor=
gang der Sache, und bekräftigte seine Aussage durch
einen Eid, Arestatin behauptet, daß er in schlechten
Umständen gewesen, anietz aber die Seinigen durch
Kleiderpracht sich auszeichneten. Seit diesem letztern
Geständniß der Arestantin, entzog ihr der Kaufmann
J. die bisher gereichte Alimentation, und sie muß
sich von der Zeit an, mit einem Groschen täglich,
und was sie etwa sonst, durch ihr sehr fleissiges Stri=
cken verdient, ernähren. Der Arestantin Defensor,
der in Coeslin wohnte, ist verstorben: sie behauptet;
daß es ihr von dem Inquirenten Burgermeister P.
als jener noch lebte, nicht bewilligt worden, mit dem=
selben Rücksprache zu halten, welches doch die Cri=
minal=Ordnung nachgiebt, auch sollen die Akten ver=
schickt worden seyn, ohne daß sie bei deren Inno=
tulation gegenwärtig gewesen. Arestantin hat übri=
gens ein sehr leidliches Gefängniß, hat eine Stube
auf dem Rathhause par terre, wo sie jedem sichtbar
ist, und mit jedem sprechen kann; auch erlaubt man
ihr den Gebrauch von Messer, Gabel, Striknа=
del und dergleichen, die man sonst Inquisiten zu
versagen pflegt. Es würde dieses gelinde Gefäng=
niß, dem Magistrat zu Coeslin zur Ehre gereichen,
weil ein Gefängniß, während der Untersuchung und
vor gefälltem Urtheil, kein Strafort, sondern
nur eine Sicherheitsgewährung seyn soll; allein
Inquisitin behauptet; man habe dabei die Absicht,
sie zur Flucht oder zum Selbstmord zu reizen;

welches beides sie aber nicht thun werde, sondern
ihr Schicksal geruhig abwarten wolle.

Dies sind die Thatsachen, welche Inquisitin einem Reisenden erzählt hat; und zwar mit einer Un-
befangenheit, mit einem Detail von Neben-Um-
ständen die eigentlich nicht zur Sache gehörten, aber
doch um so mehr beweisen; daß es keine ausstu-
dirte Geschichtserzählung war. Das Publikum zu
Coeslin stimmt ihren Angaben mehrentheils bei, und
jeder, den gegenwärtiger Referent davon sprach, äuf-
serte sich mit Achselzücken, über manches bei diesem
wichtigen Prozeß.

Die ganz natürlichen Fragen:

1.) Warum wird im preußischen Staat, der doch
so promter Justitz wegen berühmt ist, diese Sache, die doch keiner auswärtigen Zeugenabhörung
bedurfte, gar im geringsten nicht verwickelt ist, das
Corpus Delicti vorhanden gewesen, und von der
Inquisitin als ein von ihr nach dem Anschein ge-
bornes Kind, dessen Existenz sie aber selbst erst
nach der Auffindung, und dessen würklich gehabtes
Leben nach dem Viso reperto der Aerzte mit Ge-
wißheit erfahren, recognosciert worden, die späte-
stens in einigen Monaten zum Spruch instruirt
seyn konnte, so lange verschleppt?

2.) Warum wird die Inquisitin in so gar leidli-
chen Verhaft gelassen?

Berechtigen zu einer Aufforderung an das Preuß-
fische-Justizliebende Publikum; berechtigen zu
einem Aufruf an den Kriminal-Senat, falls die
Untersuchung-Akten noch nicht eingegangen seyn sollten, solche von dem Richter erster Instanz zu arro-
gieren; berechtigen zu einer Fürbitte im Namen der
Inquisitin:

um Beendigung ihres Prozesses.

Berechtigen endlich, diesen Aufsatz zu einer Stelle in dieser Zeitschrift, deren vorzüglichster Plan es

ist, die Klagen bedrängter Menschheit, die kei=
nen einzelnen Sachwalter findet, vor den Rich=
terstuhl des grossen Publikums, und vielleicht durch
diesen Weg, auch vor die gebührende Behörde zu
bringen, nicht um sie Straffrei zu sprechen, son=
dern ohne Aufenthalt, ihr und ihres Mitverbrechers
Urthel, unpartheiisch zu fällen.

10.

Beitrag zum Denkmal des am 16 Januar 1791
zu Pleß in Schlesien im 87 Jahr verstor=
benen Hr. Martin Friedrich Schäffer, ehe=
maligen Oberkonsistorial=Rath und Ober=
amts=Regierungs=Sekretärs in Breßlau.

Wenn es die böse Sitte unsers Jahrhunderts ist,
Gelehrte und verdiente Männer, wegen menschlicher
Schwachheiten in der unbescheidensten Blöße darzu=
stellen, und die Geschichte der gegenwärtigen Gelehr=
ten für die Nachwelt zu einem Schreckbild des Ruhms
unserer Aufklärung zu erhehlen; so ist es auch Pflicht
das Andenken derjenigen besonders zu ehren, die
an einem Unfug weder handelnd nach leidend einigen
Theil nahmen, die vielmehr eine Zierde ihrer Zeit,
ein Stolz ihres Vaterlandes und patriotische Staas=
burger waren. Der Hf. Oberkonstorial=Rath Schäf=
fer verdient diesen Namen in ganzem Maaß. Er
ist geborner Berliner, und hat zur Volksaufklärung
in Schlesien ausserordentlich viel, jedoch auf einem
andern Wege als die Neuern einschlugen, beigetra=
gen. Er ist Verfasser mehrerer Bücher für Land=
schulen und unter andern auch des umgearbeiteten
Rambachischen Katechismus, die er sämmtlich un=
ter Direction und Befehl des damaligen Schlesischen
Justiz=Ministers, nunmehrigen Großkanzlers von

Karmer Exellenz, ausarbeitete, und nicht nur dessen ganze Wohlgewogenheit besaß, sondern auch mehrere male, ansehnliche Gratifikationen erhielt; und sich noch grösserer Unterstützung von dem großmüthigen Kenner der Verdienste würde zu versprechen gehabt haben, wenn derselbe jenes oft sehr kümmerlich häuslichen Umstände genauer gekannt hätte.

Außer diesen nur in der Povinzialsphäre bekannt gewordene Schriften, hatte sich der wohlselige, auch durch einen in Warschau gedruckten Auszug aus dem Senera unter dem Titel: Flores Senercæ; deutsche klassische Uebersetzungen des Anti=Lucrez vom Cardinal von Polignac, der vortreflichen Lehrgedichte des jungen Racine, von der Religion und Gnade, und Anmerkungen zu einer neuen mit Berichtigungen bereicherten Ausgabe von Crugott Christen in der Einsamkeit, wie auch durch eine sehr belehrende und anmuthige Zeitschrift unter dem Titel: moralische Wochenschrift, und wenn ich nicht irre, durch ein neues Gesangbuch, worinn alte Kirchenlieder umgearbeitet, und neuere besonders Gellertsche aufgenommen worden, berühmt gemacht.

Er arbeitete in seinem Dienst mit unermüdetem Eifer, sah die Correcturbogen aller seiner Schulschriften selbst durch, und wandte seine Abendstunden zur Lektüre einer kleinen aber klasischen Bibliothek, und der besten deutschen und französischen Journalen, und kritischen Schriften an. Der sehr seltne Umgang von 2 oder 3 alten akademischen Freunden, und eine Journalgesellschaft, die sich nur monatlich einmal zu einem Gelehrten Kränzchen versammelte und unter andern, aus dem verdienstvollen Kriegsrath von Ruber, den gelehrten Rector Anletius, und seinem vertrautesten Freunde, dem Kammersekretär Goldemir bestand, besuchte er weder öffentliche noch Privatgesellschaften, ohnerachtet er den vortreflichsten und in der feinern Welt gebildeten Gesellschafts=

thon gut besaß ; denn er hatte ehemals in Oppeln
bei noch mehrern Glücksumständen, die letzten Gesellschaften unter den Mitgliedern der oberschlesischen
Regierung und des benachbarten Adels der Haugwi-
ze, Oyherrn u. s. w. mit ihrem Vergnügen bei sich
gesehen.   Er hielt täglich Abends und Morgens und
auch besonders Sonntags mit den Seinigen Haus-
andacht; denn den öffentlichen Gottesdienst besuchte er selten, weil man ihm zu viel vom Glauben
predigte, er ein abgesagter Feind der sogenannten
Maulchristen, und dieser Probst Reinbek in seinen Predigten sein Liebling war, die er jedoch oft mit
Saurin, Doddridge, Littleton und andern vortreflichen Kanzelrednern abwechseln ließ.

Vieler häuslichen Leiden ohnerachtet, spannte sich
weder sein Geist der Thätigkeit ab, noch verlohr
er die Munterkeit eines schönen Geistes.   Sein Herz
war voll Empfindsamkeit und Rührung, die besonders im religiosen, fast an Schwärmerei gränz-
te, er deklamierte mit einem hinreissenden Ausdruck,
und jeder auch versteckt liegende grosse oder herrliche
Gedanke, entlockte ihm leicht ein Thräne.   Bey dieser Stimmung seiner Seele, war er daher auch allerdings vom Glauben an die Würklichkeit der Al-
chimysterei, worüber er jedoch kein Buch besaß, und
am allerwenigsten selbst laborirte, noch von dem Glauben an Geistererscheinungen, wovon er in Pon-
toppidans Schrift über den Mittelzustand der
Seelen nach dem Tode, unleugbare Belege zu finden glaubte, nicht ganz frei; und wußte davon viele uns
erhaltende, und durch lehrreiche Bemerkungen gewürzte
Geschichten zu erzählen.   In der schönen Litteratur,
war er ausserordentlich bewandert, und hatte in allen Werken des Witzes und der Empfindung von welcher Art sie auch seyn mochten, den feinsten Geschmack;
er las den Lutrin von Boileau mit eben dem Gefühl
des komischen Witzes, als Youngs Nachtgedanken
mit

mit Erhabenheit: Herveys Betrachtungen, und Lavaters Aussichten in die Ewigkeit, schätzte er besonders; über alles aber giengen ihm Miltons verlornes Paradies, und Klopstoks Messiade. Er war in seinen Jugendjahren ein vortreflicher Flötenspieler gewesen, so daß ihn Friedrich II. weil er noch bei seinen Eltern als Canditat in Berlin lebte, da er ihn im Vorbeireiten gehört hatte, zu sich rufen lassen, um ihm zu accompagniren. Der auch in anderer Rücksicht betrübte Verlust jener Flöte, machte ihn mehrere Tage hindurch höchstens unmuthig, und er hätte sie gern über den vierfachen Werth bezahlt, wenn er sie wieder erhalten können. Auch spielte er einen guten Flügel, den er aber für seine Person, nur zur Begleitung geistlicher Chorale brauchte.

Er war mit einer gebornen Wundmannin verheirathet, die von Seiten ihres Herzens eine brave Frau war, und sich sehr in seine kleinen Launen schickte; aber bereits im Jahr 1771. starb. In seiner Kleidung, war er höchst einfach, in seinem übrigen Leben mäßig und durchaus von keiner Modethorheit behaftet. Seine Kinder unterrichtete er mit dem größten Vergnügen, in Sprachen und litterarischen Kenntnissen selbst, und hatte Ursache sich über die Ausbildung ihrer Talente zu freuen. Er lebte, nur von Wenigen gekannt, und nicht genug belohnt; weil er sich keiner der Kunstgriffe bediente, den neuere Schriftsteller wählen, ihre oft geringen Verdienste auspossaunen zu lassen. Er drängte sich an keine gelehrte Zunft, und führte fast gar keine litterarische Korrespondenz. Jungen Studirenden wußte er vortrefliche Erleichterungsmittel, und zweckmäsige Methoden in Erlernung der Wissenschaften an die Hand zu geben.

Auch ich genoß gleich seinen Kindern dieses Unterrichts, da ich das Glück hatte, einige Jahre, gleichsam ein Glied seiner Familie zu seyn. Schon oft hat ihm mein Herz stillen Dank bezeugt, und ich habe

es für Pflicht gehalten, durch diesen kleinen Beitrag
zu seiner Geschichte, das Andenken eines Christen,
eines Patrioten, eines im höchsten Grade recht=
schaffenen Mannes, und würdigen wahren
Gelehrten so lange zu erhalten; bis ihm vielleicht
der als Gelehrter in seine Fußstapfen getretene Sohn,
Herr Regierungsrath Schäffer in Oppeln, ein wür=
digeres Monument errichtet. Sanft ruhe die Asche
des Gerechten!

　　Horch, verklärter Geist! aus leichtern Sphären
　　Noch einmal in unsre Nacht herab;
　　Um der Schmerzen Klageton zu hören
　　Tief geweint vom Dank an deinem Grab,
　　Ha, ißt schwebst du in dem Wonneschauen
　　Das dein Geist so oft prophetisch sah;
　　Wo du riefst: hier laßt uns Hütten bauen!
　　Denn hier sind, der Gottheit Schauer nah.
　　Du durchwallst nun schon die Friedens=Thäler,
　　Wo der Thorheit Jammer nicht ertönt,
　　Wo der Schmerz, schwacher Menschheit Fehler
　　Nicht mit Reu in bangen Seufzern stöhnt.
　　Ausgeleert, hast du den Kelch der Leiden,
　　Den die Welt so oft der Tugend reicht,
　　Daß sie nicht gestört in ihren Freuden,
　　Eines Weisen Anblick, stolz beschleicht.
　　Schon vertraut mit allen grossen Männern,
　　Deren Werke dich so hoch entzückt,
　　Wallst du unter der Verdienste Kennern,
　　Die des Neides Gift nicht mehr berükt
　　Stimmst voll Dank, die Laute heilger Lieder,
　　In die Harmonie der Cramer, Gellert, ein,
　　Engelsharfen tönen froh sie wieder
　　Bis sie sich vor Gottes Thron erneun,
　　Und ein Strahl von seinem Gnaden=Blicke,
　　Deines Pilgerlebens Hofnung preißt;
　　Die entschwungen übers Erden=Glücke,
　　Glaubensvoll ins Palmen=Land gereißt!

　　　　　　　　　　　　　　　　　M.

II.

Merkwürdiges Schreiben eines deutschen Fürsten.

Brief des Fürsten Friedrichs von Salm-Kirburg an seinen zu Regensburg habenden Gesandten.

Mein lieber Baron Haymb!

Ob ich wohl schon aus Erfahrung weiß, wie sehr man die Berathschlagungen des Reichstags verdehnt, und daher vermuthe, das Reichskonklusum über das Anliegen der im Elsaß angesessenen deutschen Fürsten wird noch nicht so bald dem Prinzipal-Kommissarius übergeben werden, so will ich doch keinen Augenblick verlieren, Ihnen meine Gesinnungen über diese Angelegenheit zu eröffnen, damit sie meine Stimme darüber gehörigen Orts abgeben können.

Die Ursache, warum man so viel Aufhebens von dieser Angelegenheit aus ganz besonderm Interresse gemacht, ist sehr leicht zu errathen und das Problem würde ohne den traurigen Tollsinn, Fragen auf Fragen zu häufen, sehr leicht aufzulösen seyn.

Frankreich, dem die Landeshoheit ganz überlassen worden, hat ohnstreitig das unverjährbare Recht alle Feudal-Rechte im Elsaß, versteht sich mit Vorbehalt der Entschädigung, zu unterdrücken, Rechte, welche eine menschliche Philosophie schon lange aus dem Kreis vernünftiger Staaten verbannt hatte. Die Menschen, um diese ewige Wahrheit nicht einräumen zu wollen, müßten sich selbst täuschen, aber die innern und äussern Feinde Frankreichs schufen sich in dieser Hinsicht noch ganz eigne Luftschlösser. Der angenommene Grundsatz, daß kein Stand des deutschen Reichs sich einzeln mit Frankreich vergleichen könne, ist eben so abgeschmackt.

Als im Jahr 1751 mein Haus das Fürstenthum

Salm gegen die bisher von Frankreich und den Grafen Salm gemeinschaftlich besessene Grafschaft Fene-
trange vertauschte, zog man da die übrigen Reichsstände zu Rath, oder forderte man sie gar zur Bewilligung auf? — Als vordem der Herzog von Wir-
tenberg die Grafschaft Mömpelgard eintauschte, hatte er wohl eine andere Dazwischenkunft, als die Bei-
stimmung der kontrahierenden Theile, der Agnaten
und des Reichstags nöthig? Aber welch eine schänd-
liche Politik will um so geringer Vortheile willen die
Fakel des Kriegs in Deutschland anzünden? Der
Kurfürst von der Pfalz wird sich wahrlich nicht durch
den muthwilligen Nonsens der Mainzer Kanzellei
täuschen lassen.

Schränken sie daher meine Stimme dahin ein:

1.) Daß der Kaiser, dessen weise Fürsicht für uns
jezt eine Wohlthat ist, gebeten werden soll, das Anliegen der im Elsaß ansäßigen deutschen Fürsten nach
der von ihnen angezeigten Lage der Sache mit dem
constitutionellen König der Westfranken, so bald es
nur die Umstände erlauben, und die bisher verscho-
bene vollstrekende Macht wieder im Geleiß seyn wird,
abzumachen.

2.) Daß man ja kein doppeltes Reichscontigent
ausschreiben soll, bis es nicht die Noth erfordert;
(Denn dieß unterdrückende Mittel dient nur dazu, die
kleinern Stände unter das Joch der grössern Despoten zu beugen, wenn unsere weise Constitution die in-
dividuelle Freiheit nicht sichert und wohl bewacht.)

3.) Daß man, so bald das Reichs-Oberhaupt
diese Negoziation beendigt, nun mit Frankreich im
Namen des ganzen Reichs die Freundschafts-Verträ-
ge, Bündnisse und Commerz Tractate, die dem Heil
beider Nationen so ersprießlich sind, so gleich er-
neuern soll.

In Betreff des zweiten Artikels bemerke ich hie-
bei jedoch, daß sie sich den meisten Stimmen zu ge-

sellen, aber in Rückficht des ersten und dritten Artikels will ich durchaus meine Stimme dahin gegeben
wissen, wäre sie auch im Fürstenrath die einzige von
der Art. Unsere Gedanken sind ohnstreitig unser grö-
ster und heiligster Schaz, und der Philosoph und freie
Mensch ist vor allen Dingen verpflichtet, seine Meinung der Welt zu offenbaren, sey auch der Erfolg,
welcher es nur wolle. „

12.

Ein merkwürdiger Rechtsfall.

Schreiben aus Straßburg, vom 10 October d. J.

Vor etwa vier Monaten ließ es sich ein franzöfischer
Offizier vom Regimente Bourbonnois, Namens Julian von Espiard, beifallen, einem Refruten hier
25 Louisdors zu versprechen, wenn er unsern würdigen Bischof und edeln Maire ermorden würde; der
Offizier hatte schon die beste Gelegenheit dazu ersehen;
der Refrut ließ sich zu dieser Schandthat willig finden, und Espiard gab ihm 6 Livres Dinggeld zum
Versaufen. Der Refrut machte sich lustig für dieses
Geld, fühlte aber nachher Gewissensbisse, und reu-
müthig entdeckte er seinem Korporal den ganzen Handel. Dieser leßtere zeigte die Sache sogleich an. Man
wollte den Offizier greifen, aber er entfloh noch zu
rechter Zeit; der Refrut ward vom Regiment wegge-
jagt, und zur Schadloshaltung schenkte ihm unser edle
Maire Dietrich eben die Summe von 25 Louisdors, welche ihm Espiard für den Meuchelmord
versprochen hatte.

Nun erfuhr man hier vor einiger Zeit, daß eben
dieser Espiard wegen vorgehabten Meuchelmords
des Kardinals Rohan zu Ettenheim (im jenseitigen

Bisthum Straßburg) gefangen sitzen, und bereits
im Verhör ausgesagt haben solle, der hiesige Maire
und Gemeindeprokurator hätten ihn zu diesem Morde
gedungen. Man achtete Anfangs auf dies Gerüchte
hier ganz und gar nicht, und hielt das Ganze für
ein boshaftes aristokratisches Blendwerk.   Endlich
aber wurde das verläumderische Gerüchte lauter, und
unsre Municipalität schrieb deshalb an den rohanschen
Oberamtmann Stuber zu Ettenheim.

Darauf erfolgte nachstehendes Rückschreiben, nebst
Beilage sub Litt. A.

Es ist uns daran gelegen, diese Sache bekannt
werden zu lassen, darum ersuche ich Sie, dies in Ihr
Journal baldmöglich einzurücken.

Rückschreiben des Oberamtmann Stubers zu Ettenheim, an die Munizipalität zu Straßburg.

Wohl und Hochedelgeborne,
Insonders Hochgeehrte Herren!

Ich nehme keinen Anstand, Ew. Wohl und Hochedel-
gebohrnen meine Meinung über das unterm 8ten dieses
an mich erlassene Schreiben, und den damit überschick-
ten Auszug aus ihrem Rathsprotokoll zu eröffnen.
Weder ich noch das hiesige Oberamt, wovon ich blos
ein Mitglied bin, haben die Bekanntmachung der von
einigen französischen Offizieren unterschriebenen ausser-
gerichtlichen Erklärung des sogenannten Destard,
oder vielmehr d'Espiard, welche von Ew. Wohl
und Hochedelgebornen mit dem Namen eines verläum-
derischen Schreibwerks belegt worden, veranstaltet
oder begünstigt.

So viel ist aber gewiß, daß Hr. von Espiard von
der Behörde wirklich einvernommen worden, und daß
sein Verhör einen wesentlichen Theil des nach Vorschrift

der Reichsgesetzen gegen denselben instruirten Criminal-
Processes ausmache ; ich kann nicht begreifen, wie
man Ew. Wohl und Hochedelgeb. keine Nachricht
von dem in dieser Sache ergangenen Vorurtheil ertheilet habe, welchem Zufolge das dortige Distriktge-
richt, bereits unterm 31ten vorigen Monats ausweis
der Anlage requirirt worden, die Herren Maire
Dietrich, Gemeine Prokurator Levrault und Mot-
sette, den Sohn vor allhiesiges Oberamt zu stellen,
damit sie über die — ihnen zur lastliegende Anzeigen
gehörig einvernommen und mit den Inquisiten con-
frontiert werden mögen. Der ihnen hierwegen anbe-
räumte Termin geht wirklich zu Ende, und —. nach
dessen Umfluß kann sich das Oberamt nicht entbrechen,
auch die weiter vorgeschriebene Formalitäten zu beob-
achten, mithin dieselben durch öffentliche Ladung vor-
zurufen, und in wiedermaligem Nichterscheinungs-
Falle in Contumaciam zu verurtheilen.

Unmöglich kann ich mir einbilden, daß ein Wohl-
und Hochedelgeb. den mir zu gemittelten Rathschluß
in der Absicht gefaßt, um den gewöhnlichen Gang
der Gerechtigkeit zu durchkreuzen, und die vollstän-
dige Untersuchung einer Sache zu verhindern, deren
Aufklärung doch den erwähnten Personen nothwendiger Weise am Herzen liegen muß; finden dieselbe sich
unschuldig, so haben sie hier die beste Gelegenheit,
ihre Unschuld vor den Augen des Publikums bekannt
zu machen; sind sie es nicht, so können Rathschlüsse von
der Art wie der mir zu gesandte, sie gewiß nicht in einem Verdachte retten, den das Uebermaas der hierbei
gebrauchten Vorsicht vielleicht nur noch mehr bestätigt.

Uebrigens kann ich mein Erstaunen darüber nicht
bergen, daß ich unter den Unterschriften des gedachten Rathschlusses sowohl, als des mir zugegangenen
Schreibens auch den Namen der hierbei vorzüglich
interessirten Person erblicken mußte. So wie mir und
jedem Unbefangenen, die besondere Anhänglichkeit ge-

wiß auch auffallend ist, womit Ew. Wohl und Hoch=
edelgeb. sich um alles was die Ehre ihres Chefs be=
trift, annehmen, so zwar daß sie jedermann, der ihn
beschuldigt, sogleich für einen Feind der Krone Frank=
reichs erklären. Ich bin weit entfernt, diese nicht
gewöhnliche Ergebenheit zu tadeln, aber erlauben mir
Ew. Wohl. und Hochgeb. dann auch, daß ich, der
die Ehre hat, ein Beamter Sr. Hochfürstl. Durchl.
und Eminenz, des Herrn Cardinals Prinzen von
Rohan, Fürst=Bischoffs zu Straßburg, zu seyn,
ihnen nicht verhalte, wie sehr ich mich über die Unan=
ständlichkeit zu beklagen Ursach habe, womit eine Mu=
nicipalität sich erkühnt, von einem Fürsten zu sprechen,
dem ich mich nicht allein Pflichten und Standeshal=
ber, sondern auch aus wahrer ehrfurchtsvollster Devotion meine Dienste gewidmet habe: Niemalen hät=
ten sie vergessen sollen, daß der, welchen sie so ganz
vertraulich den Hrn. von Rohan nennen, Fürst und
Stand des deutschen Reiches ist, daß seine angebli=
chen Verbrechen, ihn in den Augen ganz Europas
verehrungswürdig machen, daß seine Sache mit der
gemeinschaftlichen Sache der Fürsten und Könige ver=
bunden seye.

Ich kann nicht umhin, ihnen die Bemerkung zu
machen, daß man von einer so beträchtlichen und
angesehnen Versammlung eine genauere Beobachtung
des Wohlstandes erwartet hätte. Auch muß ich sie
recht angelegentlich ersuchen, uns doch in denjenigen
Fällen, worinnen die Corespondenz Ew. Wohl. und
Hochedelgeb. mit dem hiesigen Oberamt durch die bei=
derseitige Nachbarschaft erheischet, in die Lage zu se=
zen, solche ferners weit zu unterhalten, welches nur,
in soferne sie mit gebührender Ehrfurcht von unserm
Landesherren sprechen, möglich ist.

Ettenheim den 15. Sept. 1791.

Unterschrieben. Stuber, Hochfürstlich Bi=
schöffl. Straßburg. Hofrath= und Ober=
amts=Verweser.

Beilage.
Schreiben an das straßburgische Distriktgericht.
Ettenheim den 31 Augst. 1791.

Da sich in der vor uns anhängigen Criminal-Sache entgegen Julian von Espiard retkirten Offizier des königl. französischen Regimentes Bourbonnois von Lyernon in Burgund gebürtig pt. attentati assasinii verschiedene sehr gravirende Umstände gegen den dortigen Maire, Hrn. von Dietrich, den Gemeinde-Prokurator, und den Kaufmanns-Sohn Noisette, welch letzterer in verwichenem Monat May Präsident des auf der Kaufmannsstube zum Spiegel genannt gehaltenen Klubs gewesen seyn solle, hervorthun; so finden wir uns in Gemäsheit des in dieser Sache den 29 Curr. ergangenen Resoluti genöthiget, ein u. s. w. in subsidium juris & justitiæ wie hiemit beschieht, dienstfreundlich zu ersuchen, womit gefällig seyn wolle die besagten Maire von Dietrich, Gemeine-Prokurator Levrault und Kaufmanns-Sohn Noisette binnen 14 Tagen, welche wir selben pro omni & peremtorio termino festsetzen und anberaumen, persöhnlich anhero vor Gericht zu stellen, damit man sie über die ihnen zur Last liegenden Inzichten gehörig einvernehmen, mit dem dahier einsitzenden Julian von Espiard nöthig Falles confrontiren und das weitere rechtliche hiernächst in Sachen vorkehren möge.

Diesem Rechtsvorschub werden wir bei Vorfallenheiten bestens zu erwiedern trachten, und haben inzwischen die Ehre u. s. w.

Pro Copia   unterschrieben Stuber.

13.
Brief-Auszüge.
(1.)
Heidelberg vom 23 Augst. 1791.

Die hiesige litterarische Inquisitionsgeschichte, in Betreff der bei dem Universitäts-Buchhändler Pfähler

erſchienenen periodiſchen Schrift: Allgemeine Leſe-
bibliothek betitelt — die ich Ihnen ſchon vor einigen Monaten erzählte (*) — hat ſich anders geendiget, als ich damals vermuthete. Die Univerſität hat
ihren Buchhändlen nicht nur im Stiche gelaſſen, ſondern ihm auch den Verkauf und die Fortſetzung dieſes
Werkchens bei einer Pön von 50 Rthlrn. verboten,
unter dem Vorwand, es ſeye ein ſchändliches Buch.
Ueberhaupt iſt man hier wieder ſehr ſtreng. Auch iſt
die bürgerliche Leſegeſellſchaft, die nicht lange hier errichtet war, auf hohen Befehl wieder aufgehoben
worden. Man giebt der hierdurchgezogenen und zum
Theil noch in unſern Gegenden wohnenden franzöſiſchen Flüchtlingen die Schuld an dieſer Strenge;
denn dieſe Leute, die in ihrem Vaterlande weder an
Gott nach Tugend glaubten, ſpielen in Deutſchland
die Frommen, machen die Heiligenfreſſer, affektiren
Verwunderung über Gleichgültigkeit in der Religion,
und ärgern ſich, daß die Nichtkatholiken ſo viele Freiheit haben. ꝛc. ꝛc.

(2.)

Frankfurt a. M. vom 7. Augſt.

Die im XVIII. Hefte des neuen deutſchen Zu-
ſchauers mitgetheilten Nachrichten eines Reiſenden
über Heſſen-Homburg ſind nicht ganz richtig. Dieſes kleine Fürſtenthum beſteht nicht aus drey, ſondern
aus ſieben Dörfern, ohne die Länder, welche in
den Niederlanden und im Preußiſchen verpfändet liegen. Wie ſollten auch drei armſelige Oerter dem
Landgrafen 90,000. Gulden eintragen? Es iſt wahr,
der Landgraf iſt von Seiten ſeines Herzens der beſte Mann; aber der beſte Mann iſt nicht immer
der beſte Fürſt. Dieſer Fall tritt hier ein. Der
Landgraf von Heſſen-Homburg hat nicht immer Muth

(*) Man ſehe: Neuer deutſcher Zuſchauer XXſtes Heft. Seite
209 und ff.

genug selbst zu handeln, und wird daher gar oft ir=
re geleitet. Er will immer das Beste, das ist ge=
wiß! — Uebrigens vergaß auch jener Reisende der
grossen Schuldenlast zu erwähnen, die das Für=
stenthum Hessen=Homburg drückt.

(3.)

Carlsruhe vom 12 Augst.

Man hat den Hochfürstl. Verhaftbefehl gegen hie=
sigen Zeitungsschreiber Rath Macklot verschiedentlich
in Zeitungen angeführt, und dabei von Ungerechtig=
keit gesprochen. Dies rühret von falschen Nachrich=
ten her. Macklot wurde nicht, weil er zu frei für
Frankreich schrieb, zur Inkarceration verurtheilt,
wie man hier und da sprach und schrieb, nament=
lich auch der Straßburgische Zeitungsschreiber Salz=
mann; sondern weil er einen Artikel, den ihm die
Censur gestrichen hatte, dennoch abdrucken ließ. Dies
ist frevelhafter Ungehorsam. Soviel zur Wiederle=
gung jener falschen Nachrichten.

(4.)

Maynz, vom 17. Aug.

Vor einiger Zeit hat sich ein wichtiger Vorfall hier
zu getragen. Der Kurfürst wollte aus nöthiger De=
konomie den Sold seiner Truppen vermindern. Die=
se schickten hierauf mit eine Deputation von zwei
Unteroffizieren an den General, mit einer demüthi=
gen Vorstellung dagegen. Diese Deputirte wurden
aber alsbald in Verhaft genommen, degradirt und
zum Gassenlaufen condemnirt. Als aber dies letztere
Urtheil vollzogen werden sollte, und die Soldaten
schon in Reihen standen, warfen alle ihre Ruthen
weg, und keiner wollte auf die Delinquenten hauen.
Um weiteres Unheil zu vermeiden, wurde diesen so=
gleich die ganze Strafe geschenkt, und es blieb beim
Alten.

14.
Entworfene Umänderung der Straßburgi-schen Universität.

Aus der Beilage (die hernach folgt) werden Sie erse-hen, daß es mit der entworfenen Umänderung unsrer Universität nun Ernst seye. Daß sie zum Vortheile ihrer selbst und der vaterländischen Litteratur nöthig, und bei der jezigen neuen Verfassung unumgänglich war, werden Sie mir auch glauben. (*) Die sonst so wohlthätige Re-volution hat u..fre Universität so sehr herabgebracht, daß diejenigen Professoren, welche nicht Canonici bei dem St. Thomanstift sind, und daher bei ihren geringen Besoldun-gen auf zahlreiche Zuhörer rechnen müssen, wegen des Mangels an Studirenden vor einiger Zeit bei unsrer Mu-nizipalität um Unterstützung bitten mußten. Bei der izt befestigten Ruhe unsers Vaterlands wird daher eine zwek-mäßige Umschaffung (Verbesserung durfte vielleicht unzu-reichend seyn) der Universität sehr zuträglich seyn.

Hier der erste Entwurf dazu. Die Realisirung dessel-ben werde ich Ihnen zu seiner Zeit melden. ꝛc. ꝛc.

Beilage.

Petition des Kommunenrathes der Stadt Straßburg an die Nationalversammlung vom 22 Aug. 1791.

Um zu begehren, daß ausser den gewöhnlichen Departe-ments-oder Distrikts-Lehranstalten auch eine Anstalt zum Unterichte in den höhern Wissenschaften in Straß-burg errichtet werde.

Adresse der Stadt Straßburg wie sie den 13 Aug. vor-gelesen worden.

Meine Herren!

Sie haben die französische Nation zum freiesten Volke auf Erden gemacht; sie werden ihr auch den Vortheil ver-schaffen, die aufgeklärteste aller Nationen zu seyn. Das Gesetzbuch der öffentlichen Erziehung, welches ihr Werk krönen soll, wird die nützlichsten Kenntnisse auch unter einer Volksklasse verbreiten, welche der Despotismus und der Aberglauben in die Wette in die dikfsten Finsternis zu begraben und dadurch in der grenzenlofesten Unterwür-figkeit zu erhalten, sich bestrebten.

(*) Sehr gute, ächte und ausführliche Nachrichten von der bisheri-gen Verfassung der straßburgischen Universität findet man in den 1789 erschienenen Briefen eines reisenden Deutschen. A. d. H.

Sie werden sich aber nicht damit begnügen die Mehrheit der Bürger mit den gewöhnlichsten und nützlichsten Wissenschaften bekannt zu machen. Ihre Aufmerksamkeit wird sich auch auf solche Anstalten heften, welche im Stande sind, den ganzen Umfang der Wissenschaften in ihrem völligen Glanze zusammenzufassen, und ihre Grenzen weiter zu rücken; auf Anstalten, deren Mitglieder in Beziehung auf die Professoren und die Lehrmeister das sind, was diese letztere in Beziehung auf alle übrige Bürger sind, ihre Lehrer.

Wenn man sich nicht der Gefahr aussetzen will, die Wissenschaften zurücktretten zu sehen, so ist es unumgänglich nothwendig, in verschiedenen Theilen des Reiches Universitäten, oder höhere Lehranstalten zu errichten. Sie werden sie mit einer Auswahl der geschicktesten Gelehrten, einheimischen oder fremdem besetzen. Eine solche Anstalt wird dadurch die Niederlage aller schon erworbenen Kenntnisse. Personen die sich zu Lehrstellen in den Departementen oder Distrikten vorbereiten, solche, die sich aus Geschmack den Studien wiedmen, Personen welche fremde Nationen zur Verbreitung solcher Kenntnisse bestimmten, welche Frankreich ausschließlich oder in einem höhern Grade besäße, kämen dahin um Licht, wahre Lehrmethode, und den ganzen Zusammenhang der Wissenschaften daselbst zu studieren, welchen jeder inne haben muß, wenn er, ohne Mischung irriger oder unnützer Meynungen, andere unterrichten will.

Die höhern Lehranstalten sind ihrer Natur nach nur zum Unterrichte bestimmt.

Das ist aber nicht hinreichend. Sie müssen auch dazu dienen neue Erfindungen zu machen; nicht nur das schon Bekannte mitzutheilen, sondern das Feld zu erweitern. Sie müssen daher Akademien bilden. Da sie sich über 16 oder 20 Departemente erstrekten, so würden diese Lehrer mit den gelehrtesten Männern in diesem Bezirke in Verbindung treten. Die Aufklärung würde dadurch wechselseitig. Jeder, der in einem Fache vorzügliche Kenntnisse besäße, würde sie andern, die sich in andern Fächern hervorthun, mittheilen, und durch diese Mittheilung welche ihre Stärke ausmachen, würde kein nützlicher Gedanke, keine Entdeckung in irgend einem Theile in Vergessenheit gerathen, oder unbenutzt liegen bleiben. Die neuen Entdeckungen würden sich schnell verbreiten, geschwind bestätigen, und bald zum Besten der Gesellschaft angewendet werden. Alle Wissenschaften halten sich bey der Hand. Die Musen sind Schwestern. Die Alten schon wollten uns dadurch die Vortheile der Verbindung unter den verschiedenen Gelehrten anschaulich machen, und zu erkennen geben, wie sehr die Wissenschaften durch die Vereinzelung verlieren.

Bey der Wahl der Hauptorte, wo sie Lehranstalten errichten, werden sie, meine Herren, ohne Zweifel denjenigen den Vorzug einräumen, deren Lage geschickt ist Fremde anzuzeigen, und durch die Korrespondenz mit den benachbarten Nationen zu einer Niederlage fremder Kenntnisse und Entdeckungen zu dienen, die sich von da aus alsdann in das ganze Reich verbreiten. Auf eben dieselbe Art würden diese Hauptorte auch unsere Fortschritte in den Wissenschaften überhaupt, in der Theorie der Gesellschaften, und in der Völkerfreiheit Fremden bekannt machen.

Unter diesem Gesichtspunkte nehmen wir keinen Anstand zu behaupten, daß keine Stadt in Frankreich eine günstigere glücklichere Lage hat, als Straßburg.

Die französische Sprache ist die allgemeine Sprache aller aufgeklärten Männer in Europa geworden. Nur zwei andere Sprachen, wie ein berühmter Schriftsteller bemerkt, könnten es mit derselben, wegen der Zahl der Menschen, die sie sprechen, wegen der Grösse der Länder, wo sie üblich sind, wegen der guten und zahlreichen Bücher welche darinn geschrieben sind, wegen der wichtigen Rolle, welche diese Nation in dem europäischen Gleichgewichte spielen, mit ihr aufnehmen. Das ist die deutsche und englische Sprache.

In Strasburg spricht man deutsch und französisch. Die jungen Fremden aus Deutschland und aus dem ganzen Norden, sind daselbst weniger als anderwärts in Verlegenheit, weil sie ungefähr dieselben Sitten antreffen, und Leute, die ihre Sprache sprechen, bis sie nach und nach die französische erlernt haben. Franzosen würden mit den Wissenschaften zugleich das Deutsche erlernen, welches ihnen wichtigen Nutzen schaffen kann. Es wäre leicht solche Einrichtungen zu treffen, damit daselbst beide Sprachen samt der Litteratur in ihrer Reinheit vorgetragen würden. Ueber das könnte man alle nützlichen Entdeckungen fremder Nationen alsbald in Straßburg ins Französische übertragen, und auf solche Art diese Sprache wirklich zu einer Universalsprache machen.

Es giebt zu Straßburg zwei Universitäten. Die eine ist alt, und begreift alle Fakultäten. Die andere existiert seit etwa hundert Jahren, hat nur zwei Fakultäten. Sie ist mit der Lehranstalt von Molsheim vereinigt worden. Die Lehrer der erstern sind bisher immer Protestantischer,

so wie die letztern ausschließlich katholischer Religion gewesen. Sie haben zu viel Weisheit und Gerechtigkeit gezeigt, meine Herren, als daß wir uns den Verdacht erlauben dürften, als ob sie eine Stadt ohne Universität
lassen würden, welche ihrer zwei besitzt.

Wir haben noch einen andern Umstand berührt, der
den Freunden der Menschheit interessant ist. Von jeher
haben Zöglinge ohne Unterschied der Religion den juri-
stischen und medicinischen Unterricht bei der protestantischen Universität genossen, angehört, ohne daß jemals gegen diesen Gebrauch ein Einwurf gemacht worden wäre. Man könnte auf die Professoren ausdehnen, was bisher nur den Schülern üblich gewesen ist, und wir dürfen behaupten, daß wir hier zu einer solchen Veränderung mehr als in irgend einem andern Departemente reif
sind. Wenn man besondere Einrichtungen für den Reli-
gions-Unterricht träfe, so sähe man sich dann nicht mehr
gezwungen bisweilen dem geschicktesten und gelehrtesten
Manne unter dem Vorwande der Religion einen Lehrstuhl
zu versagen. Dadurch erhielten wir den grossen Vortheil,
die berühmtesten Männer in Europa und eben dadurch die
Zöglinge aller Religionen nach Straßburg zu ziehen.

Alles vereinigt sich, um hier eine gelehrte Anstalt zu stif-
ten, die mit den berühmtesten Anstalten der policiertesten
Nationen wetteifern, ja sie übertreffen könnte.

Indem wir durch die Kenntnisse, welche wir andern
Völkern mittheilen, ihre Wohlthäter werden, so entschädigen uns ihre Söhne, die sie uns anvertrauen, durch die
Summen, die sie hier verzehren, überflüssig wegen aller
der Kosten, die eine solche Anstalt verursachet. Die Universität Göttingen bringt jährlich bey anderthalb Millionen Livers in das hannöverische Land. Straßburg sah
noch vor kurzem die Studierenden aus allen Theilen von
Europa aus der Schweitz, aus Polen, Schweden, Dän-
nemark England, Deutschland, Liefland, Rußland, seine Hörsäle besuchen. Die russische Kaiserin hat mehrere
Stipendien für Mediciner gestiftet, welche hier den Dok-
lorhut annehmen müssen. Fünf bis sechshundert Studen-
ten waren bisweilen in einem Jahre hier, und brachten
bey sechsmal hundert tausend Livers in die Stadt. Sie
kamen noch häufiger, da die Reitschule noch mit der Universität verbunden war. Eine neue Organisation würde
diese Zahl vermehren. Die Gewohnheit der Fremden nach
Straßburg zu kommen, die angenehme und gesunde Lage
dieser Stadt, ihr Handel, welcher die Korrespondenz der
Zöglinge erleichtert, alles vereinigt sich, um hier vorzüglich

die Anlegung einer Lehranstalt der höhern Wissenschaften zu begehren. Es würde eine lange Reihe von Jahren dazu erfodert, um anderwärts den nämlichen Zusammenfluß von Fremden zu bewirken.

Zu diesen Beweggründen gesellen sich noch andere ökonomische Rücksichten für die Nation. Straßburg faßt weitläufige, solide wohlgelegene Gebäude in sich, welche dem Unterrichte gewiedmet sind, und die man gar leicht, und fast ohne Kosten zu einer höhern Lehranstalt einrichten könnte. Dahin gehört das Collegé ehedem Royal genannt, welches die Jesuiten erbaut haben; das Seminarium, das an das Collegé stoßt, ganz neu erbaut ist, und künftig für die geringe Zahl Seminaristen, welche für das Departement nöthig sind, viel zu weitläufig ist. Dahin gehören noch andere Gebäude, als der Harras, oder die Stuterey, wo eine sehr schöne Reitbahn sich befindet. Man findet hier zwei anatomische Theater, einen sehr reichen botanischen Garten, eine Hebammenschule, eine Kindbetterstube, ein klinisches Institut, besondere Säle zu chirurgischen Operationen, zwei ansehnliche Bibliotheken seltener Bücher 2c. 2c. Der Gemeinderath behält sich vor die Plane aller dieser Gebäude und Anstalten, mit noch anderweitigen Bemerkungen der Nat. Vers. zuzuschicken, wenn sie sein Begehren günstig aufnimmt.

Die öffentlichen Lehrer der Universität zu Straßburg waren gar nicht so besoldet, wie es die Wichtigkeit ihrer Stellen, der Ankauf ihrer ansehnlichen Bibliotheken und ihrer Korrespondenz erheischte. Allein, ausser denjenigen Gemeindegütern, welche unter dem Namen des Kapitels von St. Thomä bekannt sind, und welche gröstentheils den Wissenschaften gewiedmet waren, würde man aus den vereinigten Einkünften, welche in diesem Departement für den Unterricht bestimmt sind, und wovon der grössere Theil ohnstreitig schon das Eigenthum der Nation ist, wie z. B. die Einkünfte des Collegé zu Straßburg, des Collegé zu Molsheim, des Seminariums 2c. 2c. eine Masse bilden können, welche zu einer höhern Lehranstalt in einem blühenden Staate beynahe hinreichend wäre. Man könnte den Professoren so ansehnliche Gehalte anbieten, daß die berühmtesten Gelehrten aus ganz Europa hieher kämen. Sobald der Wunsch der Nat. Vers. hierüber bekannt ist, wird man alle Hilfsmittel, die sich hier vereinigen, weitläufiger auseinander setzen.

Der
Weltbürger.
II. Heft.

15.
Ueber Frankreichs gegenwärtige Lage.

Dritter Brief.

Die Feinde Frankreichs sind nun beschämt; Sie wissen ja, mein Freund, daß der König jetzt die neue Konstitution angenommen hat; und daß dies freiwillig und aus gutem Vorbedacht geschehen ist, das will ich ihnen bald mit triftigen Gründen beweisen.

Vorher erlauben Sie mir aber, noch einiges mit ihnen über diejenige deutsche Schriftsteller zu sprechen, welche sogar jämmerlich über die französische Revolution geschrieen haben, ohne zu bedenken, daß zwischen Schimpfen und Loben, zwischen Verleumden und Hochpreisen noch ein gar breiter Mittelweg zwischen inne liege; daß vernünftiger Tadel und kluge Mäßigung dem Geschichtschreiber zieme, der sich nie von dem Schwindelgeiste der Partheisucht hinreißen lassen darf.

Jetzt will ich Ihnen aus dieser Zahl nur zwei Anführer und einen ihrer Nachbeter nennen; denn mit dem großen Trosse von Zeitungssublern, deren Glaube ein verlöschender Dacht und ein schwankendes Rohr ist, mag ich mich gar nicht abgeben.

Die Männer, die ich meyne, sind die in Deutschland sehr beliebten Schriftsteller: Schirach in Altona, und Schlözer in Göttingen, die sonst nicht leicht miteinander einerlei Meinungen hegen.

Schlrach schimpft und lästert ohne Mäßigung;
er nimmt ohne Scheu alle von den sogenannten Aristokraten ausgeheckten Mährchen in sein Journal auf,
und will nun einmal die andere Parthei nicht anhö-
ren; man hat mir in Straßburg überzeugende Beweise davon gegeben. Er besitzt die ihm eigene Kunst,
alles was in Frankreich geschieht und gethan wird, in
einem falschen Lichte vorzustellen, und nach Belieben
zu verkleinern oder zu vergrössern. Er läugnete so
lang es ihm nur möglich war, die für jeden andern
unläugbare successive Verbrennung der eingelößten Aß-
signate; er erzählte die vorgefallenen Begebenheiten
mit Uebertreibungen, die sich kaum ein aristokrati-
scher französischer Schriftsteller erlaubt hätte; und mit
einem Kunstkniffe, der dem geübtesten Advokten Ehre machen würde, erfand er das alberne Mährchen
von einer französischen Freiheits-Propaganda, zum
Popanz für Leute, welchen es ein paar Finger breit
unter der linken Brust nicht wohl zu Muthe ist,
und als weislich ersonnenes Mittel auch den edlen
Theil der Deutschen, der eben nicht im Stande ist,
die Sache genau zu prüfen, gegen Frankreichs Legis-
latoren einzunehmen.

Es wäre wahrlich die unnützeste Bemühung, wenn
ich alle seine ungereimte Verleumdungen und Unwahrheiten, wie ich es wirklich könnte, widerlegen wollte. Sie sind nun durch den Erfolg selbst widerlegt,
und jeder unbefangene Beobachter der seit einem Jahre selbst in Frankreich gewesen ist, wird solche grundlo-
se Erdichtungen nur mit Abscheu lesen. Ich berufe
mich hier auf Männer von anerkannten Verdiensten,
auf einen Campe, Schulz, Halem und andere,
die selbst gesehen, selbst geprüft haben, und mit ganz
andern Begriffen von der gegenwärtigen Lage Frankreichs aus diesem schönen und glücklichen Lande zu-
rückkommen sind. Keiner von allen diesen hat je etwas von einer französischen Freiheits-Propaganda

entdeckt, und auch ich konnte nicht die mindeſte Spur
von einem ſolchen gewiß verabſcheuungswürdigen Inſ
ſtitute finden, ſo ſehr ich auch mich darum bemühte;
doch muß ich geſtehen, daß es in Frankreich an einſ
zelnen Schwindelköpfen nicht fehlt, die im Eifer ihſ
res glühenden Freiheitsgefühls überall Freiheit auszuſ
breiten wünſchten, und bisweilen ihr ungeſtümmes
Feuer in öffentlichen Blättern ausſprudeln. Dageſ
gen kann ich aber auch verſichern, daß weder Freiſ
heitsapoſtel ausgeſandt worden ſind, noch daß die
ſo genannte Konſtitutions-Geſellſchaften in Frankreich
auswärtige Mitglieder oder Korreſpondenten haben;
ſo wie ich behaupten kann, daß dieſe Geſellſchaften
ſich um das Ausland gar nicht bekümmern, und nur
an ſolchen auswärtigen Angelegenheiten Antheil nehſ
men, welche auf ihr Vaterland unmittelbaren Bezug
haben. Herr Schirach beliebe nur den Herrn von
Salem darüber zu befragen; er wird ihm gewiß alſ
les dieſes beſtätigen.

Schlözer hat ähnlichen Erdichtungen in ſeinem
ſonſt ſo ſchätzbaren Journale Raum gegeben. Er hat
ſich zwar weniger von der Partheiſucht verleiten laſſ
ſen, als Schirach; aber er hat doch, von Ariſtoſ
kratiſchen Vorſpiegelungen verblendet, ſolche grundloſe
Unwahrheiten verbreiten helfen, wie z. B. Die Läuſ
gnung der Eroberung der Baſtille in dem 53 Hefte
ſeiner beliebten Staats-Anzeigen. Ich muß geſteſ
hen, daß ich von Herzen lachte, als ich nach meiner
Rückkunft von Paris dieſe grundloſeſte aller Erdichſ
tungen in Straßburg las. Ich möchte doch wiſſen, wer
ihm die ſo ganz allen Umſtänden widerſprechende Unſ
wahrheit von der priſe de poſſeſſion der Baſtille, aufſ
gebunden hat, und wie es möglich war, Schlözern
eine ſolche Mähre aufheften zu können, welche Hunſ
derttauſende von Zeugen gegen ſich hat?

Es iſt hier der Ort nicht mich weiter hierüber einſ
zulaſſen. Auffallende Unwahrheiten bedürfen keiner
Widerlegung; höchſtens einer allgemeinen Rüge.

Noch ein paar Worte von dem vorgenannten Nach=
beter. Dies ist der neue Professor Bischoff zu Helm=
städt, der wider die Pflicht des gewissenhaften Ge=
schichtschreibers, ohne die Sache zu prüfen, alle
Schirachische und Schlözersche Unwahrheiten in seine
Pragmatische Darstellung der Europäischen
Staatshändel vom Tode Friedrichs des Gros=
sen bis zum Tode Josephs des zweiten aufge=
nommen hat.

Wie sonderbar! Eben dieser Schriftsteller bemüht
sich die belgische Insurrection zu vertheidigen, und
tadelt in den Tag hinein die französische Revolution.
Welche Inconsequenz!

Doch, es ist besser, ich schliesse hier, als daß ich
mich weiter über diese Herren ereifere. Das Pole=
misiren ist sonst meine Sache nicht; aber wenn ich
eine solche ungerechte Partheisucht sehe, dann kann
ich wahrlich nicht schweigen!

Bleiben Sie neutral, lieber Freund, das ist das
Beßte; der kalte, ruhige Zuschauer ist ein weit beß=
serer Beobachter, als der immer klatschende oder lär=
mende, und der pfeifende — er mag nun sein Pfeif=
chen bezahlt bekommen haben oder nicht — ist weiß
Gott immer der schlimmste.

Dies sey zur Einleitung einstweilen genug. Das
Nähere über diesen reichhaltigen Stoff nächstens.

* * *

(Wird fortgesetzt.)

16.

Die Französische Konstitution, so wie sie dem König vorgelegt, und von ihm angenommen worden ist.

Getreu aus dem Französischen übersetzt. (*)

Einleitung.

Erklärung der Rechte des Menschen und Bürgers.

Die Stellvertreter des französischen Volkes in einer National-Versammlung vereint, haben tief gefühlt, daß Unkunde, Vergessenheit oder Verschmähung der Menschen-Rechte die einzigen Quellen des allgemeinen Unheils und des Verderbnisses der Staats-Regierungen sind, und daher beschlossen, die natürlichen, unveräusserlichen und heiligen Rechte des Menschen, mittelst einer feyerlichen Erklärung, in deutliches Licht zu setzen, damit diese Erklärung allen und jeden Gliedern der bürgerlichen Gesellschaft immer vor Augen liege, und sie an ihre Rechte und Pflichten unabläßig erinnere, damit man die verschiedenen Wirkungen und Verrichtungen der gesetzgebenden und der vollziehenden Macht mit dem Zweck einer jeden Staats-Einrichtung beständig vergleichen könne, und sie selbst mehr dadurch geehrt werden; damit des Bürgers Berufungen auf seine Rechte, — welche Berufungen in

---

(*) Die neue französische Konstitution ist ein so wichtiges Aktenstück in den Annalen unsers Zeitalters, daß es wohl keiner Entschuldigung für die unverstümmelte Einrückung derselben in unser Journal bedarf, um so weniger, da wir in dem nächstfolgenden Hefte desselben die Gedanken eines Philosophen und Rechtsgelehrten über dieses Fundamental-Gesetz der Westfranken unsern Lesern mittheilen werden.

Anm. des Herausg.

Zukunft auf einfache und ewig wahre Grundsätze sich
stützen werden, — immer zur Aufrechthaltung der
Konstitution und zum Glück Aller gedeihen mögen.

Zufolge dessen erkennet und erkläret die National-
Versammlung, in Gegenwart und unter dem Schu-
ße des höchsten Wesens, folgende Rechte des Menschen und Bürgers.

1. Von der Geburt an sind und bleiben die Menschen frey und an Rechten einander gleich. Die Un-
terscheidungen der bürgerlichen Gesellschaft können nur
auf gemeinschaftlichen Nuzen gegründet seyn.

2. Jede Vereinigung in eine bürgerliche Gesellschaft
hat die Erhaltung der natürlichen und unverjährli-
chen Rechte des Menschen zum Zwecke. Dieser Rechte Gegenstände sind Freiheit, Eigenthum, Sicherheit und Widerstand gegen Unterdrückung.

3. Die Urquelle der unumschränkten Macht liegt
ihrem Wesen und Umfange nach im Volke. Weder
einzelne Personen, noch Gesellschaften, können je irgend eine Macht ausüben, die nicht ausdrücklich aus
dieser Quelle fließe.

4. Die Freiheit besteht darinn, daß jeder alles
thun darf, was keinem andern schadet. In Ausübung natürlicher Rechte sind demnach keinem Menschen andere Grenzen gesetzt, als die, welche den Genuß gleicher Rechte den übrigen Gliedern der Gesellschaft sichern. Diese Grenzen kann das Gesetz allein bestimmen.

5. Das Gesez darf Handlungen nur in so fern ver-
biethen, als sie der Gesellschaft schädlich sind. Was
das Gesetz nicht verbiethet, darf niemand hindern;
und niemand darf gezwungen werden, zu thun, was
das Gesetz nicht befiehlt.

6. Das Gesetz ist der Ausdruck des allgemeinen
Willens. Alle Bürger haben gleiches Recht, ent-
weder selbst, oder durch ihre Stellvertreter, zur
Verfertigung desselben mitzuwirken. Daß Gesez muß

für alle und jede, es seye zum Schuz oder zur Strafe,
Ein und eben dasselbe Gesez seyn. Vor ihm sind alle
Bürger gleich, und haben zu allen öffentlichen Wür-
den, Stellen und Aemtern, gleiche Ansprüche, nach
Maaßgab ihrer Fähigkeiten, und ohne einen andern
Unterschied, als den, welcher sich auf ihre Tugenden
und Geschiklichkeiten gründet.

7. Kein Mensch darf gerichtlich angeklagt, in Verhaft genommen, oder sonst in persönlicher Freiheit
gestöret werden; es seye denn in Fällen, die das Gesez bestimmt, und nach der Form, die es vorschreibt.
Alle die, welche um willkührliche Befehle ansuchen,
sie ausfertigen, vollziehen, oder vollziehen lassen, sind
der Strafe unterworfen. Hingegen ist jeder Bürger, der Kraft des Gesezes vorgeladen oder gegriffen wird, augenblicklichen Gehorsam schuldig. Durch
Widerstand wird er straffällig.

8. Das Gesetz soll nur Strafen verordnen, die
unumgänglich und offenbar nothwendig sind. Niemand kann je anders als nur Kraft eines Gesetzes
gestrafet werden, welches vor dem Verbrechen statt
gehabt, gehörig bekannt gemacht, und gesetzmäßig
angewendet worden.

9. Da jeder Mensch so lang als unschuldig angesehen werden soll, bis er für schuldig erklärt wird;
so folget daraus, daß im Fall man unumgänglich nöthig gefunden, ihn anzuhalten, jede Strenge, die
zur Vesthaltung seiner Person nicht durchaus nöthig
wäre, durch das Gesetz ernstlich geahndet werden muß.

10. Wegen Meinungen, selbst in Religionssachen,
darf niemand beunruhiget werden, wenn nur durch
ihre Aeusserung, die vom Gesetz eingeführte öffentliche Ordnung nicht gestöret wird.

11. Die freie Mittheilung der Gedanken und Meinungen ist eines der schäzbarsten Rechte des Menschen.
Jeder Bürger darf demnach frei reden, schreiben und
druken oder druken lassen. Nur in den vom Gesez

bestimmten Fällen hat er den Mißbrauch dieser Frei=
heit zu verantworten.

12. Zur Gewährleistung der Rechte des Menschen
und Bürgers wird öffentliche Gewalt erfordert. Folg=
lich dienet die Errichtung dieser Gewalt zu Wohl=
fahrt aller und jeder, und nicht zum besondern Nu=
zen derer, denen sie anvertraut wird.

13. Zur Unterhaltung der öffentlichen Gewalt, und
zur Bestreitung der Verwaltungs = Kosten, wird all=
gemeiner Beitrag unumgänglich erfordert. Alle Bür=
ger sollen nach Maaßgab ihres Vermögens, gleichen
Antheil daran nehmen.

14. Die Bürger haben das Recht, die Nothwen=
digkeit des öffentlichen Beitrages durch sich selbst, oder
durch ihre Stellvertreter, zu bewahren, ihn frei zu ge=
nehmigen, desselben Verwendung genau zu kennen,
und die Summe, Anlage, Erhebungs=Art und Dauer
dieses Beitrages zu bestimmen.

15. Die Gesellschaft hat das Recht, von jedem
öffentlichen Geschäftsträger, wegen seiner Verwal=
tung, Rechenschaft zu fordern.

16. Eine bürgerliche Gesellschaft, worinn der Rech=
te Gewährleistung nicht gesichert ist, und worinn
die Trennung und Grenzen der verschiedenen Gewal=
ten nicht bestimmt sind, hat keine Konstitution.

17. Da das Eigenthum ein unverlezbares und ge=
heiligtes Recht ist, so kann niemand desselben beraubt
werden; es seye denn, daß öffentliche und gesezmäßig
bewährte Nothwendigkeit solches Opfer augenschein=
lich erheische. Aber auch dann darf dies nur un=
ter Bedingung einer gerechten und vorläufigen Schad=
loshaltung geschehen.

Da die National = Versammlung die französische
Konstitution auf die von ihr anerkannten und förm=
lich erklärten Grundsätze bauet; so schaffet sie auf im=
mer und auf eine unwiderrufliche Weise alle Anstal=

ten ab, welche die Freiheit und die Gleichheit der
Rechte kränkten.

Abgeschaft sind der Adel, die Pairie, der Ge=
burts= oder erbschaftliche Unterschied, jeder Ordens=Un=
terschied, das Lehnwesen und alle Titel, Benennun=
gen und Vorrechte, die davon herkamen, die Patri=
monial= Gerichtsbarkeit, alle Ritter=Orden, Gesell=
schaften oder Ehrenzeichen und Verzierungen, für die
man Adels= oder Ahnen= Proben forderte, und an=
dere Hoheit oder Obergewalt; diejenige ausgenom=
men, welche die öffentlichen Beamten in Verrichtung
ihrer Amtspflichten ausüben.

Weder Käuflichkeit noch Erbschaft, haben bei ir=
gend einem öffentlichen Amt mehr statt.

Kein Theil der Nation, kein Einzelwesen dersel=
ben besitzt mehr ein Vorrecht oder eine Ausnahme
von dem allgemeinen Rechte der Franken.

Abgeschaft sind alle Meisterschaften und Innun=
gen der Handwerker, Künste und Gewerbe.

Das Gesetz, erkennt keine kirchliche Gelübde mehr,
noch eine andere Verpflichtung, welche den natürli=
chen Rechten, oder der Konstitution zuwider wären.

Erster Titel.

Grundgesetze, welche die Konstitution verbürgt.

Die Konstitution gewährleistet als natürliche und
bürgerliche Rechte:

1. Daß alle Bürger zu allen Plätzen und Stel=
len gelangen können, ohne irgend eines andern Un=
terschieds zu bedürfen, als desjenigen, welchen die
Tugenden und Fähigkeiten gewähren.

2. Daß alle Abgaben unter alle Bürger gleich, und
nach Maaßgabe ihres Vermögens vertheilt werden.

3. Daß die nehmlichen Verbrechen, ohne allen
Unterschied der Personen, mit gleichen Strafen belegt
werden.

Die Konstitution gewährleistet gleicher Weise als
natürliche und bürgerliche Rechte:

Einem jeden Menschen, die Freiheit zu gehen, zu bleiben, zu verreisen, ohne weder angehalten, noch gefänglich gesetzt zu werden; es seye denn in den Fällen, und nach der Form, welche die Konstitution bestimmt und vorgeschrieben hat.

Einem jeden Menschen die Freiheit seine Gedanken mündlich, schriftlich und gedruckt zu offenbaren, ohne daß die Schriften vor ihrer öffentlichen Bekanntmachung irgend einer Censur oder Aufsicht unterworfen wären; und den Gottesdienst, dem er zugethan ist, auszuüben.

Allen Bürgern die Freiheit sich friedlich und ohnbewafnet, und nach der Vorschrift der Polizei=Geseze zu versammeln.

Allen und jeden die Freiheit, einzeln unterschriebene Petitionen oder Begehren den gesetzlich=errichteten Gewalten zu zuschicken.

Die gesezgebende Gewalt kann keine Geseze geben, welche die Ausübung der bürgerlichen und natürlichen Rechte, die in diesem Titel enthalten und von der Konstitution verbürgt sind, antasten, oder ihr Hindernisse in den Weg legen; da aber die Freiheit blos darinn besteht, daß man alles thun könne, was weder den Rechten eines andern, noch der öffentlichen Sicherheit schadet, so kann das Gesetz Strafen gegen Handlungen anordnen, welche entweder die öffentliche Sicherheit oder die Rechte anderer stören, und daher der Gesellschaft schädlich wären.

Die Konstitution verbürgt die Unverlezlichkeit des Eigenthums, oder die gerechte und vorläufige Entschädigung der Güter, deren Aufopferung die gesezmäßig=bewährte öffentliche Nothwendigkeit erfordern sollte.

Die Güter, welche zum Unterhalt der öffentlichen Gottes=Verehrung und zu jedem Dienste des öffentlichen Nutzens bestimmt waren, gehören der Nation; diese kann zu allen Zeiten damit frei schalten und walten.

Die Konstitution verbürget die Veräusserungen, welche nach der Form des Gesetzes geschehen sind oder geschehen werden.

Die Bürger sind berechtigt, die Diener ihrer Art Gott zu verehren, zu wählen, oder zu ernennen.

Es soll eine allgemeine öffentliche Unterstützungs-Anstalt errichtet und eingerichtet werden, um die verlassenen Kinder zu erziehen, die gebrechlichen Armen zu unterstützen, und denen, die arbeiten können, aber keine Arbeit finden, welche zu verschaffen.

Es soll ein öffentlicher Unterricht für alle Bürger veranstaltet und eingerichtet werden, welcher unentgeldlich ist, in Ansehung derjenigen Theile des Lehrwesens, die allen Menschen unentbehrlich sind.

Die Anstalten dieses öffentlichen Unterrichtes sollen Stufenweise und nach einem auf die Eintheilung des Königreiches passenden Verhältniß vertheilt werden.

Es sollen National-Feste veranstaltet werden, um das Andenken an die französische Staats-Umwälzung zu verewigen, um Brudersinn unter allen Bürgern zu unterhalten, und sie an die Konstitution, das Vaterland und die Geseze zu fesseln.

Es soll ein allgemeines Civil-Gesez-Buch für das ganze Königreich verfertiget werden.

Zweiter Titel.
Erstes Kapitel.
Von der Eintheilung des Königreichs, und den Eigenschaften der Bürger.

1. Das Königreich ist Eins und untheilbar: sein Umfang ist in 83 Departemente, jedes Departement in Distrikte, jeder Distrikt in Kantone vertheilt.

2. Französische Bürger sind:

Die, welche in Frankreich geboren worden, und von einem französischen Vater herstammen;

Die, welche in Frankreich geboren, von einem ausländischen Vater erzeugt worden, und ihren Aufenthalt im Königreiche vestgesezt haben;

Die, welche von einem französischen Vater erzeugt, aber im Auslande geboren worden, sich in Frankreich niedergelassen, und den Bürger=Eid abgelegt haben;

Endlich die, welche im Auslande geboren sind, und in welchem Grad es auch seye, von einem der Religion wegen ausgewanderten Franzosen oder Französin herstammen, sich in Franckreich niederlassen, und den Bürger=Eid schwören.

3. Die, welche ausserhalb dem Königreich geboren, von fremden Aeltern erzeugt, und in Frankreich angesessen sind, werden, nach einem fünfjährigen ununterbrochnen Wohn-Aufenthalt im Königreiche, französische Bürger, wenn sie daselbst noch überdies unbewegliche Güter an sich gekauft, oder eine Französin geheirathet, oder einen Akerbau oder Handlung unternommen, und den Bürger=Eid geschworen haben.

4. Die gesetzgebende Macht kann aus wichtigen Beweggründen, einem Fremden einen Naturalisierungs=Akt ertheilen, ohne andere Bedingungen, als sich in Frankreich häuslich niederzulassen, und den Bürger=Eid daselbst zu schwören.

5. Der Bürger=Eid ist folgender: Ich schwöre treu zu seyn, der Nation, dem Gesetz und dem König; und mit aller meiner Kraft und Gewalt, die von der konstituirenden National-Versammlung in den Jahren 1789., 1790. und 1791. dekretierte Konstitution des Königreiches zu handhaben.

6. Die Eigenschaft eines französischen Bürgers wird verloren:

a.) Durch die Naturalisierung im Auslande.

b.) Durch die Verurtheilung zu Straffen, welche die Entbürgerung nach sich ziehen, so lang der Verurtheilte nicht wieder in seine Bürger=Würde eingesetzt ist.

c.) Durch ein Kontumaz = (ungehorsames Aussenbleiben) Urtheil, so lange das Urtheil nicht zernichtet ist.

d.) Durch die Aufnahme in alle die fremden Orden oder Gemeinschaften, bey welcher Ritter = oder Adels = Proben, Unterschied der Geburt oder religiose Gelübde erfodert würden.

7. Das Gesetz siehet die Ehe als einen blos bürgerlichen Vertrag an. Die gesetzgebende Gewalt wird für alle Einwohner ohne Unterschied die Art und Weise vestsezen, wie die Geburten, die Ehen, und die Todesfälle beurkundiget werden sollen; sie wird auch die öffentlichen Beamten bestimmen, welche die Urkunden darüber verfassen und aufbewahren sollen.

8. Die französischen Bürger, nach den Verhältnissen betrachtet, die durch ihre Vereinigung in Stadt = oder Land = Bezirken entstehen, machen die Gemeinen aus.

Die gesezgebende Macht kann die Größe und den Umfang einer jeden Gemeine bestimmen.

9. Die Bürger, aus welchem eine jede Gemeine besteht, haben das Recht auf eine gewisse Zeit, nach der gesezlich = bestimmten Form, diejenigen unter sich zu wählen, welche unter der Benennung **Munizipal = Beamte**, den Auftrag haben, die besonderen Angelegenheiten der Gemeine zu besorgen. Den Munizipal = Beamten können einige Verrichtungen übertragen werden, die sich auf die allgemeinen Angelegenheiten des Staates beziehen.

10. Die Vorschriften, an welche die Munizipal = Beamten gehalten sind, sowohl in ihren Munizipal = Verrichtungen, als in den für die allgemeinen Angelegenheiten ihnen übertragenen Geschäften zu befolgen, sollen durch die Gesetze bestimmt werden.

Dritter Titel.
Von den öffentlichen Gewalten.

1. Die Souveränheit ist eins, untheilbar, unveräusserlich und unverjährlich; sie gehört der Nation; keine Abtheilung des Volkes, noch irgend ein Einzelner kann sich die Ausübung derselben zueignen.

2. Die Nation, aus der allein alle Gewalten entspringen, kann sie nur durch Uebertragung (Stellvertreter) ausüben.

Die französische Konstitution ist stellvertreterisch,
die Stellvertreter sind die gesezgebende Versammlung
und der König.

3. Die gesezgebende Gewalt ist einer National-Versammlung übertrageu, welche aus Stellvertretern besteht, die auf eine beschränkte Zeit und vom Volke
frey gewählt sind. Diese ihnen anvertraute Gewalt
soll mit der Genehmigung des Königes, auf die hiernach bestimmte Art ausgeübt werden.

4. Die Regirungsart ist monarchisch: die Vollstre-
kungsmacht ist dem König übertragen, um unter seiner Gewalt von den Ministern und anderen verant-
wortlichen Geschäftsträgern, auf die hiernach bestimmte
Art, ausgeübt zu werden.

5. Die richterliche Gewalt ist Richtern übertragen,
die vom Volk auf eine gewisse Zeit erwählt werden.

Erstes Kapitel.
Von der gesezgebenden National-Versammlung.

1. Die National-Versammlung, welche die gesezgebende Gesellschaft ausmacht, ist immerwährend und
besteht nur aus Einer Kammer.

2. Alle zwei Jahre wird sie durch neue Wahlen
ganz erneuert.

Je zwei Jahre machen eine Gesezgebung aus.

Die Verfügungen des vorhergehenden Artikels haben keine Beziehung auf die nächste gesezgebende Versammlung, deren Vollmacht mit dem ersten Tag des
Aprilmonats 1793. aufhört.

3. Die Wiederbesezung der gesezgebenden Gesellschaft, geschieht ganz von Rechts wegen.

4. Der König kann die gesezgebende Versammlung
nicht trennen.

Erster Abschnitt.

Anzahl der Stellvertreter. Grundgesetze der Stellver=
tretung.

1. Die Anzahl der Stellvertreter zur gesezgebenden
Versammlung besteht aus 745, in Rücksicht der 83
Departemente, woraus das Königreich besteht, und
ausser denjenigen, welche den Colonien gestattet wer=
den könnten.

2. Die Stellvertreter werden unter die 83 Depar=
temente, nach den dreien Verhältnissen der Grösse
des Grund und Bodens, der Bevölkerung, und der
direkten Abgaben vertheilt.

3. Von den 745 Stellvertretern sind 247 nach dem
Verhältnisse des Grund und Bodens.

Ein jedes Departement ernennt deren 3, ausge=
nommen das Departement von Paris, welches nur
Einen ernennt.

4. 249. Stellvertreter nach dem Verhältnisse der
Bevölkerung.

Die ganze aktife Volksmenge ist in 249 Theile
eingetheilt, und jedes Departement ernennt so viele
Deputirte (Abgeordnete,) als es von diesen Theilen
in sich schließt.

5. 249. Stellvertreter nach Maaßgabe der direk=
ten Abgaben.

Die ganze Summe der direkten Abgaben des Kö=
nigreiches ist gleichfalls in 249 Theile abgetheilt, und
ein jedes Departement ernennt so viele Abgeordnete,
als es von diesen Steuertheilen bezahlt.

Zweiter Abschnitt

Urversammlungen. Ernennung der Wahlmänner.

1. Die Aktif=Bürger versammeln sich alle zwei
Jahre in Urversammlungen in den Städten und Kan=
tonen, um die gesezgebende National=Versammlung
zu bilden.

Die Urversammlungen bilden sich von Rechts we=

gen, den zweiten Sonntag im Monathe März, wenn
sie nicht von den gesezlich dazu bestimmten öffentlichen
Beamten früher zusammen beruffen worden.

2. Um Aktif=Bürger zu seyn, muß man Franzos
seyn, oder geworden seyn;

Völlig fünf und zwanzig Jahre zählen;

In der nemlichen Stadt oder dem nemlichen Kan=
tone während der von dem Gesetze bestimmten Zeitfri=
ste wohnen.

In irgend einem Orte des Königreichs eine direkte
Abgabe bezahlen, die wenigstens dem Werthe von
dreien Taglöhnen gleich ist; und die Quittung da=
von vorweisen;

In keinem knechtlichen Dienstlohn stehen;

In der Munizipalität des Wohnorts, auf das Re=
gister der Nationalgarde eingeschrieben seyn;

Den Bürger=Eid abgelegt haben.

3. Alle sechs Jahre bestimmt die gesezgebende Ver=
sammlung das Mindeste und das Höchste des Tag=
lohn=Preises, und die Departement=Verwalter setzen
ihn für jeden Distrikt nach der Lage desselben an.

4. Keiner kann die Aktif=Bürger=Rechte an mehr
als an einem Ort ausüben, noch sich durch einen
andern vorstellen lassen.

5. Von dem Aktif=Bürger=Rechte sind ausge=
schlossen:

Die, welche sich an einer öffentlichen Anklage schul=
dig gemacht;

Die, welche als Falliten oder als völlig unvermö=
gend erklärt sind, ihre Schulden zu bezahlen, wenn
es durch unumstößliche Beweise dargethan ist, und
sie keine allgemeine Quittung von ihren Schuldgläu=
bigern vorweisen können.

6. Die Urversammlungen ernennen die Wahlmän=
ner nach Maaßgabe der Anzahl Aktif=Bürger, die
in der Stadt oder im Kantone wohnen.

Auf

Auf 100 bei der Versammlung an= oder abwesen=
de Aktif=Bürger wird Ein Wahlmann ernannt.

Zween werden ernannt auf 151 bis 250, und so
weiter.

7. Keiner kann als Wahlmann ernannt werden,
wenn er nicht mit den zum Aktif=Bürger=Recht er=
forderlichen Eigenschaften noch folgende verbindet:

In den Städten, die mehr als 6000 Seelen zäh=
len, ein Eigenthümer oder Nuznieſſer eines Gutes zu
seyn, wovon das Einkommen an den Steuerliſten so
hoch angeſezt iſt, als ſich der Werth von 200 Tag=
löhnen in dieſer Gegend beläuft, oder als Miethsmann
eine Wohnung inne zu haben, welche auf den nehm=
lichen Steuerliſten ſo hoch angeſezt iſt, als ein Ein=
kommen, das dem Werthe von 150 Taglöhnen gleich iſt.

In den Städten, die weniger als 6000 Seelen
zählen, ein Eigenthümer oder Nuznieſſer eines Guts
zu ſeyn, wovon das Einkommen ſo hoch angeſezt iſt,
als der Werth von 150 Taglöhnen in dieſer Gegend
beträgt, oder eine Wohnung in Miethe zu haben,
welche auf den nehmlichen Steuerliſten ſo hoch an=
geſezt iſt, als ein Vermögen, welches dem Werthe
von 100 Taglöhnen gleich kommt.

Und auf dem Lande, Eigenthümer oder Nuznieſſer
eines Guts zu ſeyn, welches auf den Steuerliſten auf
ein Einkommen angeſezt iſt, das den Werth von 150
Taglöhnen in dieſer Gegend ausmacht, oder Pach=
ter (Meyer) von Gütern zu ſeyn, welche auf den
nehmlichen Steuerliſten ſo hoch angeſetzt ſind, als der
Werth von 400 Taglöhnen auswirft.

Das Vermögen derjenigen, welche zugleich Eigen=
thümer oder Nuznieſſer einer Seits, und Miethleuthe,
Pachter, (Meyer) anderer Seits ſind, ſoll in die=
ſer beiderſeitigen Rückſicht zuſammen gerechnet werden,
bis die nöthige Taxe heraus kommt, welche zu ihrer
Wählbarkeit erfordert wird.

(Der Weltbürger. II. Heft.)   J

Dritter Abschnitt.

Wahlverſammlung. Ernennung der Stellvertreter.

1. Die in jedem Departement ernannten Wahlmänner verſammeln ſich, um die Anzahl der Stellvertreter, deren Ernennung ihrem Departement zu
kommt, und ein Drittel dieſer Anzahl als Suppleanten, zu erwählen.

Die Wahlverſammlungen bilden ſich von Rechts
wegen den lezten Sonntag im Monathe März, wenn
ſie nicht von den geſezlich beſtimmten öffentlichen Beamten früher zuſammen berufen worden.

2. Die Stellvertreter und die Suppleanten werden nach der abſoluten Stimmen-Mehrheit erwählt,
und können nur unter den Aktif-Bürgern ihres Departements gewählt werden.

3. Alle Aktif-Bürger, worinn auch immer ihr
Beruf, Gewerb oder Abgabe beſtehen, können zu
Stellvertretern der Nation erwählt werden.

4. Inzwiſchen müſſen folgende Beamte entweder
ihre Stellen niederlegen, oder auf die Wahl Verzicht thun: nehmlich die Miniſter und die anderen
Geſchäftsträger der Vollſtreckungs-Macht, die nach
Belieben zurückberufen werden können; die Kommiſ-
ſarien des National-Schaz-Amtes, die Einnehmer
der direkten Steuren, die Vorgeſezten und Beamten
bei der Erhebung und den Verwaltungen der indi-
rekten Abgaben und National-Güter, und die, welche unter irgend einer Benennung, Aemter bei dem
militäriſchen oder Civil-Hauſe des Königes begleiten.

Die Verwalter, Unter-Verwalter, Munizipal-
Beamten und Kommandanten der Nationalgarde müſ-
ſen gleichfalls auf ihre Stellen oder dieſe Ernennung
Verzicht thun.

5. Die Ausübung der Richter-Stellen kann nicht
mit den Geſchäften eines Stellvertreters der Nation
vereinbart werden, ſo lange die Geſetzgebung dauert.

Die Richter werden durch ihre Suppleanten erſezt,

und der König sorgt durch Kommissions-Briefe für die Ersezung seiner Kommissarien bei den Gerichts-Stellen.

6. Die Mitglieder der gesezgebenden Versammlung können zur folgenden Gesezgebung wieder erwählt werden. Nachher aber müssen zwei Jahre verfliessen, bevor sie wieder ernannt werden können.

7. Die in den Departementen ernannten Stellvertreter sind nicht Stellvertreter eines besondern Departements, sondern der ganzen Nation, und ihnen kann kein Mandat oder Verhaltungs-Befehl aufgetragen werden.

Vierter Abschnitt.
Haltung und Ordnung der Ur- und Wahl-Versammlungen.

1. Die Verrichtungen der Ur- und Wahlversammlungen bestehen bloß im Wählen; gleich nach geendigten Wahlen gehen sie auseinander, und können sich nicht eher wieder versammeln, als bis sie zusammen berufen werden; es seye denn in Fällen, welche im 1 Art. des II. Abschnitts und im 1. Art. des III. Abschnitts weiter oben angezeigt sind.

2. Kein Aktif-Bürger kann in eine Volks-Versammlung gehen, oder darinn stimmen, wenn er bewafnet ist.

3. Die bewafnete Macht kann nicht ohne den ausdrücklichen Willen der Versammlung in das Innere eingelassen werden, es sey denn, daß Gewaltthätigkeiten darinn verübt würden; in diesem Falle wird nur der Befehl des Präsidenten erfordert, um die öffentliche Macht herbeyzurufen.

4. Alle zwei Jahre sollen in jedem Distrikt die Listen der Aktif-Bürger Kantonsweise verfertigt, in jedem Kantone kund gemacht, und zween Monate vor dem Zeitpunkt der Urversammlung angeschlagen werden.

Die vorfallenden Streitigkeiten über die Eigenschaft der auf der Liste befindlichen Aktif-Bürger, oder die Klagen derer, welche behaupten, daß sie unrechtmäs-

figer Weise ausgelassen werden, sollen vor die Gerichts-
Stellen gebracht und von diesen sumarisch entschieden
werden.

Die Liste ist die Richtschnur für die Aufnahme der
Bürger in die nächste Urversammlung, in allen Dingen, welche nicht durch Urtheilsprüche, die vor der
Haltung der Versammlung gefällt wurden, berichtigt
worden sind.

5. Die Wahlversammlungen sind berechtigt, die
Eigenschaft und die Vollmachten der Personen die darinn erscheinen wollen, zu untersuchen, und ihre Entscheidungen sollen vorläufig und mit Vorbehalt des Ur-
theils der gesezgebenden Versammlung, bey Untersuchung der Vollmachten der Abgeordneten vollzogen
werden.

6. Weder der König, noch irgend ein von ihm er-
nannter Geschäftsträger können sich in die Fragen oder
Gegenstände mischen, welche sich auf die Ordnungs-
mäßigkeit der Zusammenberuffungen, die Haltung
der Versammlungen, die Form der Wahlen, oder die
Staats-Rechte der Bürger beziehen; ohne Nachtheil
der Verrichtungen der königlichen Commissarien, in
den vom Gesez bestimmten Fällen, wo die auf die
Staats-Rechte der Bürger sich beziehenden Gegenstände vor die Gerichts-Stellen gebracht werden sollen.

Fünfter Abschnitt.

Vereinigung der Stellvertreter in gesezgebende National-Versammlung.

1. Die Stellvertreter versammeln sich den ersten
Montag im Maimonate, an dem Sizzungsorte der
lezten Gesezgebung.

2. Sie bilden sich vorläufig unter dem Vorsize des
Aeltesten in eine Versammlung, um die Vollmachten
der anwesenden Stellvertreter zu berichtigen.

3. So bald die Anzahl der Mitglieder, deren Vollmachten richtig befunden worden, aus 373. besteht;
so errichten sie sich zur gesezgebenden National-Ver-

ſammlung: dieſe ernennt einen Präſidenten, einen Vi=
ze = Präſidenten und Sekretarien, und beginnt ihre
Verrichtungen.

4. Während dem ganzen Monat Mai kann die
Verſammlung keine geſezgebende Handlung verrichten,
wenn die Zahl der anweſenden Stellvertreter ſich nicht
auf 373. belauft.

Sie kann einen Schluß faſſen, um den abweſenden
Mitgliedern zu entbieten, ſich binnen 14 Tagen ſpät=
ſtens, bey 3000. Livres Geldſtrafe, an ihre Poſten
zu begeben, wenn ſie anders nicht eine Entſchuldigung
angeben, die von der Verſammlung als rechtmäßig
erklärt worden.

5. Den lezten Mai=Tag errichten ſie ſich zur geſez=
gebenden National = Verſammlung; die Anzahl der
anweſenden Mitglieder mag ſeyn, welche ſie wolle.

6. Die Stellvertreter ſollen alle insgeſammt, im
Namen des franzöſiſchen Volks, den Eid ſchwören:
Freyheit oder Tod.

Drauf ſchwört jeder Einzelne den Eid; die von
der konſtituirenden Verſammlung in den Jah=
ren 1789., 1790. und 1791. dekretirte Konſtitu=
tion des Königreichs aus allen Kräften, und
mit aller Macht zu handhaben, während der
ganzen Geſezgebungs = Zeit nichts vorzuſchla=
gen, noch zu verwilligen, was ihr den min=
deſten Eingrif thun könnte; und in allen Din=
gen der Nation, dem Geſez und dem Könige
treu zu ſeyn.

7. Die Stellvertreter der Nation ſind unverlezlich:
ſie können zu keiner Zeit für ihre Reden, Schriften
oder Handlungen, die ſich auf die Ausübung ihrer
Verrichtungen als Stellvertreter beziehen, weder an=
gehalten, angeklagt, noch verurtheilt werden.

8. In peinlichen Fällen können ſie über der That
oder Kraft eines Verhaft = Befehls ergriffen werden:
aber die geſezgebende Verſammlung muß ohne Zeit=

verluſt davon benachrichtigt werden; das weitere gerichtliche Verfahren unterbleibt jedoch ſo lang, bis die
geſezgebende Verſammlung entſchieden hat, daß Urſache zur Anklage vorhanden ſeye.

Zweites Kapitel.

**Von der Königs-Würde, der Regentſchaft und den
Miniſtern.**

Erſter Abſchnitt.

Von der Königs-Würde und dem König.

1. Die Königs-Würde iſt untheilbar, und dem
regierenden Geſchlecht in männlicher Erb-Folge, nach
der Ordnung der Erſtgeburt, mit beſtändiger Aus-
ſchlieſſung der Weiber und ihrer Abkömmlinge, erblich übertragen.

Hiermit iſt nichts in Anſehung der Wirkung der
Verzichtleiſtungen, in dem wirklich regierenden Geſchlecht vorgeurtheilt.

2. Die Perſon des Königs iſt unverlezlich und ge-
heiligt; ſein einziger Titel iſt: **König der Franken:**

3. In Frankreich giebt es keine Gewalt, die über
das Geſez iſt. Der König regiert nur durch es; und
nur im Namen des Geſezes kann er Gehorſam fordern.

4. Bei der Thronbeſteigung oder beim Eintritt ins
volljährige Alter, ſchwört der König, in Gegenwart
der geſezgebenden Verſammlung, der **Nation** und
dem Geſez treu zu ſeyn, die ihm übertragene
ganze **Macht** anzuwenden, um die von der
konſtituirenden **National-Verſammlung** in den
Jahren 1789, 1790 und 1791. dekretirte Kon-
ſtitution zu handhaben, und die Geſeze vollziehen zu laſſen.

Wenn die geſezgebende Verſammlung nicht verſammelt wäre, ſo läßt der König eine Proklamation verkünden, worinn dieſer Eid und das Verſprechen ihn
ſogleich zu wiederholen, als die geſezgebende Verſammlung vereint ſeyn wird, ausgedrükt ſind.

5. Wenn der König einen Monat lang nach der Einladung der gesezgebenden Versammlung diesen Eid nicht abgelegt, oder wenn er denselben, nachdem er ihn abgelegt, wiederruft, so wird er angesehen, als habe er sich der Königs=Würde begeben.

6. Wenn der König sich an die Spize einer Armee stellt, und sie gegen die Nation anführt, oder wenn e: sich nicht durch einen förmlichen Akt, einer solchen Unternehmung, die in seinem Namen ausgeführt wür= te, wiedersezt, so wird er angesehen, als habe er die Krone abgelegt.

7. Wenn der König, nachdem er das Königreich verlassen, auf die Einladung der gesezgebenden Ver= sammlung, und in der Zeitfrist, welche in der Pro= klamation vestgesezt worden, und die nicht kürzer als zween Monate seyn kann, nicht zurükkäme, so würde er angesehen, als habe er die Krone abgelegt.

Diese Zeitfrist fängt von dem Tag an, wo die Pro= klamation der gesezgebenden Versammlung an dem Or= te ihrer Sizungen ist öffentlich bekannt gemacht wor= den. Und die Minister sind bei ihrer Verantwortlich= keit verbunden, alle Geschäfte der vollziehenden Ge= walt zu übernehmen, deren Ausführung sich der ab= wesende König zu enthalten hat.

8. Nach der ausdrücklichen oder gesezmässigen Ab= dankung tritt der König in die Klasse der Bürger, und kann, wie sie, wegen Handlungen, die nach seiner Abdankung geschehen, angeklagt und gerichtet werden.

9. Die besondern Güter, welche der König bei sei= ner Thronbesteigung besizt, sind unwiederruflich mit den Gütern der Nation vereinigt: mit den Gütern, welche er aus seinem Vorgesparten erwirbt, kann er schalten und walten; wenn er nicht darüber disponirt hat, so werden sie zu Ende der Regierung gleichfalls mit den National=Gütern vereinigt.

10. Die Nation sorgt für den Glanz des Throns durch eine Civil=Liste, deren Summe die gesezgebende

Versammlung, bey jeder Veränderung der Regierung, für die ganze Regierungs-Zeit bestimmt.

11. Der König ernennt einen Verwalter der Civil-Liste, welcher die gerichtlichen Klagen des Königs führt, und gegen welchen die gerichtlichen Klagen, den König betreffend, gerichtet, und die Urtheil-Sprüche gefället werden; die Urtheil-Sprüche, welche die Gläubiger der Civil-Liste erhalten, sollen gegen der Verwalter persönlich, und seine Güter vollzogen werder.

12. Ausser der Ehrenwache, die dem König von den Bürgern der Nationalgarde seines Residenz-Orts gegeben wird, soll noch eine Garde von der Civil-Liste bezahlt werden, welche nicht über 1200 Mann zu Fuß und 600 Mann zu Pferd seyn darf.

Die Grade und Regeln zum Vorrüken sollen bey dieser Garde die nemlichen, wie bey den Linien-Truppen, seyn.

Diejenige aber, welche die Garde des Königes ausmachen, rüken bey allen Graden ausschließlich unter sich vor, und können keine Grade unter den Linien-Truppen erhalten.

Der König kann seine Garde nur unter solchen wählen, welche wirklich bey den Linien-Truppen in Diensten stehen, oder unter den Bürgern, die seit einem Jahr Dienste unter der Nationalgarde versehen haben; nur müssen sie sich im Königreich aufhalten, und vorher den Bürger-Eid abgelegt haben.

Die königliche Garde kann für keinen andern Dienst kommandiert noch aufgebotten werden.

Zweiter Abschnitt.
Von der Regentschaft.

1. der König ist minderjährig, bis er völlig 18 Jahre alt ist; und während seiner Minderjährigkeit hat das Königreich einen Regenten.

2. Die Regentschaft gehört dem nächsten Verwandten des Königes, nach der Erbfolge-Ordnung, die

zum Thron führt. Der Regent muß volle 25 Jahre
alt, ein Franzos und Einwohner und kein vermuthli=
cher Erbe einer andern Krone seyn; auch vorher den
Bürger=Eid geschworen haben.

Die Weiber sind von der Regentschaft ausgeschlossen.

3. Wenn ein minderjähriger König keinen Ver=
wandten hätte, der alle oben angezeigte Eigenschaften
besäße, so wird der Regent des Königreichs erwählt,
wie solches in den folgenden Artikeln gesagt wird:

4. Die gesezgebende Versammlung kann den Re=
genten nicht erwählen.

5. Die Wahlmänner eines jeden Distrikts versam=
meln sich im Hauptorte des Distrikts, auf eine Pro=
klamation, welche in der ersten Woche der neuen Re=
gierung von der gesezgebenden Versammlung gemacht
wird, wenn sie versammelt ist, und wenn sie nicht
versammelt wäre, so ist der Justiz=Minister gehalten,
diese Proklamation in der nemlichen Woche zu machen.

6. Die Wahlmänner ernennen in jedem Distrikt,
durch einen Stimmzettel, worauf nur ein Name ge=
schrieben wird, und durch die absolute Mehrheit der
Stimmen, einen wählbaren und im Distrikt wohn=
haften Bürger, welchem sie durch den Verbal=Pro=
zeß der Wahl, einen besondern Auftrag ertheilen,
der sich blos in die Wahl des Bürgers einschränkt,
den er bei seiner Seele und Gewissen für den würdig=
sten hält, Regent des Königreichs zu seyn.

7. Die in den Distrikten ernannten Bürger und
Machthaber sind gehalten, sich in der Stadt, wo die
gesezgebende Versammlung ihre Sizung hält, spät=
stens den vierzigsten Tag, von dem Tag an gerech=
net, wo der minderjährige König auf den Thron
kommt, zu versammeln; sie errichten daselbst die Wahl=
Versammlung, welche die Ernennung des Regenten
vornimmt.

8. Die Wahl des Regenten geschieht durch einen
Stimmzettel, worauf ein Name geschrieben wird,
und durch die absolute Stimmen=Mehrheit.

9. Die Wahl-Versammlung darf sich nur mit der Wahl beschäftigen, und muß gleich nach geschehener Wahl sich trennen; eine jede andere Vornehmung ist als konstitutionswidrig und ungültig erklärt.

10. Die Wahl-Versammlung läßt durch ihren Präsidenten, den Wahl-Verbal-Prozeß, der gesezgebenden Versammlung vorlegen, welche nach berichtigter Ordnungs-Mäßigkeit der Wahl, sie im ganzen Königreich durch eine Proklamation verkünden läßt.

11. Der Regent soll alle Königs-Pflichten bis zur Volljährigkeit des Königs erfüllen, und darf persönlich für keinen Akt seiner Verwaltung haften.

12. Der Regent kann seine Verrichtungen nicht eher anfangen, als bis er in Gegenwart der gesezgebenden Versammlung geschworen hat, der **Nation und dem Gesez treu zu seyn, alle dem König übertragene Macht, deren Ausübung ihm, während der Minderjährigkeit des Königs, anvertraut ist, anzuwenden, um die von der konstituirenden National-Versammlung in den Jahren 1789, 1790 u. 1791. dekretirte Konstitution zu handhaben, und die Geseze vollziehen zu lassen.** Wenn die gesezgebende Versammlung nicht beisammen ist, so läßt der Regent eine Proklamation verkünden, worinn dieser Eid und das Versprechen ihn sogleich zu wiederholen, als die gesezgebende Versammlung vereint seyn wird, enthalten sind.

13. So lang der Regent seine Verrichtungen nicht angetreten, bleibt die Sanktion der Geseze aufgeschoben: die Minister fahren fort, unter ihrer Verantwortlichkeit, alle Geschäfte der Vollstreckungs-Macht zu versehen.

14. Sobald der Regent den Eid abgelegt hat, so bestimmt die gesezgebende Versammlung seine Besoldung, welche während der Regentschaft nicht abgeändert werden kann.

15. Wenn die Regentschaft wegen der Minderjährigkeit des dazu berufenen nächsten Verwandten, einem weitlosern Verwandten zugefallen, oder durch
die Wahl übertragen worden, so soll der Regent,
welcher seine Verrichtungen angefangen hat, dieselben bis zur Volljährigkeit des Königes fortsetzen.

16. Die Regentschaft des Königreichs bringt kein
Recht auf die Person des minderjährigen Königs
mit sich.

17. Die Pflege des minderjährigen Königs wird
seiner Mutter anvertraut; ist er aber mutterlos, oder
ist sie zur Zeit der Thron-Besteigung ihres Sohnes
wieder verheirathet, oder verheirathet sie sich wieder
während der Minderjährigkeit, so wird die Pflege von
der gesetzgebenden Versammlung jemanden überge-
tragen.

Zur Pflege des minderjährigen Königs können weder der Regent und seine Nachkömmlinge, noch die
Weiber erwählt werden.

18. Im Falle der König in Wahnsinn verfällt,
welcher allgemein anerkannt, gesezmässig bestätigt und
nach drei von Monat zu Monat gefaßten Berathschlagungen, von der gesezgebenden Versammlung öffentlich erklärt ist, so hat die Regentschaft so lang
statt, als der Wahnsinn dauert.

Dritter Abschnitt.
Von der Familie des Königs.

1. Der vermuthliche Erbe trägt den Namen, königlicher Prinz.

Er kann das Königreich, ohne ein Dekret der gesezgebenden Versammlung und die Einwilligung des
Königs nicht verlassen.

Wenn er es verlassen, und auf den Aufruf einer
Proklamation der gesezgebenden Versammlung nicht
nach Frankreich zurükkehrt, so wird er angesehen,
als habe er sich des Rechts der Thron-Erbfolge begeben.

2. Wenn der vermuthliche Thronerbe minderjährig
ist, so muß der volljährige Verwandte, der den näch=
sten Ruf zur Regentschaft hat, sich im Königreich
aufhalten.

Im Fall er sich aus dem Königreich begeben hat,
und auf den Aufruf der gesezgebenden Versammlung
nicht zurükkehrt; so wird er angesehen, als habe er
sich seines Rechts auf die Regentschaft begeben.

3. Die Mutter des minderjährigen Königs, wel=
che seine Pflegerin ist, oder der erwählte Pfleger,
sind ihres Pfleg=Amts verlustig erklärt, sobald sie
das Königreich verlassen.

Wenn die Mutter des minderjährigen vermuthli=
chen Thronerben das Königreich verließe, so könnte
sie, auch nach ihrer Rükkehr, nicht mehr Pflege=
rin ihres minderjährigen Sohns seyn, der König ge=
worden, als durch ein Dekret der gesezgebenden Ver=
sammlung.

4. Es soll ein Gesez gemacht werden, um die Er=
ziehung des minderjährigen Königs und die des min=
derjährigen vermuthlichen Thronerben anzuordnen.

5. Die Glieder der Familie des Königs, welche
zur etwaigen Thronfolge berufen sind, genießen der
Aktif=Bürger=Rechte, können aber zu keinem Plaz,
Amt oder Verrichtung, welche von der Volks=Wahl
abhängen, ernannt werden.

Sie können zu allen Pläzen und Aemtern, welche
der König vergibt, ernannt werden, ausser den Mi=
nister=Stellen; auch können sie kein Ober=Komando,
weder über die Land=noch See=Macht, noch die
Stelle eines Grosbothschafters erhalten, es seye denn,
daß die gesezgebende Versammlung, auf den Vor=
schlag des Königs, ihre Einwilligung dazu gegeben
hätte.

6. Die Glieder der Familie des Königs, welche
zur etwaigen Thronfolge berufen sind, sollen ausser
dem Namen, der ihnen im bürgerlichen Akt, wel=

cher ihre Geburt bestätigt, gegeben worden, auch
noch französische Prinzen genannt werden; und
dieser Name kann weder patronymisch seyn, noch ir=
gend eine von der gegenwärtigen Konstitution abge=
schafte Benennung mit sich führen.

Die Benennung Prinz darf keiner andern Per=
son beigelegt werden; sie führt auch kein ausschließ=
liches Recht, noch irgend eine Ausnahme von dem
allgemeinen Rechte aller Franken mit sich.

7. Die Urkunde, welche die Geburten, Ehen und
Sterbe=Fälle der französischen Prinzen gesezmässig
bestätigen, werden der gesezgebenden Versammlung
vorgelegt, welche alsdann die Aufbewahrung dersel=
ben in ihren Archiven verordnet.

8. Den Mitgliedern der königlichen Familie soll
kein Apanage in liegenden Gütern zuerkannt werden.

Die nachgebornen Söhne des Königs erhalten, wenn
sie volle 25 Jahre zählen, oder bei ihrer Heirath,
ein Apanage=Geld, welches von der gesezgebenden
Versammlung bestimmt wird, und mit dem Aus=
sterben der männlichen Nachkommenschaft aufhört.

Vierter Abschnitt.
Von den Ministern.

1. Dem König allein gehört die Ein= und Abse=
zung der Minister.

2. Die Mitglieder der wirklichen National=Ver=
sammlung und der folgenden Gesezgebung, die Mit=
glieder des Cassations=Gerichts, und die, welche bei
dem Gerichte der Ober=Geschwornen dienen, kön=
nen nicht zum Ministerium befördert werden, noch
von der vollziehenden Macht, oder ihren Geschäfts=
Trägern irgend einen Plaz, Geschenk, Gehalt, Be=
soldung oder Kommission erhalten, so lang ihre Amts=
Verrichtungen dauern, und selbst während der zwei
Jahre, die auf die Endigung ihrer Amts=Verrich=
tungen folgen.

Das nemliche gilt auch für diejenigen, die nur auf
der Liste der Ober = Geschwornen stehen, so lang sie
eingeschrieben sind.

4. Kein Befehl des Königs kann vollzogen werden,
wenn er nicht von ihm unterschrieben, und vom Mi=
nister oder dem Ordonnanteur dieser besondern Ver=
waltung gegenunterschrieben ist.

5. Die Minister sind der Verantwortung für alle
Verbrechen, die von ihnen gegen die National= Si=
cherheit und die Konstitution begangen werden, un=
terworfen; als

Für jede Verlezung des Eigenthums und der Frei=
heit eines jeden Einzelnen;

Für alle untreue Verwendung der Gelder, die zu
den Ausgaben ihrer Verwaltung bestimmt sind.

6. Der mündliche oder schriftliche Befehl des Kö=
nigs kann in keinem Fall einen Minister der Verant=
wortlichkeit entziehen.

7. Die Minister sind gehalten, der gesezgebenden
Versammlung, jährlich bei Eröfnung der Session,
die beiläufige Berechnung der Ausgaben ihrer Ver=
waltung vorzulegen, Rechenschaft von den dazu be=
stimmten Summen abzustatten, und die Mißbräuche
anzuzeigen, welche sich in die verschiedenen Theile der
Regierung eingeschlichen hätten.

8. Kein Minister, der seine Stelle begleitet, oder
dieselbe niederlegt, kann ohne ein Dekret der gesez=
gebenden Versammlung, wegen seiner Verwaltung
peinlich belangt werden.

Drittes Kapitel.
Von der Ausübung der gesezgebenden Macht.
Erster Abschnitt.
Gewalt und Verrichtungen der gesezgebenden National=
Versammlung.

I. Die Konstitution überträgt ausschließlich der ge=
sezgebenden Versammlung folgende Gewalt und Ver=
richtungen:

1. Die Geseze vorzuschlagen und zu dekretieren: der König kann nur die gesezgebende Versammlung einladen, einen Gegenstand in Erwägung zu ziehen;

2. Die öffentlichen Ausgaben zu bestimmen;

3. Die öffentlichen Abgaben zu errichten, ihre Eigenschaft, Menge und Erhebungsart zu bestimmen;

4. Dieselben unter die Departemente zu vertheilen, über ihre Anwendung zu wachen, und sich Rechenschaft davon ablegen zu lassen;

5. Die Einrichtung oder Abschaffnng der öffentlichen Stellen zu dekretiren;

6. Den innern Gehalt, das Gepräg und die Benennung der Münzen zu bestimmen;

7 Die Einführung fremder Truppen in das französische Gebiet und fremder See-Mächte in die Häfen des Königreichs zu erlauben oder zu verbieten.

8. Jährlich, nach dem Vorschlage des Königs, die Anzahl der Mannschaft und der Schiffe, womit die Land-und Seemacht besezt seyn sollen; den Sold und die Anzahl Personen eines jeden Grads; die Regeln der Anfnahme, die Vorrükkung, die Forme der Anwerbung, und Loslassung, die Formation der See-Mannschaft; die Aufnahme fremder Land- oder See-Macht in den Dienst Frankreichs; und die Besoldung der Truppen, im Fall sie auseinander gelassen werden, zu beschliessen.

9. Die Verwaltung der National-Güter zu beschliessen und ihren Verkauf zu verordnen:

10. Die Verantwortlichkeit der Minister und der Geschäftsträger der Vollstrekungs-Macht vor das hohe National-Gericht zu ziehen;

Vor dem nemlichen Gericht diejenigen anzuklagen und gerichtlich zu verfolgen, welche eines Angrifs und Komplotts gegen die allgemeine Sicherheit des Staats oder gegen die Konstitution beschuldigt werden;

11. Die Regeln vestzusezen, nach welchen die blos persönlichen Ehrenzeichen oder Zierden denjenigen ge-

währt werden, welche dem Staate Dienste geleistet
haben;

12. Die gesezgebende Versammlung allein ist befugt, die öffentliche Ehre dem Andenken grosser Männer zuzuerkennen.

II. Der Krieg kann nur durch ein Dekret der gesezgebenden Versammlung, welches auf den förmlichen und nöthigen Vorschlag des Königs gegeben, und
von ihm sanktionnirt wird, beschlossen werden.

Im Fall naher oder angefangener Feindseligkeiten,
der Unterstützung eines Bundsgenossen, oder der Er-
haltungs-Vertheidigung eines Rechts durch die Macht
der Waffen, soll der König ohnversäumt der gesezgebenden Versammlung die Anzeige davon thun, und
die Beweggründe dazu bekannt machen.

Wenn die gesezgebende Versammlung nicht versammelt ist, so läßt sie der König sogleich zusammen
berufen.

Wenn die gesezgebende Versammlung entschiedet,
daß der Krieg nicht geführt werden solle, so soll der
König sogleich Anstalten treffen, um allen Feindseligkeiten zuvorzukommen, oder ihnen ein Ende zu machen: die Minister müssen Rechenschaft von jedem
Aufschub geben.

Wenn die gesezgebende Versammlung findet, daß
die angefangenen Feindseligkeiten ein sträflicher An-
grif von Seiten der Minister oder eines andern Ge-
schäftsträgers der Vollstrekungs-Macht sind, so wird
der Urheber des Angrifs peinlich belangt.

Während dem ganzen Krieg, kann die gesezgebende Versammlung den König aufrufen, in Frie-
dens-Unterhandlungen einzugehn; und der König ist
gehalten, diesem Aufruf zu entsprechen.

In dem Augenblik, wo der Krieg aufhört, bestimmt die gesezgebende Versammlung die Zeitfrist,
in welcher die Truppen, die über den Friedens-Fuß

auf-

aufgerichtet worden, verabſchiedet werden, und die
Armee in ihren gewöhnlichen Zuſtand verſezt wird.

III. Der geſezgebenden Verſammlung gehört das
Recht die Friedens = Bündnis = und Handels = Verträ=
ge zu genehmigen ; und ohne dieſe Genehmigung hat
kein Vertrag ſeine Wirkung.

IV. Die geſezgebende Verſammlung hat das Recht
den Ort ihrer Sizungen zu beſtimmen, ſie ſolang fort=
zuſezen, als ſie es für nothwendig hält, und ſie auf
eine gewiſſe Zeit auszuſezen : zu Anfang jeder Regie=
rung iſt ſie gehalten, ſich ungeſäumt zu verſammeln,
wenn ſie es anders nicht ſchon iſt.

Sie hat das Polizei = Recht in ihrem Sizungs=
Orte, und in dem äuſſern Umfang, den ſie beſtimmt
haben wird.

Sie hat das Zucht = Recht über ihre Mitglieder;
aber ſie kann keine härtere Strafe als den Tadel, den
Haus = Arreſt auf acht Tage, oder dreitägiges Gefäng=
nis anſezen.

Sie hat das Recht ſich der gewafneten Macht, die
mit ihrer Einwilligung in der Stadt, wo ſie ihre
Sizungen hält, wird errichtet ſeyn, zu ihrer Sicher=
heit, und zur Handhabung der ihr ſchuldigen Ehr=
furcht zu bedienen.

V. Die Vollſtrekungs = Macht kann keine Linien =
Truppen näher als 30 tauſend Klafter von der geſez=
gebenden Verſammlung durchziehen oder ſtille liegen
laſſen, es ſeye denn auf die Aufforderung oder Ge=
nehmigung der leztern.

Zweiter Abſchnitt.

Haltung der Sizungen, und Art zu berathſchlagen.

1. Die Berathſchlagungen der geſezgebenden Ver=
ſammlung geſchehen öffentlich, und die Protokolle ih=
rer Sizungen werden gedrukt.

2. Die geſezgebende Verſammlung kann jedoch, in
jedem Falle, ſich in einen allgemeinen Ausſchuß bilden.

Fünfzig Mitglieder haben das Recht es zu fordern.

So lang dieser allgemeine Ausschuß dauert, darf keine fremde Person beiwohnen; der Fauteuil des Präsidenten ist alsdann leer, die Ordnung wird durch den Vize-Präsidenten gehandhabt.

3. Kein gesezgebender Akt kann verhandelt und dekretirt werden, als in folgender Form:

3. Jeder Entwurf eines Dekrets wird dreimal, zu drei verschiedenen Zeiten, vorgelesen; zwischen jeder Vorlesung müssen wenigstens acht Tage verstreichen.

5. Die Erörterung fängt an nach jeder Ablesung; die gesezgebende Versammlung kann aber nach der ersten oder zweiten Ablesung erklären, daß sie die Erörterung auf eine andere Zeit verlegt, oder daß gar keine Berathschlagung statt haben solle; in diesem leztern Falle kann der Entwurf des Dekrets in der nemlichen Session wieder vorgebracht werden.

Jeder Vorschlag eines Dekrets soll gedrukt und ausgetheilt werden, ehe man die zweite Vorlesung desselben vornehmen darf.

6. Nach der dritten Vorlesung, legt der Präsident die Frage vor, und die Gesezgebung entscheidet, ob sie sich im Stand glaubt, ein schließliches Dekret zu geben, oder ob sie die völlige Entscheidung auf eine andere Zeit verschieben will, um grössere Erläuterungen einzuziehen.

7. Die gesezgebende Versammlung kann nicht berathschlagen, wenn nicht wenigsten 200. Mitglieder bei der Sizung gegenwärtig sind, und kein Dekret kann ohne die absolute Mehrheit der Stimmen abgefaßt werden.

8. Kein Entwurf eines Gesezes, welcher der Erörterung unterworfen, aber nach der dritten Vorlesung, vorworfen worden, kann in der nemlichen Session wieder vorgelegt werden.

9. Der Eingang eines jeden schließlichen Dekrets zeigt an, 1. die Tage der Sizungen, in denen die

brei Vorlesungen des Entwurfs geschehen sind ; 2. das
Dekret, wodurch, nach der dritten Ablesung, be=
schlossen worden, einen lezten und entscheidenden Ent=
schluß zu fassen.

10. Der König verweigert seine Sanktion allen
Dekreten, in deren Eingang obige Form nicht beob=
achtet worden; wenn ein solches Dekret sanktionirt
wäre, so können die Minister ihm weder das Staats=
siegel aufdrüken, noch dasselbe bekannt machen; und
in Rücksicht dessen dauert ihre Verantwortlichkeit sechs
Jahre lang.

11. Von obigen Verfügungen sind ausgenommen,
die Dekrete, welche durch eine vorherige Berathschla=
gung der gesezgebenden Versammlung als höchst drin=
gend anerkannt und erklärt sind; aber diese können in
der nemlichen Session geändert oder zurükgenommen
werden.

Das Dekret, wodurch der Gegenstand als höchst
bringend erklärt worden, soll die Ursachen dazu ange=
ben, und im Eingang des schließlichen Dekrets soll
dieses vorläufigen Dekrets erwähnt werden.

Dritter Abschnitt.
Von der königlichen Sanktion.

1. Die Dekrete der gesezgebenden Versammlung
werden dem König vorgelegt, der ihnen seine Einwil=
ligung verweigern kann.

2. Diese Verweigerung des Königs ist nur auf=
schiebend.

Wenn die zwo Gesezgebungen, welche auf jene fol=
gen, von der das Dekret dem Könige vorgelegt wor=
den, das nemliche Dekret mit eben den Worten, je=
desmal wieder übergeben haben, so wird der König
angesehen, als habe er sanktionirt.

3. Die Einwilligung des Königs ist auf jedem De=
kret durch die von ihm unterschriebene Formul ausge=
drükt: der König willigt ein, und wird voll=
ziehen lassen.

Die aufschiebende Verweigerung besteht in der For=
mul: der König wird untersuchen.

4. Der König ist gehalten, binnen den beiden Mo=
naten der Vorlegung, seine Einwilligung oder Ver=
weigerung auf jedem Dekret auszudrüken.

5. Kein Dekret, dem der König seine Einwilligung
versagt hat, kann ihm von der nemlichen Gesezgebung
wieder vorgelegt werden.

6. Nur die Dekrete, welche von dem König sank=
tionirt, und die, welche ihm von drei Gesezgebungen
nach einander vorgelegt worden, haben gesezliche Kraft
und tragen den Namen und die Aufschrift Gesez.

7. Der Sanktion sind aber nicht unterworfen, die
Akten der gesezgebenden Versammlung — betreffend
ihre innere Verfassung als berathschlagende Ver=
sammlung;

Ihre innere Polizei, und diejenige, welche sie im
äussern Umfang, den sie bestimmt hat, ausüben mag;

Die Berichtigung der Vollmachten ihrer gegenwär=
tigen Mitglieder;

Die befehlenden Erinnerungen an die abwesenden
Mitglieder;

Die Zusammenberuffungen der verspätigten Urver=
sammlungen.

Die Ausübung der konstitutionsmäßigen Polizey
über die Verwalter und Munizipal=Beamten.

Die Entscheidungen der Wählbarkeit und der Voll=
gültigkeit der Wahlen.

Der Sanktion sind auch nicht unterworfen die Akte,
welche sich auf die Verantwortlichkeit der Minister
beziehen, und die Dekrete, welche beschliessen, daß
Ursache zur Anklage vorhanden seye.

8. Die Dekrete der gesezgebenden Versammlung,
welche die Einrichtung, Fortsetzung und Erhebung der
öffentlichen Abgaben betreffen, tragen den Namen
und Aufschrift: Geseze. Sie werden öffentlich be=
kannt gemacht und vollzogen, ohne der Sanktion un=

terworfen zu seyn; es seye dann wegen Verfügungen, welche andere als Geld- oder Zwang-Strafen festsezten.

Diese Dekrete können nur nach Beobachtung der in den Artikeln 4, 5, 6, 7, 8 und 9. des II Abschnittes in gegenwärtigem Kapitel vorgeschriebenen Formalitäten erlassen werden; und die gesezgebende Versammlung darf keine Verfügung einrüken, die mit diesem Gegenstand fremd wäre.

Vierter Abschnitt.
Verhältnisse der gesezgebenden Versammlung mit dem König.

1. Wenn die gesezgebende Versammlung in ihrer völligen gesezlichen Verfassung ist, so schikt sie dem König Abgeordnete zu, um ihn davon zu benachrichtigen. Der König kann jährlich die Seßion eröfnen, und die Gegenstände vorschlagen, welche er glaubt, daß sie während dieser ganzen Gesezgebung in Erwägung gezogen werden sollen; ohne daß jedoch diese Formalität angesehen werden könnte, als seye sie zur Wirksamkeit und zum Wesen der gesezgebenden Versammlung nöthig.

2. Wenn die gesezgebende Versammlung die Seßion länger als vierzehn Tage aussezen will, so ist sie gehalten den König, wenigstens acht Tag zuvor, durch Abgeordnete davon zu benachrichtigen.

3. Wenigstens acht Tage vor dem Schlusse einer jeden Session schikt die gesezgebende Versammlung Abgeordnete an den König, um ihm den Tag anzuzeigen, wo sie sich vorgenomen, ihre Sizungen zu schliessen: der König kann alsdann kommen, um die Schliessung der Session vorzunehmen.

4. Wenn der König es dem Wohl des Staats ersprieslich glaubt, daß die Session fortgesezt werde, oder der Aufschub nicht statt haben, oder weniger lang dauren solle, so kann er deshalben eine Botschaft schiken, worüber die gesezgebende Versammlung gehalten ist, zu berathschlagen.

5. Der König beruft die gesezgebende Versammlung in der Zwischenzeit ihrer Seßionen zu sammen,
so oft das Wohl des Staats ihm es zu erfodern scheint;
so wie in den Fällen, welche die gesezgebende Versammlung vorher gesehen und bestimmt haben wird, ehe
sie ihre Sizungen aussezte.

6. So oft der König sich in den Sizungs-Ort der
gesezgebenden Versammlung begiebt, so wird er durch
Abgeordnete empfangen, und zurükbegleitet; in das
Innere des Saals kann er nur von königlichen Prinzen und den Ministern begleitet werden.

7. Der Präsident kann in keinem Fall einer der Abgeordneten seyn.

8. Die gesezgebende Versammlung hört auf zu berathschlagen, so lang der König gegenwärtig ist.

9. Die Akten der Verhandlungen des Königs mit
der gesezgebenden Versammlung, sollen immer von
einem Minister gegenunterzeichnet seyn.

10. Die Minister des Königs haben freien Eingang
in die gesezgebende National-Versammlung; es ist
ihnen daselbst ein ausgezeichneter Plaz angewiesen.

Sie werden, so oft sie es begehren, über alle Gegenstände angehört, die auf ihre Verwaltung Beziehung haben, oder wenn sie aufgefordert werden, Erläuterung darüber zu ertheilen.

Sie werden ebenfalls angehört über Gegenstände,
die nicht zu ihrer Verwaltung gehören, wenn die National-Versammlung ihnen das Wort ertheilt.

Viertes Kapitel.
Von der Ausübung der Vollstrekungs-Macht.

1. Die höchste Vollstrekungs-Macht liegt allein
in der Hand des Königs.

Der König ist das Oberhaupt der allgemeinen Verwaltung des Königreichs: ihm ist die Sorgfalt anvertraut, über die Handhabung der öffentlichen Ordnung
und Ruhe zu wachen.

Der König ist das Oberhaupt der Land = und See=
Macht.

Dem König ists übertragen, über die äussere Si=
cherheit des Königreichs zu wachen, und die Rechte
und Besizungen desselben zu handhaben.

2. Der König ernennt die Grosbothschafter, und
die andern Geschäftsträger der politischen Unterhand=
lungen.

Er vergiebt die Befehlshaber = Stellen der Armeen
und Flotten, und die Grade von Marschall de France
und Admiral.

Er ernennt die zwei Drittel der Contre = Admiräle,
die Hälfte der General = Lieutenants, Feldmarschälle,
Schifskapitäne, und Obersten der National = Gen=
darmerie.

Er ernennt ein Drittel der Obersten, und Oberst=
Lieutenants, und den sechsten Theil der Schifs = Lieu=
tenants : alles dieses in Befolgung der Geseze über
die Vorrückung.

Er ernennt in der Civil = Verwaltung des Seewe=
sens die Ordonnateurs, die Controleurs, die Schaz=
meister der Zeughäuser, die Vorsteher der Arbeiten,
die Unter=Vorsteher der Civil=Gebäude; die Hälfte der
Verwaltungs = Vorsteher und Unter = Vorsteher der
Schifs = Werfte.

Er ernennt die Kommissarien bei den Gerichts =
Stellen.

Er ernennt die Ober=Beamten bei der Verwal=
tung der undirekten Abgaben und der National=Güter.

Ihm ist die Aufsicht über die Fabrizirung der Mün=
zen übergeben; er ernennt die Beamten, welche den
Auftrag haben, diese Aufsicht bey der allgemeinen
Kommißion, und in den Münzstätten auszuüben.

Das Bildnis des Königs wird auf alle Münzen des
Königreichs geprägt.

3. Der König läßt die offenen Briefe, Besta=
lungs= und Kommißions = Briefe an die öffentlichen

Beamten und andere ausfertigen, die deren empfan=
gen sollen.

4. Der König läßt das Verzeichnis der Pensionen
und Gratifikationen ausfertigen, damit es der geseß=
gebenden Versammlung, bey jeder Seßion vorgelegt,
und von ihr, nöthigen Falls, dekretirt werde.

Erster Abschnitt.
Von der Kundmachung der Geseße.

1. Die Vollstrekungs=Macht hat den Auftrag den
Geseßen das Staats=Siegel aufdrücken und sie kund=
machen zu lassen.

Sie hat ebenfalls den Auftrag, die Akten der ge=
seßgebenden Versammlung, welche der Sanktion
nicht bedürfen, bekannt machen und ausführen zu
lassen.

2. Von jedem Geseß sollen zwei Originale, beide
vom König unterschrieben und von dem Justiß=Mi=
nister gegenunterschrieben, und mit dem Staatssiegel
versehen, ausgefertigt werden.

Das eine soll im Siegel=Archiv aufbewahrt, und
das andere in dem Archiv der geseßgebenden Versamm=
lung beygelegt werden.

3. Die Kundmachung der Geseße soll auf folgende
Art abgefaßt seyn: „N. (der Name des Königs)
„Von Gottes Gnaden, und durch das Reichs=Grund=
„Geseß, König der Franken; allen gegenwärtigen
„und zukünftigen; Unsern Gruß: die National=Ver=
„sammlung hat dekretirt und Wir wollen und verord=
„nen, was folgt: „

(Die buchstäbliche Abschrift des Dekrets
soll ohnverändert eingerückt werden.)

„Entbieten und verordnen allen Verwaltungs=
„Stellen, Munizipalitäten und Gerichts=Stühlen,
„daß sie Gegenwärtiges in ihre Register eintragen,
„in ihren verschiedenen Departementen und Bezirken
„vorlesen, verkünden und anschlagen, und als Geseß

„des Königreichs vollziehen laſſen. Zur Urkunde
„deſſen haben Wir gegenwärtiges unterſchrieben, und
„ihm das Staats = Inſiegel aufdrücken laſſen. „

4. Wenn der König minderjährig iſt, ſo werden
die Geſetze, Proklamationen, und andere von der
königlichen Gewalt, während der Regentſchaft her=
kommende Akte, folgender maſſen abgefaßt:

„N. (der Name des Regenten) Regent des Kö=
„nigreichs, im Namen des N. (der Name des Kö=
„nigs) von Gottes Gnaden, und durch das Reichs=
„Grundgeſetz König der Franken u. ſ. f. „

5. Die Vollſtrekungs = Macht iſt gehalten, die Ge=
ſetze den Verwaltungs = Stellen und Gerichts = Stüh=
len zuzuſchicken, ſich dieſe Verſendung beſcheinigen zu
laſſen, und ſich deshalben bei der geſetzgebenden Ver=
ſammlung zu rechtfertigen.

6. Die Vollſtrekungs = Macht kann keine, nicht
einmal vorläufige Geſetze, ſondern nur Proklamatio=
nen machen, die dem Geſetze gemäß ſind; um ent=
weder deſſen Vollziehung zu verordnen, oder ſie aufs
neue anzubefehlen.

Zweiter Abſchnitt.
Von der innern Verwaltung.

1. In jedem Departement iſt eine Ober = Verwal=
tung, und in jedem Diſtrikt eine untergeordnete Ver=
waltung.

2. Die Verwalter haben keinen ſtellvertretenden
Karakter.

Sie ſind Geſchäftsträger des Volks, und von ihm
auf eine gewiſſe Zeit erwählt, um, unter der Auf=
ſicht und Obergewalt des Königs, die Verwaltungs=
Geſchäfte zu beſorgen.

3. Sie können ſich weder in die Ausübung der ge=
ſezgebenden Gewalt miſchen, noch die Ausführung der
Geſeze verſchieben, noch irgend etwas unternehmen,

was zur Gerichts-Ordnung oder zu den militärischen
Anstalten oder Verrichtungen gehört.

4. Die wesentlichen Geschäfte der Verwalter bestehen darinn, die direkten Auflagen zu vertheilen,
und über die Gelder zu wachen, welche von allen
Auflagen und öffentlichen Einkommen ihres Bezirkes
eingehen; nur die gesezgebende Macht kann die Regeln und die Art und Weise ihrer Amts-Verrichtungen bestimmen, sowohl was die oben angezeigten Gegenstände, als alle übrige Theile der innern Verwaltung betrift.

5. Der König hat das Recht, die Verhandlungen und Vornehmungen der Departements-Verwalter, die den Gesezen und den Befehlen, welche er
ihnen zugeschikt, zuwider sind, für ungültig zu erklären.

Er kann sie im Fall eines beharrlichen Ungehorsams, oder wenn sie durch ihre Verhandlungen und
Vornehmungen der öffentlichen Sicherheit oder Ruhe
nachtheilig werden, ihrer Amtsverrichtungen auf einige Zeit entsezen.

6. Die Departements-Verwalter haben gleichermassen das Recht die Verhandlungen und Vornehmungen der Unterverwalter der Distrikte, die den Gesezen oder den Beschlüssen der Departements-Verwalter oder den Befehlen zuwider sind, welche diese
leztere ihnen gegeben oder überschikt haben, zu vernichten.

Sie können gleichfalls, im Falle eines beharrlichen
Ungehorsams der Unterverwalter, oder wenn diese lez-
teren durch ihre Verhandlungen und Vornehmungen
der öffentlichen Sicherheit oder Ruhe nachtheilig werden, sie ihrer Stellen auf einige Zeit entsezen; mit
dem Beding, daß sie den König davon benachrichtigen, der diese Entsezung aufheben oder bestätigen kan.

7. Wenn die Departements-Verwalter sich der
in obigem Artikel ihnen anvertrauten Vollmacht nicht
bedient haben, so kann der König die Verhandlun-

.gen und Vornehmungen der Unterverwalter gerade=
zu vernichten, und sie in den nemlichen Fällen ent=
sezen.

8. So oft der König die Entsezung der Verwal=
ter oder Unterverwalter beschlossen oder bestätigt hat,
so soll er der gesezgebenden Versammlung Nachricht
davon ertheilen.

Diese kann die Entsezung aufheben oder bekräfti=
gen, oder sogar die sträfliche Verwaltung gänzlich ab=
sezen; und erheischenden Falls alle Verwalter, oder
einige von ihnen den peinlichen Gerichten übergeben,
oder das Anklag=Dekret gegen sie ergehen lassen.

Dritter Abschnitt.
Von den äussern Verhältnissen.

1. Der König allein kann Staats=Verhältnisse aus=
wärts unterhalten, die Unterhandlungen betreiben,
und wenn benachbarte Staaten Kriegs=Zurüstungen
machen, verhältnißmässige Gegenrüstungen anordnen,
die Land=und=See=Macht vertheilen, wie es ihn nö=
thig dünkt, und die Führung derselben, im Fall ei=
nes Kriegs, beordern.

2. Eine jede Kriegs=Erklärung soll mit diesen Wor=
ten geschehn: Von Seiten des Königs der Fran=
ken, im Namen der Nation.

3. Dem Könige gehört das Recht, alle Friedens=
Bündnis=Handels=und andere Verträge, die er dem
Staate ersprießlich glaubt, unter der Genehmigung
der gesezgebenden Versammlung mit allen fremden
Mächten zu schliessen, und zu unterschreiben.

Fünftes Kapitel.
Von der gerichtlichen Gewalt.

1. Die gerichtliche Gewalt kann in keinem Falle,
weder von der gesezgebenden Versammlung, noch vom
Könige ausgeübt werden.

2. Die Gerechtigkeits=Pflege geschieht ohnentgeld=

lich durch Richter, welche das Volk auf eine gewiſſe
Zeit erwählt, und der König durch offene Briefe
einſezt.

Sie können nur wegen einer gehörigermaſſen ver-
urtheilten Miſſethat abgeſezt, und nur wegen gerichtlich angenommener Anklagen eine Zeitlang entſezt
werden.

Der öffentliche Ankläger wird vom Volke ernannt.

3. Die Gerichts-Stellen können ſich weder in die
Ausübung der geſezgebenden Macht miſchen oder die
Vollziehung der Geſeze aufſchieben, noch etwas, das
in die Verwaltungs-Verrichtungen Einfluß hat, un-
ternehmen, oder die Verwalter wegen ihrer Amts-
Verrichtungen vor ſich laden.

4. Die Bürger können durch keine Kommiſſion oder
andere Attributionen und Evokationen, als die geſez-
lich-beſtimmten, denjenigen Richtern entzogen werden, welche das Geſez ihnen anweiſet.

5. Das Recht der Bürger ihre Streitſachen durch
Schiedsrichter beizulegen, kann durch keinen Akt der
geſezgebenden Gewalt angetaſtet werden.

6. Die gewöhnlichen Gerichtshöfe dürfen keine bürgerliche Gerichts-Klage annehmen, ohne daß ihnen
bewieſen iſt, daß die Partheien erſchienen ſind, oder
daß der Kläger ſeine Gegenparthey vor Vermittler
geladen, um eine gütliche Beilegung zu bewirken.

7. Es ſollen ein oder mehrere Friedensrichter in
den Kantonen und Städten ſeyn. Die Anzahl derſelben beſtimmt die geſezgebende Macht.

8. Der geſezgebenden Macht gehört das Recht die
Gerichts-Bezirke und die Anzahl der Richter, womit ein jedes Gericht beſezt werden ſoll, zu beſtimmen.

9. In peinlichen Fällen kann kein Bürger verurtheilt werden, es ſeye denn auf eine von Geſchwor-
nen gültig erklärte Gutheiſſung oder von der geſezgebenden Gewalt dekretirte Anklage, in dem Fall,
wo dieſe leztere die Anklage betreiben kann.

Nach der Anklage wird die Thatsache von Geschwornen anerkannt und als solche erklärt.

Der Angeklagte hat das Recht zwanzig Geschworne zu verwerfen, ohne die Ursachen anzugeben.

Die Geschwornen, welche die Thatsache erklären, müssen wenigstens aus zwölf bestehen.

Die Anwendung des Gesezes geschieht von den Richtern.

Die gerichtliche Untersuchung geschieht öffentlich.

Kein Mensch, der von einem Gericht gesezlicher Geschwornen frei gesprochen worden, kann wegen der nemlichen Sache wieder vorgenommen oder angeklagt werden.

10. Kein Mensch darf gegriffen werden, als um ihn vor den Polizei-Beamten zu führen; und niemand kann in Arrest gesezt werden, als Kraft eines Befehls der Polizei-Beamten, eines Verhaft-Befehls von einem Gerichtshofe, eines Anklag-Dekrets der gesezgebenden Versammlung, in den Fällen, wo sie befugt ist, darüber zu sprechen, oder einer Verurtheilung zum Gefängnisse oder Einsperrung in ein Besserungs-Haus.

11. Ein jeder Mensch, der angehalten, und vor den Polizei-Beamten geführt wird, soll längstens in in den ersten 24 Stunden verhört werden.

Wenn aus dem Verhör erhellet, daß er sich keines Verbrechens schuldig gemacht, so soll er auf der Stelle frei gelassen werden, oder, wenn es die Umstände erfordern, ihn ins Arrest-Haus zu schiken, so soll er ohnversäummt dahin gebracht werden, aber in keinem Falle länger als drei Tage darinn bleiben.

12. Kein Mensch darf eingesperrt bleiben, wenn er hinreichende Bürgschaft leistet, in allen Fällen, wo das Gesez erlaubt, unter Bürgschaft frei zu bleiben.

13. Kein Mensch darf in den Fällen, wo seine Gefangennehmung vom Gesez befohlen worden, irgend-

wo hingeführt oder veſtgehalten werden, als an Orten, welche geſezlich und öffentlich als Arreſt-oder
Juſtiz-Häuſer, oder als Gefängniſſe bezeichnet ſind.

14. Kein Wächter oder Thurmhüter darf irgend
einen Menſchen gefänglich aufnehmen oder veſthalten,
als Kraft einer Verordnung, eines Verhaft-Befehls,
eines Anklage-Dekrets, oder eines im 10ten Artikel hieroben erwähnten Urtheil-Spruchs, und ohne
daß dieſelben in ſein Regiſter eingetragen worden.

15. Jeder Wächter oder Thurmhüter iſt verbunden, ohne daß irgend ein Befehl ihn deſſen entheben
könnte, die gefangene Perſon dem Civil-Beamten,
welcher die Polizei des Gefängniſſes hat, ſo oft vorzuſtellen, als er von lezterm dazu aufgefordert wird.

Er darf auch den Verwandten und Freunden des
Gefangenen, welche den Befehl des Civil-Beamten überbringen, es nicht abſchlagen, ihnen den Gefangenen vorzuſtellen. Der Civil-Beamte kann dieſen Befehl nicht verweigern, es ſeye denn, daß der
Wächter oder Thurmhüter eine Verordnung des Richters vorweiſet, die in ſeine Regiſter eingetragen iſt,
und Kraft welcher der Gefangene abgeſondert oder
geheim gehalten werden ſoll.

16. Ein jeder Menſch, welche Stelle oder Amt
er immer begleite, — derjenige ausgenommen, welchem
das Geſez erlaubt jemanden feſtzuhalten, — der einen
Befehl giebt, unterſchreibt, vollzieht oder vollziehen läßt,
daß ein Bürger angehalten werden ſoll; oder wer
immer, ſo gar in den vom Geſez beſtimmten Ver-
hafts-Fällen, einen Bürger an einen Ort führt, aufnimmt, oder veſthält, welcher Ort nicht geſezmäſſig
und öffentlich dazu bezeichnet iſt; und jeder Thurmhüter oder Wächter, welcher den Verordnungen
des XIV. und XVten Artikels hier oben zuwider
handelt, ſind des Verbrechens einer willführlichen
Veſthaltung ſchuldig.

17. Kein Menſch darf gerichtlich angegangen oder

belangt werden wegen Schriften, die er hat druken
oder bekannt machen lassen, worinn auch immer der
Gegenstand derselben bestehe; es seye denn, daß er
vorsezlich zum Ungehorsam gegen das Gesez, zur Entehrung der konstitutionsmässigen Gewalten, zum Widerstand gegen ihre Verordnungen, oder zu andern
Handlungen Anlas gegeben, welche das Gesez als
ein Verbrechen oder Missethat erklärt hat.

Es ist erlaubt, die Verhandlungen der konstitutionsmäßigen Gewalten zu rügen, aber die vorsezli-
chen Verläumdungen gegen die Rechtschaffenheit öffentlicher Beamten, und gegen die Geradheit ihrer
Absichten in der Verrichtung ihrer Amts-Geschäfte
können von denjenigen gerichtlich belangt werden,
welche der Gegenstand derselben sind.

Die Verläumdungen und Beschimpfungen, gegen
welche Personen es auch seyn mag, die sich auf Handlungen ihres Privat-Lebens beziehen, sollen, auf ihre Klage hin, gestraft werden.

18. Niemand kann verurtheilt werden, es seye
nach der Civil-oder peinlichen Gerichts-Ordnung, wegen gedrukter oder verbreiteter Schriften; wenn nicht
das Gericht der Geschwornen anerkannt und erklärt
hat, 1) ob in der angeklagten Schrift ein Verbrechen enthalten, 2) ob die angeklagte Person sich dessen schuldig gemacht habe.

19. Im ganzen Königreich ist ein einziges Kassations-Gericht, welches nahe bei der gesezgebenden
Versammlung seinen Siz hat.   Dieses Gericht hat
zu sprechen:

Ueber die Kassations-Begehren gegen die End-
Urtheile der Gerichts-Stühle;

Ueber die Verweisungs-Begehren von einem Gericht zu einem andern, wegen rechtmäßigen Verdachts;

Ueber die Richters-Ordnungen und die Klagen
wodurch man ein ganzes Gericht selbst in den Prozeß zieht.

20. In Kaſſations-Sachen ſoll daß Kaſſations-Gericht niemalen über den Grund der Sachen ſpre-chen, ſondern, wenn es das Urtheil caßirt, welches über einen Prozeß gefällt worden, worinn die Form verlezt, oder eine ausdrükliche Uebertretung des Ge-ſezes enthalten iſt, ſo verweiſet es den Gegenſtand des Prozeſſes an das Gericht, welches darüber zu ſprechen hat.

21. Wenn das Urtheil des dritten Gerichts nach zwoen Kaſſationen, durch die nehmlichen Rechtsmit-tel, wie die beiden erſten, angegriffen worden, ſo kann der Gegenſtand nicht mehr vor das Kaſſations-Gericht gebracht werden, ohne daß er zuvor der ge-ſezgebenden Verſammlung dargelegt worden, welche alsdann ein Dekret giebt, wodurch das Geſez erklärt wird. Dieſem Dekret muß das Kaſſations-Gericht nachkommen.

22. Jährlich muß das Kaſſations-Gericht vor die Schranken der geſezgebenden Verſammlung, acht ſei-ner Mitglieder als Abgeordnete ſchiken, welche ihr das Verzeichnis der gefällten Urtheile, und neben je-dem derſelben eine kurze Anzeige der Prozeß-Sache und den Text des Geſezes vorlegen, welches ihren Spruch veranlaßt hat.

23. Ein hoher National-Gerichtshof, der aus Mitgliedern des Kaſſations-Gerichts und den Ober-Geſchwornen beſteht, ſoll über die Verbrechen der Miniſter und Haupt-Geſchäftsträger der Vollſtrekungs-Macht und über die Miſſethaten derer ſprechen, wel-che die allgemeine Sicherheit des Staats angreifen. Zuvor aber muß die geſezgebende Verſammlung ein Dekret gegeben haben, welches erklärt, daß die An-klage ſtatt habe.

Dieſer Gerichtshof verſammelt ſich nur auf eine Proklamation der geſezgebenden Verſammlung, und wenigſtens 30,000 Klafter von dem Orte entfernt, wo die Geſezgebung ihre Sizungen hält.

24. Die

24. Die Vollziehungs = fähigen Ausfertigungen der Gerichts = Urtheile sollen folgendermaßen abgefaßt werden:

„N. (der Name des Königs) von Gottes Gna= „den, und durch das Reichs=Grundgesez König der „Franken; allen Gegenwärtigen und Zukünftigen, „unsern Gruß: das Gericht von..... hat folgen= „des Urtheil gefällt;

(Hier wird das Urtheil mit dem Namen der Rich= ter eingerükt.)

„Wir entbieten und verordnen allen hiezu berufe= „nen Huissiers, obiges Urtheil in Vollziehung zu se= „zen; unseren Kommissarien bei den Gerichts=Stellen „darüber zu wachen, und allen Befehlshabern und „Beamten der öffentlichen Macht bewafnete Hülfe „zu leisten, wenn sie gesezmäßig dazu aufgefordert „werden: zur Urkunde dessen, ist gegenwärtiges Ur= „theil versiegelt und vom Präsidenten des Gerichts „und dem Gerichts=Schreiber unterschrieben worden. "

25. Die Amts = Verrichtungen der königlichen Kom= missarien bei den Gerichten bestehen darinn, daß sie auf die Beobachtung der Geseze in den zu fällenden Urtheilen antragen, und die gefällten Urtheile vollzie= hen lassen.

Sie sind keine öffentliche Ankläger, aber sie sollen über alle Anklagen angehört werden und während der Untersuchung des Prozesses auf die Ordensmäßig= keit der Form, und vor dem Urtheil, auf die An= wendung des Gesezes antragen.

26. Die Kommissarien des Königs bei den Ge= richten zeigen dem Direktor des Gerichts der Ge= schwornen, entweder von Amtswegen oder nach den Befehlen, die ihnen vom König gegeben werden, folgendes an:

Die Angriffe gegen die Freiheit eines jeden einzel= nen Bürgers, gegen die freie Umfuhr der Nahrungs=

mittel und anderer Waaren, und die Erhebung der
Abgaben;

Die Verbrechen, wodurch die Vollziehung der
vom König gegebenen Befehle, in der Ausübung
der ihm übertragenen Amts-Verrichtungen, gestört
oder verhindert wird;

Die Verlezungen des Völkerrechts und die Empörung gegen die Vollziehung der Urtheil-Sprüche
und aller Vollziehungs-Befehle oder Akten, welche
von den konstitutionsmäßigen Gewalten herkommen.

27. Der Justiz-Minister soll dem Kassations-Gericht, durch den königlichen Kommissarius, und dem
Rechte der dabei interessirten Partheien unbeschadet,
die Akten anzeigen, wodurch die Richter die Grenzen ihrer Macht überschritten hätten.

Das Kassations-Gericht soll sie für ungültig erklären, und wenn sie zur Absezung Anlaß geben, so soll
die Thatsache der gesezgebenden Versammlung angezeigt werden, welche erheischenden Falls das Dekret
giebt, daß die Anklage statt habe, und die Schuldi-
gen vor den hohen National-Gerichtshof zieht.

Vierter Titel.
Von der öffentlichen Macht.

1. Die öffentliche Macht ist veranstaltet zur Ver-
theitigung des Staats gegen die äussere Feinde und
zur Handhabung der Ordnung und Vollziehung der
Geseze im Innern.

2. Sie besteht

Aus der Land- und See-Macht;

Aus den Truppen, welche besonders zum innern
Dienst bestimmt sind;

Und zur Beihülfe aus den Aktif-Bürgern und
ihren Kindern, die im Stande die Waffen zu tragen, und in die Liste der National-Garde eingeschrieben sind.

3. Die National-Garden machen weder ein mili-

tärisches Korps, noch eine besondere Verfassung im
Staate aus; es sind die Bürger selbst, die zum Dienste der öffentlichen Macht berufen sind.

4. Die Bürger können sich niemals als Nationalgarden bilden, noch als solche handlen, es seye
denn Kraft einer gesezlichen Aufforderung oder
Vollmacht.

5. Als Nationalgarden sind die Bürger einer vom
Gesez beschlossenen Verfassung unterworfen.

Sie können im ganzen Königreich nur eine militärische Ordnung und eine Uniform haben.

Der Unterschied der Grade und die militärische Un-
terordnung haben nur in Ansehung des Diensts, und
so lang er währt, statt.

6. Die Offiziere sind auf eine gewisse Zeit erwählt,
und können erst nach einer Zwischenzeit, in der sie
als Soldaten gedient haben, wieder erwählt werden.

Keiner kann Befehlshaber der Nationalgarde von
mehr als einem Distrikte seyn.

7. Alle Theile der öffentlichen Macht, die zur Sicherheit des Staats gegen die äussere Feinde gebraucht
werden, sollen unter dem Befehle des Königs handeln.

8. Kein Korps oder Detaschement der Linien-Truppen kann im Innern des Königreichs, ohne eine gesezliche Aufforderung, in Bewegung gesezt werden.

9. Kein Geschäftsträger der öffentlichen Macht
kann in das Haus eines Bürgers sich begeben, es
seye denn zur Vollziehung der Polizei - und Justiz-
Befehle, oder in den Fällen, welche das Gesez
förmlich vorher bestimmt hat.

10. Die Aufforderung der öffentlichen Macht im
Innern des Königreichs gehört den bürgerlichen Beamten, nach den von der gesezgebenden Macht beschlossenen Vorschriften.

11. Wenn ein ganzes Departement in Gährung
ist, so erläßt der König unter der Verantwortlichkeit
seiner Minister die nöthigen Befehle zur Vollziehung

der Gefeze und Wiederherftellung der Ordnung; aber
mit dem Beding, die gefezgebende Verfammlung da=
von zu benachrichtigen, wenn fie verfammelt, und
fie zu berufen, wenn fie in Vakanz ift.

12. Die öffentliche Macht ift wefentlich blos ge=
horfamend, kein bewafnetes Korps kann berath=
fchlagen.

13. Die Land=und See=Macht, und die zur Er=
haltung der innern Sicherheit beftimmten Truppen
find befonderen Gefezen unterworfen, die theils die
Handhabung der Kriegszucht, theils die Form der Ur=
theil=Sprüche und die Natur der Strafen in mili=
tärifchen Verbrechen betreffen.

Fünfter Titel.
Oeffentliche Abgaben.

1. Die öffentlichen Abgaben werden von der ge=
fezgebenden Verfammlung jährlich abgehandelt und
beftimmt, und können nicht über den letzten Tag der
nächftfolgenden Seßion beftehen, wenn fie nicht aus=
drücklich erneuert worden.

2. Die zur Tilgung der National=Schuld und
zur Bezahlung der Civil=Liften nöthigen Gelder kön=
nen unter keinem Vorwand weder verweigert noch
aufgefchoben werden.

Die Befoldung der Diener des katholifchen Gottes=
dienftes — welche Kraft der Dekrete von der konfti=
tuirenden National=Verfammlung penfionnirt, bei=
behalten, erwählt oder ernannt worden find, —
macht einen Theil der National=Schuld aus.

Die gefetzgebende Verfammlung kann in keinem
Falle der Nation die Zahlung der Schulden irgend
einer Perfon aufbürden.

3. Die umftändlichen Rechnungen von den Ausga=
ben der Minifter=Verwaltungen, welche von den
Miniftern oder allgemeinen Ordonnateurs unterfchrie=
ben und befcheinigt worden, follen zu Anfang der

Seßionen einer jeden Gesetzgebung, durch den Druck öffentlich bekannt gemacht werden.

Das nehmliche soll auch in Ansehung der Einnahms: Verzeichnisse der verschiedenen Abgaben und aller öffentlichen Einkünfte statt haben.

Die Verzeichnisse dieser Einnahmen und Ausgaben sollen ihrem Wesen und Beschaffenheit nach verschieden seyn, und die eingegangenen und ausgegebenen Summen, Jahr für Jahr, in jedem Distrikt anzeigen.

Die besonderen Ausgaben eines jeden Departements, die sich auf die Gerichtshöfe, die Verwaltungs: Stellen und andere öffentliche Anstalten beziehen, sollen ebenfalls öffentlich bekannt gemacht werden.

4. Die Departements: und Unter: Verwalter können weder irgend eine öffentliche Abgabe festsezen, noch irgend eine Vertheilung über die Zeit und die Summen, welche von der gesezgebenden Versammlung bestimmt worden, vornehmen, noch ohne Gutheissung derselben, irgend ein Lokal: Anleihen zur Beschwerde der Bürger des Departements weder beschliessen noch erlauben.

5. Die Vollstrekungs: Macht leitet und bewacht die Erhebung und Einlieferung der Abgaben, und giebt hiezu alle nöthigen Befehle.

Sechster Titel.

Von den Verhältnissen der französischen Nation mit den fremden Nationen.

Die französische Nation thut Verzicht auf die Unternehmung irgend eines Krieges, der in Eroberungs: Absichten geführt würde; und niemals wird sie ihre Macht gegen die Freiheit irgend eines Volks anwenden.

Die Konstitution nimmt kein Aubaine: Recht an.

Die in Frankreich angesessenen oder nicht angesessenen Fremden erben ihre fremden französischen Verwandten.

Sie können Verträge eingehn, Güter, die in

Frankreich liegen, erwerben und annehmen, und so
wie jeder andre französische Bürger, durch alle geseß-
liche Mittel, damit schalten und walten.

Die Fremden, die sich in Frankreich befinden, sind
den nemlichen peinlichen und Polizei=Gesezen, wie
die französischen Bürger unterworfen, mit Vorbehalt der mit fremden Mächten geschlossenen Verträge: ihre Person, ihre Güter, ihre Gewerbsamkeit,
ihre Gottes=Verehrung sind vom Gesez auf gleiche
Weise geschüzt.

Siebenter Titel.

Von der Revision der Reichs=Grund=Geseze.

1. Die konstituierende National=Versammlung erklärt, daß die Nation das unverjährliche Recht hat,
ihre Konstitution abzuändern, jedoch in Erwägung,
daß es dem National=Interesse ersprießlicher seye,
dieses Recht nur dann anzuwenden, wenn die Erfahrung die Hindernisse gezeigt haben würde, welche
mit den Artikeln derselben verbunden sind, beschließt
sie, daß diese Abänderung von einer Revisions=Ver-
sammlung auf nachfolgende Art vorgenommen werden solle.

2. Wenn drei auf einander folgende Gesezgebungen einen einförmigen Wunsch geäussert haben, damit
einer oder der andere Konstitutions=Artikel abgeändert werden möchte; dann soll die begehrte Revision Statt finden.

3. Die nächste und die darauf folgende Gesezgebung dürfen keine Abänderung eines Konstitutions=
Artikels vorschlagen.

4. Von den dreien Gesezgebungen, welche in der
Folge eine Abänderung vorschlagen dürften, sollen
sich die beiden ersten mit diesem Gegenstande nur in
den lezten zwei Monaten ihrer lezten Session beschäftigen; und die dritte am Ende ihrer erstern jährlichen Session, oder zu Anfang der zweiten.

Ihre Berathschlagungen über diese Gegenstände sollen den nemlichen Formen unterworfen seyn, wie die übrigen Verhandlungen der Gesezgebung; aber die Dekrete, wodurch sie ihren Willen zu erkennen gegeben haben, sollen der königlichen Sanktion nicht unterworfen seyn.

5. Die vierte Gesezgebung, — welche um 249 Mitglieder vermehrt wird, die in jedem Departemente gewählt werden, indem man die doppelte Anzahl derjenigen ernennt, die Kraft der Bevölkerung gewöhnlich gewählt werden sollen, — bildet die Revisions-Versammlung.

Diese 249 Mitglieder sollen gewählet werden, wenn die Ernennung der Repräsentanten zum gesezgebenden Korps geendiget ist; dann wird ein besonderer Verbal-Prozeß darüber verfertiget.

Die Revisions-Versammlung soll nur aus einer Kammer bestehen.

6. Die Mitglieder der dritten Gesezgebung, welche die Abänderung an der Konstitution begehrt haben, können nicht zur Revisions-Versammlung gewählt werden.

8. Nachdem die Mitglieder der Revisions-Versammlung alle miteinander den Eid abgelegt haben: Freiheit oder Tod; so sollen sie jeder einzeln schwören: sich einzuschränken, daß sie blos über diejenigen Gegenstände entscheiden wollen, die ihnen, nach dem einförmigen Wunsche der drei vorhergehenden Gesezgebungen sind vorgelegt worden; überdies, mit all ihrer Macht und Gewalt die Konstitution des Königreiches zu handhaben, welche von der konstituirenden National-Versammlung in den Jahren 1789, 1790 und 1791 dekretiert worden ist, und in allem der Nation, dem Gesez und dem Könige treu zu seyn.

9. Die Revisions-Versammlung ist nachher ver-

bunden, sich unverzüglich mit denjenigen Gegenständen zu beschäftigen, die ihrer Untersuchung sind anvertraut worden. Sobald ihre Arbeit geendiget ist; so sollen sich die 249 zugegebenen Mitglieder zurückbegeben, ohne daß sie in irgend einem Falle, an den gesetzgebenden Verhandlungen Antheil nehmen dürsten.

Die französischen Colonien und Besitzungen in Asia, Afrika und Amerika sind in gegenwärtiger Konstitution nicht mit einbegriffen, ob sie schon einen Theil des französischen Reichs ausmachen.

Keine von den Gewalten, welche die Konstitution errichtet hat, ist befugt, sie weder im Ganzen, noch in ihren Theilen abzuändern, mit Vorbehalt derjenigen Abänderungen, welche durch die Revision, nach den Verordnungen des obigen Titels VII. vorgenommen würden.

Die konstituirende National = Versammlung übergiebt die Konstitution der Treue der gesetzgebenden Versammlung, des Königs und der Richter; der Wachsamkeit der Hausväter; den Gattinnen und Müttern, der Zuneigung der jungen Bürger, dem Muth aller Franken.

Die Dekrete, welche die konstituirende National = Versammlung erlassen, und die nicht in der Konstitutions=Urkunde begriffen sind, sollen als Gesetze vollzogen werden; und die vorhergehenden Gesetze, welche sie nicht abgeschaft hat, sollen ebenfalls beobachtet werden, in so fern die einen oder die andern von der gesetzgebenden Macht nicht sind abgeschaft oder abgeändert worden.

Unterschrieben: Vernier, Präsident, Pougeard; Couppe; Mailly=Chateaurenaud; Chaillon; Aubry, Bischof des Maas=Departementes; Darche, Sekretarien.

Vom 3ten September 1791.

Nachdem die National-Versammlung die Vorlesung der obigen Konstitutions = Urkunde angehört,
und dieselbe gebilligt hat; so erklärt sie, daß die Konstitution geendiget ist, und daß sie nichts mehr daran abändern kann.

Es sollen auf der Stelle sechzig Mitglieder als
Abgeordnete ernannt werden, um die Konstitutions-
Urkunde, noch am nemlichen Tage, dem Könige zu
überreichen.

Unterschrieben (wie vorher.)

Der König hat darauf den 14ten September 1791
die Konstitutions = Urkunde, ohne alle Einschränkung,
in der National=Versammlung unterschrieben und
feierlich beschworen.

Anhang.

(I.)

*Abschrift des Briefs von Herrn Delessart, Minister
des Innern, an das Niederrheinische Departement.*

Paris den 14 September 1791.

Der König hat gestern der Nationalversammlung
angezeigt, daß er die Konstitution annehme; Se.
Majestät haben diese Annehmung, in dem Schoose
der Nationalversammlung, unter den grösten Be-
zeugungen des Beifalls und unter allgemeinem Frohloken, feierlichst erklärt und bestätigt. Ich eile Ihnen diese wichtige Begebenheit mitzutheilen, welche
der grosse Zeitpunkt der Rükkehr des Friedens und
der Ordnung seyn soll. Ich habe die Ehre Ihnen
mehrere Exemplare des Briefs vom König zu über-
schiken. Es wäre überflüssig, wenn ich Ihnen die
gröste Kundbarmachung desselben empfehlen wollte.
Ihr Patriotismus, Ihre Liebe zum König, Ihr Eifer für das allgemeine Beste, werden auch in die-

sem glüklichen und denkwürdigen Umstande Jhre Hand:
lungen beseelen.

Unterschrieben Delessart.

Brief des Königs, vom Justiz=Minister der Natio=
nal=Versammlung überbracht den 13ten Septem=
ber. 1791.

Meine Herren, ich habe die Konstitutions=Urkun=
de, die Sie mir zur Annahme überreichten, mit al=
ler Aufmerksamkeit untersucht. Jch nehme sie an,
und werde sie vollziehen lassen. Diese Erklärung
würde zu einer andern Zeit hinreichend gewesen seyn;
sezt aber bin ich es der allgemeinen Wohlfahrt der
Nation, und mir selbsten schuldig, meine Beweg=
gründe bekannt zu machen.

Vom Anfang meiner Regierung an habe ich die
Abschaffung der Mißbräuche gewünscht, und bei al=
len Staats=Vornehmungen mich bemüht, die öffent=
liche Meinung als Richtschnur anzunehmen.

Verschiedene Ursachen, worunter man den Zustand
der Finanzen bei meiner Thronbesteigung zählen muß,
und die ungeheuren Kosten eines ehrenvollen Kriegs,
welcher lange Zeit ohne Vermehrung der Auflagen
fortgesezt worden, haben ein beträchtliches Mißver=
hältnis zwischen den Einkünften und Ausgaben des
Staats verursacht. Die Grösse dieses Uebels schmerzte
mich, und ich suchte nicht allein die Mittel ihm ab=
zuhelfen, sondern ich fühlte auch, wie nothwendig
es sey zu verhindern, daß es nicht wieder aufs neue
auflebe; ich habe das Vorhaben gefaßt, das Glük
des Volkes auf beständig bleibende Grundstüzen zu
bauen, und sogar die mir damals anvertraute Macht
unveränderlichen Regeln zu unterwerfen; ich habe
daher die Nation um mich her gesammelt, damit sie
dieses Vorhaben ausführe.

In dem Laufe der Revolutions-Begebenheiten hat sich meine Gesinnung nicht verändert. Als Sie nach Abschaffung der alten Einrichtungen, die ersten Versuche ihrer Arbeit an ihre Stelle gesezt, so habe ich mit meiner Einwilligung nicht gewartet, bis die ganze Konstitution mir bekannt seyn würde. Ich habe die Einführung ihrer Theile begünstigt, ehe ich das Ganze beurtheilen konnte; und wenn die Unordnungen, welche beinahe alle Zeitpunkte der Revolution begleiteten, zu oft mein Herz betrübt, so habe ich gehoft, daß das Gesez in den Händen der neuen Gewalten, neue Stärke erhalten würde, und daß jeder Tag, welcher zum Ende ihrer Arbeiten führt, ihm die Ehrfurcht verschafte, ohne die das Volk weder frei noch glüklich seyn kann. Ich habe lange auf dieser Hofnung beharrt, und mein Entschluß änderte sich erst dann, als sie mich verließ.

Man erinnere sich der Zeit, wo ich mich von Paris entfernte; die Konstitution war ihrem Ende nahe, und doch schien die Gewalt des Gesezes täglich an Kräften abzunehmen. Die öffentliche Meinung war wankend und unter sehr viele Partheien vertheilt. Die übertriebensten Vorschläge schienen allein günstig aufgenommen zu werden; die Zügellosigkeit der Schriften konnte nicht weiter gehen: keine Gewalt war mehr geehrt.

Ich konnte die Stimmung des allgemeinen Willens nicht mehr in den Gesezen erkennen, welche ich überall ohne Kraft und ohne Vollziehung sahe. Wenn Sie mir damals, ich muß es sagen, die Konstitution übergeben hätten, so würde ich nicht geglaubt haben, daß die Wohlfahrt des Volks — diese einzige und unveränderliche Richtschnur meines Benehmens — mir erlaubte sie anzunehmen.

Ich hatte nur Eine Absicht; ich schuf mir nur Einen Plan. Ich wollte mich von allen Partheien entfernen, und den wahren Wunsch der Nation kennen lernen.

Die Ursachen, die mich dazu vermochten, sind nun nicht mehr vorhanden. Seit jener Zeit haben die Hindernisse, die Uebel und die Mißbräuche, worüber ich klagte, Sie so sehr als mich gerührt. Sie haben öffentlich gezeigt, daß Sie die Ordnung wieder herstellen wollen. Sie haben ihre Aufmerksamkeit auf die Unordnungen bei der Armee geheftet. Sie haben die Nothwendigkeit gefühlt, den Misbräuchen der Preßfreiheit abzuhelfen. Die Durchsicht ihrer Arbeit hat mehrere Artikel, die mir als Konstitutionnelle vorgelegt worden, unter die Reglementarischen gesetzt. Sie haben gesetzliche Formen für die Durchsicht derjenigen Dekrete errichtet, welche Sie in die Constitution aufgenommen haben. Endlich ist auch der Wille des Volkes mir nicht mehr zweifelhaft; ich sahe ihn sich offenbaren, sowohl in der Beypflichtung und Anhänglichkeit an Ihr Werk, als auch durch seine Liebe zur Erhaltung der monarchischen Regierung.

Ich nehme also die Konstitution an; ich mache mich anheischig, sie im Innern zu handhaben, sie gegen äussere Angriffe zu vertheidigen, und sie durch alle Mittel, die sie mir übergiebt, vollziehen zu lassen.

Ich erkläre, daß ich nach gewisser Ueberzeugung von der Liebe des grösten Theils des Volks zur Konstitution, auf die Mit-Arbeit Verzicht thue, die ich dabei begehrt hatte, und daß — da ich nur der Nation Rechenschaft schuldig bin — kein anderer das Recht hätte, sich darüber zu beklagen, wenn ich Verzicht darauf thue.

Ich würde jedoch gegen die Wahrheit fehlen, wenn ich sagte, daß ich in den Vollziehungs- und Verwaltungs-Mitteln die ganze volle Kraft wahrgenommen, welche doch erfordert würde, um der Maschine Bewegung zu verschaffen, und die Einheit in allen Theilen eines so grossen Reichs zu erhalten. Da aber die Meinungen über diese Gegenstände heutigs Tags getheilt sind, so willige ich ein, daß die Erfahrung al-

lein darüber urtheilen solle. Wenn ich auf eine gerade biedere Art alle mir übergebnen Mitteln werde angewendet haben , so kann man mir alsdann keinen
Vorwurf machen; und die Nation, deren Wohlfahrt
allein zur Richtschnur dienen soll, wird sich durch die
Mittel, welche die Konstitution ihr vorbehalten hat,
erklären.

Aber, meine Herren, zur Befestigung der Freiheit, zum Bestande der Konstitution, zum Glücke
eines jeden Franken, müssen wir alle unsere Kräfte
zu gewissen höchstwichtigen Staats-Interessen vereinigen. Diese sind die Ehrfurcht für die Gesetze, die
Wiederherstellung der Ordnung und die Einigkeit aller
Bürger. Jetzt, da die Konstitution gänzlich und endlich beschlossen, sollen Franken, die unter den nehmlichen Gesetzen leben, keinen andern Feind, als denjenigen kennen, der diese Gesetze verletzt.

Die Zwietracht und die Gesetzlosigkeit sind unsere
gemeinschaftliche Feinde. Ich werde sie mit aller meiner Macht zu besiegen suchen. Es ist daher nöthig,
daß Sie und ihre Nachfolger mich mit Nachdruck unterstützen; daß das Gesetz, ohne die Gedanken be-
herrschen zu wollen , alle diejenige, welche ihm ihre
Handlungen unterwerfen, gleichermassen beschütze;
daß diejenige, welche die Furcht vor Verfolgungen
und Unruhen aus ihrem Vaterland entfernt hat, gewiß seyn können, daß sie bei ihrer Rückkehr Sicherheit und Ruhe finden werden. Und um allen Haß
auszutilgen , um die Schmerzen , welche von einer
grossen Umwälzung ohnzertrennlich sind, zu versüssen,
und um das Gesetz von heute an in seine volle Wirksamkeit zu setzen, so laßt uns alles Vergangene vergessen: Alle Anklagen und gerichtlichen Verfolgungen, deren Grund blos in den Begebenheiten der Revolution liegt, seyen durch eine allgemeine Versöhnung
auf immer ausgelöscht. Ich rede nicht von denen,
die nur durch ihre Liebe zu mir sich leiten liessen: Könn-

ten Sie diese für Schuldige halten! In Ansehung derer, welche durch Vergehungen, worinn ich persönli-
che Beleidigungen entdecken könnte, die Wirkung der
Gesetze auf sich gezogen haben, fühle ich, daß ich
der König aller Franken bin.

Unterschrieben: Louis.
Paris den 13 September 1791.

N. S. Ich hielt dafür, daß ich an dem Orte
selbst, wo die Konstitution geschaffen worden,
die feyerliche Annahme derselben aussprechen
sollte; ich werde mich daher Morgen Mittags
zur National-Versammlung begeben.

(2.)

**Officieller Bericht und Beschreibung der kö-
niglichen Annehmung der Konstitution.**

Den 13ten dieses Monats hat der König durch den
Grossiegelbewahrer der National-Versammlung eine
von ihm eigenhändig geschriebene Antwort geschickt,
welche die freiste, zuverläßigste und biederste Annehmung der Konstitutions-Urkunde enthält. Die Le-
sung derselben wurde öfters durch die lebhaftesten
Freude-Bezeugungen und ein allgemeines Frohlocken
unterbrochen. Man hat sogleich 60 Mitglieder ernannt, welche dem König den Dank und die Freude
der National-Versammlung überbrachten. Der Brief
des Königs zerstört alle fernere Hofnungen der Ausgewanderten, und die Amnestie, welche er vorschlug
und die von der National-Versammlung dekretirt worden, erleichtert ihnen die Mittel zur Rückkunft ins
Vaterland, welche der größte Theil benutzen wird;
besonders wenn die Verwaltungs-Stellen ihnen den
Schutz des Gesetzes zusichern. Den 14ten kam der
König, von einem glänzenden Zuge und den Ministern

begleitet, in den Tempel der Gesetzgebung um seinen
Eid zu schwören, und die heilige Urkunde der Konstitution zu unterschreiben. Seine Ankunft wurde durch
Kanonen-Schüsse, und den Ausruf: Es lebe der
König! angekündet. Die Königin, ihre Kinder,
und Madame Elisabeth waren in einer Loge, hinter
dem König, und wohnten dem Eid und der Unter-
schrift bey. Der König wurde durch die National-
Versammlung zurückbegleitet.

Der König gieng zur Thüre der linken Seite
in den Saal der Nat. Vers. ein. Die Versammlung
empfieng ihn stehend und in der grösten Stille. Der
König setzte sich in einen mit goldnen Lilien gezierten
Lehnstuhle neben den Präsidenten, der in einem völlig
ähnlichen Lehnstuhle saß. Der König stand auf und
sagte: Hier in dem Schoose dieser Versammlung will
ich die Annehmung der Konstitutions-Urkunde wiederholen. „Ich schwöre die ganze mir anvertraute Macht
aufzubieten, um die Konstitution vollziehen zu machen, sie gegen innere und äussere Feinde zu vertheidigen, und sie sowohl in Frankreich als ausserhalb
zu handhaben. „

Als der König diesen Eid ablegte, setzten sich alle
Mitglieder nieder; der König that das nehmliche.
Ueberall tönte der frohe Ausruf: Es lebe der König! Das Beyfall-Klatschen hallte wie die Majestät des Donners. Der König, der durch diesen Ju-
bel unterbrochen wurde, setzte noch die erhabnen Worte bey: Möge dieser grosse und merkwürdige Tag,
der erwünschte Zeitpunkt des Friedens, der allgemeinen
Versöhnung, des Glücks und der Wohlfahrt der französischen Nation seyn! Hier verkündete der Donner
der Kanonen den Eid des Königs in allen Sektionen.
Darauf überreichte der Siegelbewahrer die Urkunde
dem König, der sie unterschrieb. Der Präsident stand
alsdann auf und sagte unter andern: Sire, die Nat.
Vers. dankt Ihnen für die Zuneigung zum französi-

schen Volke, die sie iht wirklich bezeugten. Unzäh-
lige Uebel belasteten dieses gute Volk; der Thron
selbsten lag unter dem Schutte der Misbräuche. Die
Nat. Verf. hat durch die Abschaffung derselben das
Reich auf ein ewig bleibendes Fundament gebaut.

Diese unabänderliche Konstitution, sichert Ihnen,
mitten unter einer berühmten Nation, den schönsten
Thron der Erde zu.

Die Liebe des Volks zu Ihrer Person ist Ihnen
Bürge dafür. Dieses stolze Volk wird unüberwind-
lich seyn, wenn man es aufrufen wird, um den
Feind zu vernichten, der es wagen würde, Ihrer
Macht zu trozen.

Was Ihnen aber noch mehr die schönste Krone
auf Ihrem Haupte sichert, besteht darinn, daß eine grosse Nation, noch nicht ohne eine erbliche Monarchie seyn kann.

In Ansehung des erhabenen Vertrags und des
heiligen Versprechens die Konstitution im Innern
zu handhaben und ihr auswärts alle schuldige Ehrfurcht zu verschaffen, verläßt sich die Nation auf Ihre Redlichkeit und Ihren Muth. Diese ruhmvolle
Umschaffung Frankreichs ist unsern Herzen äusserst
schäzbar. Durch sie sieht es seine Kinder neu aufleben; durch sie erhalten die Franzosen ein Vaterland,
worinn Sie, Sire, als König, den grösten Titel
des Monarchen eines grossen freien Volks erhalten,
und als Mensch die süsseste Wonne geniessen, ein
ganzes Volk glüklich machen zu können. Der Präsident hat hierauf die Annehmung des Königs gegenunterschrieben. Dann wurde der König fortbeglei-
tet unter dem herzschmelzenden Klange der Melodien,
Wo kann man besser seyn, Vive Henri Qua-
tre und Ca ira.

17.

Verfuch den Jefuitenorden in Baiern wieder herzuftellen.

Aus Baiern den 9 ten November 1791.

S. T.

Hier überfchike ich Ihnen mit Vergnügen eine Schrift, die zwar noch wenig bekannt ift, aber doch fchon fehr vieles Auffehn macht. Sie wurde dem hirfigen Stadt = Magiftrat mit dem Anfuchen überreicht, daß er fie mit einer nachdrüklichen Empfehlung dem Polizei = Collegium überreichen möchte, welches fie dann der höchften Stelle überreichen follte. Der Magiftrat gab fie aber mit diefen Worten fehr weislich wieder zurüke: Es müffe diefe Schrift von oben herab, nämlich von der höchften Stelle kommen, und dann wolle er feine Meinung hierüber fchon äuffern. Die obere Landesregierung, welcher diefe Schrift faft zu gleicher Zeit übergeben wurde, gab fie ebenfalls zurüke, und fagte: fie wäre nicht gewohnt, anonymifche Schriften zu lefen, noch viel weniger folche Verläumdungen dem gnädigften Landesherren zu übereichen. Die Landfchaft, wie man mich verficherte, foll auch eine erhalten haben, und dem Jefuitenorden, einige rechtfchaffene Stände ausgenommen, nicht ganz abgeneigt feyn. Die Jefuiten haben auch fchon den Plan zu einem Seminarium und Noviziat entworfen, und dazu war Landfperg beftimmt. In ihrer Schrift, wie Sie finden werden, verlangen fie den deutfchen Schulenfond, der in Baiern allein in 590000 fl. Kapitalien befteht, um wie fie fagen, im Kleinen anfangen, und den Regenten Finanzwiffenfchaft lehren zu können. Diefe Patres famt Anhang verbittern auch hier recht fehr das gefellfchaftliche Leben. Wenn in einem Haufe mehrere gute Freunde zufammen kommen, und was foll man im Winter in groffen Städt=

ten anders thun, so verschreien sie das Haus, und
geben vor, daß da Freimaurer Logen gehalten werden.
So gieng es erst kurz der rechtschaffenen O — schen
Familie. Wenn aber sie und ihr löblicher Anhang
in der Neuhausergasse halbe Nächte durch Zusammen=
künfte halten, und Plane zum Verderben sowohl ein=
zelner guter Menschen als ganzer Familien schmieden,
und dies alles aus Religionseifer und Nächstenliebe,
so solls weiter nichts zu bedeuten haben. Sie schreien
und lärmen immer über Gährungen und Aufruhr,
und ich und alle übrige Menschen mit mir sehen doch
in Baiern nicht die mindeste Veranlaßung dazu. Nie=
mand hat Mangel, alles ist mit der Regierung zufrie=
den, es würde niemand Ursache zu klagen haben,
wenn die Jesuiten und ihr Gefolge ruhiger, die Leu=
te weniger unglüklich machten, nicht Factionen ver=
anlaßten und beßere Menschen wären Ich könnte
Ihnen noch vieles schreiben, aber davon ein ander=
mal. Machen Sie nur den Gebrauch von dieser
Schrift, Sie werden sich dadurch die ganze Nation,
nur wenige ausgenommen, auf immer verbindlich ma=
chen. Ich habe die Ehre zu seyn.
Euer g.

**Hochedelgeborne, Hochgelehrte, Wohlwei=
se besonders Hochzuehrende Herren!**

Die itzigen fast in ganz Europa herrschenden, dem
Staate und der Religion höchst gefährlichen Unruhen,
und fürchterlichen Völker=Gährungen, dann meine
für jene hochwichtigen Gegenstände ganz besondere An=
hänglich=und Empfänglichkeit haben bereits schon vor
6 Monaten die Idee in mir erweket, einen patrioti=
schen National=Wunsch zu entwerfen, vermöge dessen
der Jesuiten=Orden in Baiern, wieder einzuführen,
bei dermalig kritischer und dringender Zeitlage nicht nur
höchst nüzlich, und unumgänglich nothwendig, sondern
allerdings thunlich seyn will. Ich glaube die Gründe

und Bewegurſachen hierzu in gegenwärtiger Beilage
Lit. A. hinlänglich dargethan zu haben. Da nur allein ein hochanſehnlicher Stadt = Magiſtrat und eine
geſamt ehrſame Burgerſchaft in München im Stande
ſind, dieſem groſſen Wunſch bei der höchſten Behörde das erforderliche Gewicht, und den erwünſchten
Nachdruk zu geben, und da ſie meine Hochedle, und
Hochzuehrende Herren! jederzeit, und bei allen Gelegenheiten den gröſten Eifer und Sorgfalt, und
Thätigkeit für die uralt katholiſche Religion, die guten Sitten, das Wohl des Vaterlandes, und die mo-
narchiſche Regierungsform des Durchlauchtigſten Kur-
und Erbhauſes Baiern gezeigt haben; ſo glaube ich
Ihnen dieſen Plan, von welchem ich aus beſondern
Urſachen noch nicht eher Gebrauch zu machen für
thunlich erachtete, vor allen inſinuiren zu müſſen.
Nun aber zweifle ich keineswegs mehr, daß ſie bei
gegenwärtiger Zeitlage Sr. kurfrl. Durchlaucht neuerdings keinen gröſſern Beweis ihrer unauslöſchlichen
unterthänigſten Treue, Gehorſam, Liebe und Devotion
abſtatten könnten, als wenn ſie ſich dieſes Vorſchla-
ges als des einzig zweckmäſſigen Verwahrungs-Mit-
tels wider alle Modernen Staats = und Religions=
Gefahren nachdrukſamſt annehmen, und denſelben
nach vorläufig hinlänglicher Ueberlegung, und Be-
rathſchlagung bei höchſter Stelle mit ihrem ganzen
Anſehen, und Beitritte incamminiren, und unter-
ſtützen helfen wollten.

Doch weil dieſer National = Wunſch, ſo zuverläſſig
ich auch anſonſt, nach dem mir bekannten Tone und
Geiſte der Nation davon überzeugt bin, dennoch meines Orts nur idealiſch, und alſo noch vorausgängig
eines nähern, und gründlichern Beweiſes bedürf-
tig iſt, ſo glaube ich noch weiters ohnmaßgeblich,
daß Se. Kurfürl. Durchlaucht bei Incamminirnng deſſelben zu gleicher Zeit unterthänigſt gebeten werden
müſſe, daß höchſt dieſelben dieſen National = und

Universalwunsch allfoderst gründlich prüfen, und
wahrmachen zu laſſen, folglich zu dem Ende eine be=
ſondere Hofkommißion von einigen bewährten, unbe=
fangenen und rechtſchaffenen Männern aus dem Hof=
Polizei=und Landesregierungsrathe, dann dero Stadt
Magiſtrate ſelbſt niederzuſezen gnädigſt geruhen möch
ten, welche ſodann jeden Hausinnhaber ſowohl, als
jedes Familien Oberhaupt männlich oder weiblichen
Geſchlechts ohne Standes=Unterſchied ſonderbar ad
Protucollum zu vernehmen hätte: ob ſie nebſt Unter=
zeichnung ihres Karakters, Profeßion, und Wohn=
orts mit allenfalſiger Aufnehmung, und wiederumi=
ger Einſezung des in Frage ſtehenden Jeſuiten Ordens
bei dieſem ſo anrathenden, und andrünglichen Zeit=
punkte verſtanden wären oder nicht?

Aus dieſer gerichtlichen faſſionirten Anzeige, und
wahrem Probierſteine würde ſich erſt verläßig auf=
deken, ob der beſagte National=Wunſch einswei=
len in hieſiger Stadt in Wahrheit gegründet, und bei=
nahe Univerſal ſey, und ob man für die monarchſche Re=
gierungsform, noch ächte, und warme Empfänglich=
keit habe, oder nicht, ſo, daß alsdann Se. kurfür.
Durchlaucht mit dieſer untrüglichen Probe, und die=
ſen öffentlichen und überſchwenglichen Zeugniſſen ei=
ner ganzen biedern und erzkatholiſchen Nation unter=
ſtüzt, ein ſehr leichtes, und faſt gewonnenes Spiel
hätten, an Päbſtliche Heiligkeit, allenfalls auch kai=
ſerl. Majeſtät, die vorausgängig nöthigen Requiſi=
torialien und Promotorialien dieſes wieder einzufüh=
renden Jeſuiten=Ordens wegen kurmildeſt auch Lan=
des=und Religions väterlich ergehen zu laſſen. Wäre
nun dieſe weſentliche Præliminar Quæſtior an einmal
behörig unterſucht, und berichtiget, ſo würde ſich auch
die Quæſtio *quomodo* oder wie dieſer Orden wieder ein=
zuführen, zu gründen, und zu unterhalten ſey, mit
vorläufiger Vernehmung, und Pacificirung der noch
exiſtirenden Glieder deſſelben, alsdann von ſelbſt ge=

ben. Nur wünſche ich beinebens nichts ſo ſehr, als
daß man zu Vermeidung aller nachtheiligen Weit-
ſchichtigkeiten, Colluſionen, und Partheilichkeiten die
Prácaution gebrauchen möchte, noch bis Dato ſich mit
keinem Herrn Exjeſuiten diesfalls in die geringſte Unterredung und Unterhandlung einzulaſſen, bevor nicht
die Sache höchſter Orten incamminiert, und von da
aus die gnädigſte Entſchlieſſung abgewartet ſeyn wird.
Denn da dieſe nothwendigen Männer mit Schimpfe
unterdrükt und verdrungen worden; ſo iſt nichts ſo
billig, und der Natur der Sache ſo angemeſſen, als
daß ſie auch mit Ehren wieder aufgefordert und zu-
rükgeruffen werden müſſen, keineswegs ſich ſelbſt auf-
dringen dárften.

Uebrigens kann ich allemal vor Gott und auch
der vernünftigen Welt nöthigen Falls hinlänglich bezeugen, daß ich keineswegs ein ſo vertrauer Special-
Freund des Jeſuiten Perſonals in Individuo, vielweniger von demſelben zu dieſem Schritte im gering-
ſten inſtigiert worden, wie es vielleicht gegenwärtig
das Anſehn haben mag, wohl aber für ihr Inſtitut
und ihre Lehr- und Erziehungsart in Corpore aus Ueberzeugung und Erfahrung ſo ſehr und dergeſtalten
eingenommen bin, daß ich dieſelbe der itzigen Staats-
und Religionsgefährlichen Zeit-Epoche (was immer
die Spötterey, die Neuerungs-und Aufklärungsſucht,
die Witzeley, das Vorurtheil, die Caballe, der
Schwindelgeiſt, die Schulden- und Schwänkmache-
rey, die Liebeley und Empfindeley, und was dergleichen ſaubere ganz gehorſame Creaturen und Mißge-
burten von der Freydenkerey mehr ſind, darwider
einzuwenden haben mögen) am entgegengeſetzteſten,
nützlichſten und nothwendigſten zu ſeyn erachte.

Alſo meine Herren, Freunde der Rechtſchaffenheit
und guten Sache! Männer, würdige Männer der
uralt berühmten und katholiſchen Haupt-und Reſidenz
Stadt München! Laſſet uns mit vereinigten Kräften

alle dem Staate, der Religion, unsern Kindern und
Nachkommen, vorzüglich unserm theursten Landes=Re-
genten dermal höchst schädliche, und ruchlose Neue-
rungssucht, und Gefahren unterdrücken, und dadurch
die Ehre und den Ruhm unserer Väter und Ahnen
rächen, sohin durchaus nicht zugeben, daß durch irgend einen* Schein ihrer Gegengründe wir irre geführt, und die Heiligkeit unserer Religion durch derley
Schwärmer noch länger bekränkt werde, lasset uns
aber bey Zeiten, und ehe noch die auswärtige Em-
pörungs Flamme auch unsere Dächer ergreift, alle
Mittel anwenden, die zu diesem grossen und heilsamen
Endzwecke führen, lasset uns im Ernste bedenken,
daß, da die Jesuiten Tempore Lutheri unläugbare,
und die besten Dienste geleistet, und uns seitdem dadurch in dem ruhigsten Besitze einer glücklichen Staats-
und Religionsverfassung erhalten haben, wir gegen
diese würdige Männer im höchsten Grade undankbar
seyn würden, wenn wir nicht glauben wollten, daß
diese unerschütterliche Streiter für die katholische
Religion, und monarchische Regierungsform und Verwaltung itzt ungleich mehr als damals nothwendig
sind, lasset uns also bey Zeiten auf unserer innerlichen Huth seyn, und unverzüglich darthun, weil
dermalen ob periculum in mora nichts dringenders,
als eben dieses Provisorium ist. Und wer ist es
endlich, der etwas darüber haben, oder einwenden
darf, wenn man durch eben dieses, und kein anders
zweckmäßiges Mittel den Staat, die herrschende
Mutter=Religion und die Landeshohheit selbst in Sicherheit zu stellen, gründliche und hinlänglichere Ursachen, ja selbst schreyende und offenbar überzeugende
Beyspiele vor Augen hat? Möchten Euere Hochedelgebornen und Hochzuehrenden Herren mit diesem meinen heissesten Wunsche und Gesinnungen, auch die
Ihrigen mit der Wärme und Lebhaftigkeit vereinigen,
möchten Sie solche auf besagte, und noch weiters uns-

zielsetzliche Art nach Kräften unterstützen. O, wie
glücklich würde ich, wie glücklich und vergnügt würden
Sie seyn, wenn wir mit unserm guten Bewußtseyn
uns selbst sagen und trösten könnten: Gott und unsern
theursten Kur = und Landesfürsten Carl Theodor
allein bleibt die Ehre der Ausführung dieses erhabenen
und wichtigen Planes, und des gesammten Wohlstandes und Dankes der Nation: Ihnen das künftige
Glück und Segen ihrer Kinder und Angehörigen,
und mir das stille Vergnügen übrig, ein unbekanntes
Werkzeug einer wichtig guten Sache abgegeben, und
zugleich bewiesen zu haben, wie sehr ich auf alle
Fälle mit unwandelbarer Hochachtung zu beharren
mich bestrebe

      Euer Hochedelgebornen, meiner besonders Hoch-
         zuehrenden Herren,
                 Gehorsamer Diener
Lit. A.   N. N.

Patriotischer Nationalwunsch.

Den 14 May 1791.

Daß es alle gesittete Monarchen, und Landesfürsten
mit ihren Staaten und Unterthanen niemal anders,
als äußerst gut, und redlich meynen können, und also
zu beständiger Aufnahme der allgemeinen Wohlfahrt,
in allen immer sich ereignenden Fällen und Gelegenheiten
eifrigst bedacht sind, oder doch jeder Zeit zu seyn
wünschen, das ist eine in der Natur der Sache so
wohl, als gesunden Vernunft allein schon hinlänglich gegründete, sohin unumstößliche und unläugbare
Wahrheit. Denn wenn man annimmt, wie man
vernünftiger Weise auch annehmen muß, daß die grossen Herren allen ihren erhabensten Ruhm, Ansehen
und Wohlstand hienieden pur auf die Glückseligkeit
ihrer sämmtlichen Unterthanen einzeln, und gesammt
gründen müssen, so würde man denselben gar kein
schmeichelhaft Compliment machen, wenn man schlech-

terdings glauben und behaupten wollte, daß sie ihr
selbst eigenes Interesse so sehr verkennen, und die allge=
meine Staats = Wohlfahrt nicht jederzeit zum ersten
und sichersten Gegenstand ihrer Aufmerksamkeit und
Sorgfalt machen sollten.   Geschieht es dem ohnge=
achtet zuweilen dennoch, daß sie diesen allerwichtig=
sten Haupt= und Endzweck mehr oder weniger ausser
Acht lassen, so sind gewiß niemals sie, sondern alle=
zeit ihre böse, vielfältig von ihnen theuer genug be=
zahlten Rathgeber, die entweder aus Einsichtsman=
gel oder aus Befangenheit, oder wohl gar aus un=
ersättlicher Gewinnsucht, und Bosheit es mit dem
Staate, und seinen Regenten nicht gut meynen, und
von denen sich öfters der allerweiseste und klügste Al=
leinherrscher nicht immer befreyen kann, unstreitig
Schuld daran. — Ein vorzügliches Beyspiel der er=
habensten und für seine Erbstaaten eifrigst eingenom=
menen Landesfürsten, ist unser unverkennbare, durch
seine unzählig grossen und notorischen Fürstenzüge sich
bis gegenwärtig ausserordentlich auszeichnende, und
glorreichest regierende Durchlauchtigste Kur = und
Landesfürst Carl Theodor. Hochdieselben legen in
allen Jhrigen bisherigen edelsten Handlungen und
grossen Gesinnungen, so sonnenklar am Tag, daß
nur allein Großmuth und Wohlthun ihre erhabenste
Fürsten=Seele beleben, und daß sie sofort nicht al=
lein ihren höchsten Ruhm und Ehre in der Befesti=
gung und Erhöhung der Glückseligkeit ihrer sämmt=
lichen getreuen Unterthanen unaufhörlich zu suchen,
sondern auch jeden Wink und Gelegenheit mit Freuden
zu ergreifen wünschen, um sich der Unsterblichkeit die=
ses nur regierenden Fürsten eigenen erhabensten Ruhms
zu versichern.
    Ein wichtiger Universalwunsch der Baierschen Na=
tion, und eines ächt biedern Patrioten biethet ge=
genwärtig die Gelegenheit dar, um dem Vaterlande
eines Theils die schönste Aussicht in eine ewig währen=

de Wohlfahrt und Glückseligkeit zu eröffnen, und an: dern Theils dadurch dem Ruhme des gnädigsten Lan: desherrn die Seele der Unsterblichkeit zu verschaffen.

Und dieser Wunsch ist, die zu dem Ende ohnum: gänglich nothwendige, und baldige Restitutio in in: tegrum des ehemaligen Jesuitenordens, nicht zwar so viel quoad bona temporalia (denn dieses würde Re non amplius integra vielleicht schwer lassen) als quoad administranda officia publica spiritualia v. g. docendi, Concionandi, Cathechizandi, moribundis assistendi &c. juxta institutionem pristinam eorum in Communione viventium, sohin mit Errichtung ordentlicher Collegien, und Provinzen, dann förm: licher Aufnehmung der Canditaten in Baiern, so andern.

Es ist dieses folgender Gestalten für die ka: tholische Nation, und den gnädigsten Landesregenten nicht allein überaus rühmlich, sondern auch höchst nützlich, nothwendig und dermal allerdings thunlich.

Was kann dem Ruhme und Ansehen eines baier: schen Landesfürsten mehreren Glanz und Unsterblich: keit geben, was ihm enger die Herzen seiner sammtli: chen Erzkatholischen Baiern mit einer beynahe gött: lichen Verehrung, Liebe und Ruhm anschliessen, als wenn es hieß: der erhabenste Kurfürst Carl Theodor aus Baiern ist bey den dermaligen für die katholische Religion so kritischen Zeiten der erste gewesen, der gleich seinen, dem römischen Apostolischen Stuhle, seit so vielen Jahrhunderten allezeit vorzüglich unwan: delbar treu gebliebenen glorreichen Vorfahrern, den durch die notorische Ränke und Caballen der bekann: ten Glaubensgegner, und besonders der heutigen so gefährlichen Freydenker der Zeit in aller Welt unter: drückten und verfolgten Jesuitenorden, diese ehemals mächtige Stütze des apostolischen Glaubens und Stuh: les, und diese unversiegbare Quelle aller guten Sit: ten, Erziehung, Ordnung, ächter Aufklärung und

männlich erhabener Wissenschaften wieder aus dem
Schutte seines Elendes hervorgezogen und aufgerichtet hat.

Was ist grösser und ehrenvoller, als sich trotz aller
heutigen niederträchtigen Religionsspöttern, auch nur
einen wahren katholischen Christen öffentlich bekennen
und beweisen; geschweigens eine so mächtige Stütze
der heiligsten Kirche durch Restaurirung dieses wesentlichen Grundpfeilers frey und von selbst abgeben zu
können? — Und welcher Hoch und höchster Reichs-
stand ist dieses wohl eher und besser zu bewirken dermal im Stande, als das mit der Kurpfalz nunmehr
wieder verbrüderte, mächtige und Erzkatholische Haus
Baiern? Würde sich dieses wohl diesen gottseligen,
unschätzbaren und unsterblichen, ja die unfehlbarste
baldige Nachahmung vieler andern hohen Häusern nach
sich ziehenden Ruhm und Nutzen von irgend einem
andern hohen und höchsten Reichsmitstande im geringsten streitig machen, und zuvor kommen lassen wollen, zumalen da es mit dem heutig römischen Hofe
in so ausserordentlich gutem Vernehmen stehet, und
die Päbstliche Heiligkeit gewiß jeden christlich und erhabenen Wink dieser Art, welcher zum Nutzen, und
Aufnahme der ganzen ohnehin von Jahr zu Jahr
zusehends schmelzenden katholischen Christenheit ab-
zwecket, mit tausend Freuden aufnehmen, und unterstützen würden? —

Wo ist aber dieser höchst erwünschte Zeitpunkt,
diese seltene und vortheilhafte Gelegenheit unter irgend
einem andern und nachfolgenden Kirchen-Oberhaup-
te mehr so leichterdings und thunlich zu hoffen, wo
die Ausführung eines so grossen und frommen Ge-
dankens mehr von einem künftigen Erbfolger Baierns
zu erwarten, als von der bekannten grenzenlosen Güte, Frömmigkeit und Rechtschaffenheits-Liebe unsers
grossen Landes-und Religionsvaters Carl Theodor? —
Im Gegentheile, wo ist immer bei unfürdenklichen

Zeiten die Studierende und andere Jugend offenbar so
kühn, betulant, pfiffig, und ausschweifig gewesen,
als seit dem die Jesuiten, und mit ihnen auch das gan=
ze System einer ordentlichen und vernünftigen Lehr=
und Erziehungs=Methode aufgehört hat? — Sucht man
izt statt gesezter, vernünftiger und ächt denkender Jüng=
linge und Männer nicht vielmehr lauter Belleterische
Wizlinge, unreife Schwäzer und Praller, eitle Plau=
derer und Windmacher, oder höchstens nur philoso=
phische und verkünstelte Schwindelköpfe, und kalte
Schwärmer, welche Grundsäze in Vorurtheile, und
eitle Träumereien, und verführische Chimären in Grund=
säze umschaffen, und dann gröstentheils sowohl der
geistliche als weltliche Staat allenthalben recht abge=
schmakt, aber auch sehr verwirrt und ungeschikt di=
regiert, unbesorgt, nicht minder unter dem Vorwan=
de falscher Aufklärung das Laster empor gehoben, die
Tugend unterdrükt, die Caballe und Intrique zur grö=
sten Staatskunst gemacht, und das wahre Verdienst,
die Treue und Redlichkeit auf allen Seiten verhönet,
und zurükgedränget wird? Müssen nicht, wenn das Ding
noch länger so fort gehet, in Bälde alle Staaten
Deutschlands und Europens in die gröste Verwirrung
kommen, und vollends ins Verderben gerathen? An=
bei (wenn man in der Zeit aufgemerkt und richtig
wahrgenommen hat) wo zeigt sich seit 18, 19 Jah=
ren mehr in irgend einem hiesigen Haupt=geschwei=
gens andern Gotteshaus an einem hohen Fest=oder
Frauen=Feiertag ein so grosser Zufluß von Leuten,
und wahren Katholiken bei denen Beichtstühlen, an
den Communion Schranken, in Beiwohnung des Wort
Gottes u. d. als seit dem kein Weinzierl, kein Berg=
mayer, kein Schindler, kein Gruber 2c. mehr auf
öffentlicher Kanzel stehen? Und wenn auch zuweilen
der Zulauf etwas grösser und ausserordentlich ist, als
sonst, so ergiebt sich doch dieser Zuwuchs meistens nur
von denen, welche der Musik, der Galanterie, der

Kurzweile, oder höchstens des Brauches halber an
solchen Tagen die öffentliche feierliche Gottesdienste
besuchen, und nichts weniger als wahre innerliche Andacht und Religiosität zu äussern pflegen.

Endlich und hauptsächlich, wo hat man je während
der vorigen Existenz dieser fürchterlich Geist=und
Staats=Männer von so vielen und allgemeinen Zu-
sammenrottungen, dann eigenmächtigen Verbrüderungen in den Monarchischen Staaten, wie es öffentliche Beispiele lehren, so gefährliche Freimaurer
Zünften verschiedener Art, wo von so vielen Auf-
ruhren und Empörungen der Völkerschaften gegen
ihre Souvräne Landeshoheiten gehört?

Frankreich und die Bourbonischen Höfe, waren
die ersten, welche statt einer mäßigen und vernünftigen Einschränkung ihrer immer kritischen Konstitu-
tionen unaufhörlich daran arbeiteten, den ganzen Sturz
dieser Männer mit Unruhe und Uebereilung zu be-
schleunigen.

Und sieh da! eben dieses Frankreich ist nunmehr
das erste, welches die schreklichsten Folgen ihre eignen innerlichen Empörungen empfinden muß, und
noch lange zu ihrem eignen Schaden, troz aller ein-
wiegenden und selbst schmeichelnden Vorspieglungen von
demogratisch usurpirten Freiheits=Sinnen, Unabhän-
gigkeit und Universal Patriotismus empfinden wird.

Andere Reiche und Staaten, die den völligen Untergang dieses für die Ruhe Europens so hauptwich-
tigen Jesuiten=Ordens noch sehr leicht hätten verhindern können, aber vielleicht an Regard des Hauses
Bourbon nicht hintern wollten, waren schon manch-
mal am Rande ein gleiches, wo nicht ärgers Schiksal zu erfahren. Nur die über das höchste Erzhaus
noch besonders wachende augenscheinliche göttliche Fürsicht wollte diesem schröklichen Ausbruche durch den
unvermutheten Hintritt eines zu strengen, und zu vielen Neuerungen auf einmal ergebenen, obschon an

ſonſt überaus weiſen und groſſen Kaiſers: durch die
andurch bezielte nothwenige Beendigung des Türken‐
kriegs, und hauptſächlich durch die beiſpieloſe Fried‐
fertigkeit und Nachgiebigkeit des beſten und großmü‐
thigſten Thronfolgers, noch plözlich ein Ende ma‐
chen. — Welch auſſerordentliche und faſt miraculoſe
Mittel alſo waren nicht erforderlich, nur dieſes gräßli‐
che Ungewitter von dem Hauſe Oeſterreich annoch
zeitlich abzuwenden? und wie leicht, wie geſchwind hät‐
te es geſchehen können, daß daſſelbe von eben dieſem
Donner der belgiſchen Unruhen getroffen, und zer‐
ſchmettert worden wäre? Wer weiß es aber, ob eben
nicht durch dieſe groſſe Erſchütterung gewahrnet und
belehrt, Se. itzt regierende kaiſerliche Majeſtät Leo‐
pold II von allerhöchſt deſſen überflieſſenden Güte, Got‐
tesfurcht und Frömmigkeit, auch Ruhe, Einig‐ und
Billigkeits‐Liebe, alles nur mögliche Beſte zu hof‐
fen ſtehet, die Reſtaurierung dieſes Ordens bei die‐
ſen Zeitläuften und Umſtänden ſelbſt für äuſſerſt noth‐
wendig finden, die unterſtüzende Hand zu dieſem heil‐
ſamen Werke biethen, und vielleicht gar dieſen groſ‐
ſen Beiſpielen nachahmen; ja was noch über alles
dieſes wäre, denſelben im ganzen römiſchen Reiche,
um ſo mehr wieder einführen, dulden würden, als
daß ſich beinahe von allen deutſchem Reichsverband,
und allem Anſehen nach in Bälde vielleicht auch von
den römiſch‐katoliſchen Kirchen ſelbſt, ſich allmählig
loszureiſſen beginnende Frankreich nunmehr gar nichts
mehr darwider einzuwenden haben wird, nach könne.
Und gerade dieſe Unthätigkeit Frankreichs könnte der
erwünſchte Zeitpunkt für die Aufrechthaltung und Be‐
feſtigung der katholiſchen Religion im deutſchen Lan‐
de und dem römiſchen Reiche ſeyn.

Zwar iſt es noch zweifelhaft, und ungewiß, ob
Männer zum Dienſte des Vaterlandes und der Reli‐
gion ſich neuerdings auffordern, und mit dem vor‐
rigen ungezwungenem, lebhaften und thätigen Eifer ge‐

brauchen laſſen werden wollen, denen man noch vor
wenigen Jahren alles, Rechte, Freiheiten, Privile=
gien, das beträchtliche Hab und Gut, ja ſogar Eh=
re und Ruhm genommen, und überdas aus den un=
gereimteſten Vorurtheilen und Verläumdungen, al=
les, als dasjenige ſchlechterdings unterſucht, und un=
gehört zu Schulden gelegt hat, was immer der aus=
geſucheſte Haß und die Erzbosheit, ihrer und der ka=
tholiſchen Religions=Feinde, auch lange nach ihrem
Sturze, und Zerſtreuung, noch bis dieſe Stunde ar=
ges, verfolg=und verläumderiſches wider ſie aufbrin=
gen und erdichten könnten. Allein ſo wie ich von der
Rechtſchaffenheit dieſer auch im gröſten Unglüke ſtand=
haften und unerſchüttlichen Religionshelden überzeugt
bin, ſo zweifle ich doch nicht, daß ſie nicht von al=
lem Zeitlichen entblößt, ſich wieder bereden lieſſen,
aus wahrem und evangeliſchen und apoſtoliſchen Eifer
alles dasjenige frei und gutwillig auf ſich zu nehmen
und zu befolgen, was ihnen und allen wahren geiſt=
lichen Staatsdienern immer der heilige Paulus im II.
Sendſchreiben an die Corint. 6. Cap. ſo heilſam und
buchſtäblich vorzeichnet.

Und obwohlen ſie auch dermalen nirgendwo ein
eigenes Haus, keine gemeinſchaftliche Wohnung, keine
ſonderbare Kirche, kein liegendes Kapital, noch ſonſt
ein beweglich, oder unbewegliches hinlängliches Ei=
genthum ſich ſelbſt wieder einigermaaſſen gemeinſchaft=
lich aufzuhelfen, und beiſam leben zu können, mehr
haben, auch gleichſam bürgerlicher Weiſe dem Staa=
te völlig abgeſtorben zu ſeyn ſcheinen, ſo bin ich doch zu=
verſichtlich gewiß, daß ſie in dem Herzen der mei=
ſten biedern und edeln baieriſchen Bürgern und Pa=
trioten, welche der katholiſchen Religion zugethan
ſind, und auch noch Anſehen und Vermögen genug
haben, annoch bis dieſe Stunde friſch aufleben, und
in gröſter Achtung ſtehen; dieſe würden ſie nicht nur
von Zeit zu Zeit mit den höchſt nöthigen Bedürfniſ=

sen über die bereits genossenen Pensionen neuerdings
unterstützen, sondern auch nach und nach wieder zu
demjenigen Ansehen mit milden Stiftungen, nöthi=
gen Klöstern und Kirchen ic. empor zu heben sich be=
streben, welche zu Gründung eines nützlichen, wich=
tigen, und man darf es sagen, noch nie, als derma=
len nothwendigern geistlichen Ordens erforderlich sind.

Dieser dürfte nur also allerföderst mit aufrichtigem
Herzen die Ehre und das Reich Gottes suchen, und
das übrige würde ihr alles durch das allgemeine und
grosse Vertrauen des erzkatholischen Bairischen Pu=
blicums vielleicht in Bälde wieder gegeben werden.

Doch lebt man auch der gänzlichen Zuversicht, daß
unser gnädigster und großmüthigster Landesvater so=
wohl als alle seine Durchlauchtigste Erbstaaten = Fol=
ger von dem Nutzen und der Nothwendigkeit der wie=
derum baldigen Einführung dieses für ihre gegenwär=
tig und künftige Allwiederregierungs = Sicherheit und
in der Folge auch für die künftig dauerhafte Existenz
des gesammt hohen Adels selbst, so zweck als verdienst=
mäßigen Jesuitenordens überzeugt, es nicht erwiedern
zu lassen, gnädigst geruhen würden, in anderweit
freygebigst und huldreichester Unterstützung und Be=
lohnung desselben auch ihres Orts von ihren Bürgern
und Unterthanen sichs nicht im geringsten zuvorthun
zu lassen, sondern demselben mit vorausgängiger Ein=
räumung seiner sämmtlichen vorherigen Gotteshäuser,
Collegien, Gymnasien, dann dem aller Orten dazu
gehörigen Schulfondes im ganzen Lande Baiern, und
der obern und untern Pfalz, samt mehr andern Atri=
buten, Legaten, und Begünstigungen unter die Arme
zu greifen, und solchergestalt von Zeit zu Zeit allmäh=
lich wieder auf, und zu seinem vorigen absonders bey
itzigen sehr bedenklichen sowohl Staats=als Religions
gefährlichen Zeiten, höchstbenöthigten Ansehen, Ver=
trauen und Gewichts zu verschaffen. Was für eine
Ehre, was für ein Ruhm würde diesen höchsten

Fürstenhäuptern dadurch zuwachfen? und was würden fie erft fowohl hienieden als dereinft dort im Himmel für eine Belohnung zu gewarten haben? Allein man muß mich hiebey nicht mißverftehen. Es hat diefe Speculation keineswegs die Abficht, als ob der Jefuitenorden künftig lediglich auf Unkoften der Bürgerfchaft und des Publikums allein zu unterhalten, oder als ob der hohe Maltheferorden, der nunmehr in dem Befiße der ehemaligen Jefuiten Güter ift, dadurch völlig zu verdrängen wäre. Nein! fondern fie hat blos diefen Sinn, daß ich diefem hohen Orden vielmehr felbft fo viel Weisheit, Billigkeit, Patriotism, Adel und Großmuth, auch Rechtfchaffenheit zutraue, es werde derfelbe einen Orden, welcher dermal der Religion, dem Staate und der monarchifchen Landesverfaffung fo nüßlich und wichtig ift, Rei publicæ Caufa allerdings neben fich dulden, und demfelben aus feinen ehemalig urfprünglichen Gülten, fo viel möglich von felbft freiwillig anlaffen, und beytragen, als zur Unterftüßung folch gelehrter Männer, und Auszeigung einer zur honorablen nicht überflüßigen Congrua hinlänglich ift. Was aber im erften Falle das Publicum und die Bürgerfchaft, fo andere Gutthäter zu Unterftüßung und Aufhelfung diefes Ordens von Zeit zu Zeit freywillig und willkührlich beytragen wollen, das kann ohnehin niemal die Eigenfchaft einer Steuer oder beftändigen Bürde erlangen, vielweniger als ein Zwanggefeß angefehen werden.

Wenn aber auch dieß alles deffen ungeachtet nicht zu hoffen wäre, fo glaube ich doch, daß diefe Männer pur um die Wahrheit der Religion fowohl, als ihre felbft eigene, und ihrer bereits verftorbenen und zerftreuten Mitbrüder Ehre zu retten, auch die härtefte Bedingungen, die gewöhnliche Lebensart und Bedürfniffe betreffend, eingehen, folglich in kleinem anfangen, fich aber fo groß, uneigennüßig und wohlthätig, als jemals im Groffen und Ueberfluß erzeigen, fo

hin

hin dadurch jedermann, und so gar allen Staaten zum
nachahmenden Muster dienen würden, daß sie auch
in der Kameral = Kammerökonomie und Staatswirth=
schaftskunst ganz besondere Meister sind. Und wenn
schon viele, welche der Zeit bessere und ruhige Prä=
benden erhalten haben, sich dieser Gemeinde nicht mehr
einverleiben lassen wollten, so giebt es doch noch hier
da und dort einzelne wakere Glieder dieses erloschenen
Ordens, welche der Geist und die Seele ihrer alten
erhabenen und zum Theile verbesserten Konstitution
noch völlig belebt, und die sofort in Bälde eine neue
Pflanz = Schule solch düchtig und würdiger Männer
errichten helfen würden. Noch ist es gerade in rech=
ter Zeit, diese kost = und schäzbaren Männer und Ue=
berbleibsel zu sammeln. Ein wenig später hinaus:
und niemand ist mehr im Stande, so sehr man viel=
leicht alsdann wollte, diesem sehnlichen National=
Wunsch vollkommen entsprechen zu können. Aber
wie lange werden wir von schwärmerischen Schriften
der niedrigen Religionsspötter, und gröstentheils fal=
scher Aufklärer geblendet, bei dieser Zeitlage, und un=
ter diesen drohenden ja wirklich zum Theil fühlbar
mißlichen Umständen zu unserm grösten Schaden und
Irrthum noch zaudern zu glauben, und anzunehmen,
daß nur allein das beinahe unverbesserliche und wei=
seste Institut der Jesuiten und ihre regelmäßige Schul=
docirungs und Erziehungsform eine wahre Pflanz=
schule gesezt und geschikter Bürger für die geistlich
und weltlich und katholischen Staaten seyn könne?
Und gesezt, daß sie auch ehedem von einigen unbe=
deutenden Fehlern, die die Caballe ihrer Feinde zu
ihrem Stichblatte mit Fleiß vergrössern mußte, nicht
ganz frei gewesen seyn sollten, so würden sie doch von
ihrem beinahe 20 jährigen Schiksal nur zu sehr belehrt,
und abgebüsset, dieselben künftig in alleweg hinläng=
lich zu verbessern, und sich gewiß noch weit klüger
und vorsichtiger zu betragen wissen. Alles dieses al=

so beweiſet zu Genügen, daß die Errichtung und Reſtaurierung des beſagten Jeſuiten=Ordens bei gegenwärtiger Lage und Umſtänden nicht nur allerdings thunlich, ſondern auch höchſt nothwendig und dringend iſt.

Und dieſes denkt, ſpricht und ſchreibt ein Mann, mótu proprio, aus blos unbefangenem patriotiſchen, und für das allgemeine ſowohl geiſtliche als ewige Wohl ſeiner Mitbürger beſtmeinend eingenommenen Herzen, welcher, da er in ſeiner Jugend ein ſehr loſerer Geſell und gar kein Bigott, auch ſonſt nicht von den erforderlichen Eigenſchaften war, dieſen groſſen Menſchenkennern und ſtrengen Sittenrichtern zu gefallen, bei ihnen nicht allein noch zu Dato wenig bekannt, und in Anſehen, ſondern auch dem es in der übrigen Hauptſache für ſich ſelbſt gleich viel iſt, ob die ehemalige Geſellſchaft Jeſu künftig in Corpore wieder exiſtire oder nicht. Im Gegentheil hat derſelbe wenn er klein und niedrig genug ſeyn könnte, ſich an die erſten Studierjahre, und die von einigen dieſer Männer damals erlittenen Unannehmlichkeiten ſchmachhaftig, wie vielleicht viele, zurükzudenken, gar nicht Urſache, derſelben wiederumiges Aufleben durch gegenwärtige Vertheidigung (welche wegen den fürchterlichen Freymaurer Factionen leider freylich kein Menſch mehr einzelner Weiſe, und ſogar auch der Verfaſſer dieß gegenwärtig nicht öffentlich, ſondern nur tecto nomine auf ſich zu nehmen getrauet) ſo eifrig zu wünſchen: wohl aber, wenn er mit mehrerer Männlichkeit bedenkt, daß er nach Gott eben dieſer ſtrengen, und oberen Schuldiſciplin, den ganzen Urſprung ſeiner wenigen ſoliden, geſezten und devoten Denkungsart, und Anhänglichkeit für die katholiſche Religion, für den Staat, und einen jeden ſeiner gnädigſten regierenden Landesfürſten ſowohl, als ſeine unbefangene Wahrheits=und Gerechtigkeits=Liebe; dann ſein für die unbillig unterdrükten und

verfolgten Mitmenschen, Freunde oder Feinde jederzeit
äusserst Antheil nehmendes Gefühl, und dann überhaupt seine vorzügliche Empfänglichkeit für jede Wahrheit, gute Sache, einzig und allein zu verdanken hat.
Welches er sich wohl vor dem weltlich = als göttlichen Richterstuhle allwegen zu bekennen und zuver-
antworten getrauet. Salv. mel.

N. N.

Anhang.

Wenn es wirklich an dem ist, die allgemeine verabscheu-
ungswürdige und staatsgefährliche Freigeist und Den-
kerei, und alle ihre geheime Verbrüderungen thätig
zu unterdrüken und auszurotten, so ist ob periculum
in mora eben nichts so nothwendig, als diesem ziemlich
immer mehrers um sich greifenden Strome voll ver-
führischen und reizenden Privatgesellschaften oder stati-
bus in statu durch die nicht geschwind genug zu be-
wirkende Wiedereinsezung des Jesuitenordens den
verfang und zwekmäßigen Dam zu sezen.
Es ist dieses nur allein durch ein entgegen gesez-
tes immerwährendes, oder sogenanntes Corpus im-
mortale möglich. Alle übrige auch beste politische
Maaßregeln, Gegenmittel, öffentliche oder heimliche
Privat = Untersuchungen, und Inquisitionen, sie mögen
alsdann von einzelnen Personen oder ganzen Com-
munitäten geschehen, ja überhaupt alle Collegien und
Dicasterien im Lande, gesezt, daß diese auch hie und
da nicht selbst von dieser Sucht angestekt wären,
werden nimmermehr vermögend seyn, diesem unsicht-
und unentdekbaren ja stets in verborgenen schleichenden
Uebel gänzlichen Einhalt zu thun, oder sie werden we-
nigst von keiner langen Dauer seyn.
Die Hauptquelle dieses National = Uebels liegt in
der moralischen Erziehung, und Ausbildung der stu-
bierenden Jugend, welche durch verkehrte Glückselig-
keits = Maximen, die sie von der uneingeschränkten,
und wahllosen Bücher = Lecture seit dem bürgerlichen

Tode der Jesuitischen Schullehrer bereits eingesogen
hat, nunmehro allenthalben gewohnt ist, nicht mehr
unter sich zu sehen, sondern seine Glückseligkeit blos
durch Erreichung dessen, was nur recht groß und er=
haben läßt, zu suchen, und seinen Flug immer wi=
der Zeit und Kräfte höher zu nehmen. Da nun die
Hauptregeln, die Grundsätze dieser neuen Sekten, die
nach Ruhm, Ansehen, Habsucht und Freyheit, oh=
ne dieß schon von Natur aus lüsterne und durch obige
verführerische Lecture gereizte unzeitige Jugend noch
mehr loken und einladen, so ziehen sie auch aus allen
Studierklassen nur die besten und geschicktesten Sub=
jecte an sich. Und in diesem Punkte scheinen sie
auch die Maxime des ehemaligen Jesuitenordens eini=
germaassen nachzuahmen: nur mit dem grossen Unter=
schiede, daß diese die besten Talente und Subjecte,
die sie durch ihren eignen Fleiß gepflanzet, und also
ein mehrers Recht dazu hatten, mit Einschränkung
und Unterdrückung der wilden und unbändigen Frey=
heit der Jugend zum Nutzen und Wohlfahrt des
Staats an sich zu ziehen, und zu benutzen wußten,
jene aber zum größten Schaden und Aerger des ge=
meinen Wesens derselben Freyheit nicht nur Zügel und
Zaum lassen, sondern durch ihre gefährlichen Maxi=
men und Grundsätze sogar noch Sporn und Peitsche
geben. Was kann also auch aus diesem Gesichts=
punkte natürlicher, zweckmäßiger, nothwendiger und
dringender seyn, als die wiederumige Herstellung des
Gegenaltars durch Restaurirung des dem Freymaurer
System und ihrer politischen Existenz so sehr entgegen
gesetzten Jesuitenordens, um obige Quelle völlig zu=
verstopfen?

_____

Anm. Wir haben diese Schrift, so, wie sie
uns eingesandt wurde, ohne alle Einstreuungen von
Reflexionen abdrucken lassen. Wir überlassen es dem
vorurtheillosen und mit der Geschichte wohl vertrauten

Manne, die ſchiefen, höchſt unrichtigen Vorſtellungen des Verfaſſers zu berichtigen. Wer nur ein wenig in der Weltgeſchichte bewandert iſt, dem muß es bekannte und erwieſene Thatſache ſeyn, daß Rebellionen, und Völkerempörungen nicht nur zur Zeit der Jeſuitenepoche ſich häufig ereigneten, ſondern daß ſogar auch die belobten Jeſuiten ſelbſt diejenigen waren, welche Völker zur Rebellion verleiteten, Thronen erſchütterten, und Monarchen gefährlich wurden. Man denke nur daran, was ſeit 10 Jahren in den öſterreichiſchen Niederlanden ſich ereignete, und man wird mit ihrem eignen Geiſte die Tartüfen entlarven können.

A. d. Herausgeber.

18.

Schreiben aus Berlin.

Sie haben lange nichts von mir gehört, und in der That fiel hier ſehr wenig Neues vor. Wir haben 2 Jahre in einer politiſchen Kriſe gelebt, welche doch endlich am 1ten Auguſt, den Frieden mit Oeſterreich und der Pforte bewürkt hat, und welchem ein zweiter Friede, auch mit den Ruſſen ganz nahe iſt. Die Armee hat zu unſern bloſſen Drohungen, allerdings ſaure Geſichter gemacht; denn der Soldat will thätig ſeyn, geizt nach Beute; der Officier will avanciren, und der General will Lorbeern ernbten. Das Publikum wollte auch erobern, weil dann neue Regimenter errichtet werden könnten, neue Dikaſteria angelegt werden ſollten, Handel und Gewerbe ſich verbreitet hätten, weil es der Spekulanten auf Brod, Aemter und Ehre, in einem an ſich armen und beſchränkten Staat, in dem die Cultur in allen Ständen unläugbar hochgeſtiegen iſt, gar viele

geben muß. Viele schrein : daß diese unnützen Cam‐
pagnen, wenn man bloſſe Märſche der Armeen
ſo nennen darf, den Schatz erſchöpften, und ſanden die‐
ſe Erleichterung deſſelben im Siſtem der auswärti‐
gen Höfe. Freilich wäre es ein ganz feines Operations‐
Plänchen der Oeſterreicher und Ruſſen geweſen ;
wenn ſie nur nicht auch ihre Armeen mobil erhalten
müßten, und ihre Finanzen nicht ſo ſchrecklich erſchöpft
wären. Daß unſer Schatz etwas leichter geworden, ſteht
nicht zu bezweifeln; allein dem Staat iſt daraus eher
Vortheil als Nachtheil erwachſen, weil doch, was
nicht etwa für Pferde und Fourage auswärts gegan‐
gen, im Lande geblieben iſt; und der gröſſeſte Nachtheil
ſolcher formirter Armeen, beſteht wohl darinn: daß
es in den von Garniſonen entblößten Provinzen, und
wegen der Completirung und Aushebung der Knechte
angegriffenen Cantons, an arbeitenden Händen und
Geld‐ Circulation fehlt, und die formirten Corps,
wo ſie im eigenen Lande liegen, demſelben zur Laſt
fallen, und ſelbſt den Einwohner ſo ſtark belegter Or‐
te, in ſeinen Gewerben ſtöhren, und zur Laſt fal‐
len; zu welchem auch noch die drückenden Krieges‐
ſteuren, oft in der dringenden Saat‐ und Erndte‐
Zeit, und die erſchöpfenden Fouragelieferungen
kommen.

Die Verabredung des Königs mit Leopold und
dem Kurfürſten von Sachſen, zu Pillnitz am 26 Au‐
guſt, ſoll eine Vertauſchung der Lausnitz und des
kurfürſtlichen Kreiſes, wie auch eine Vermählung
des preußiſchen Kronprinzen mit einer kaiſerlichen Prin‐
zeßin, zur Abſicht gehabt haben; derer Wahrheit
oder Ungrund, ſich in Kurzem ergeben muß. In
der theologiſchen Welt, macht die Anſetzung der
neuen Examinations Kommißion aus den Konſi‐
ſtorialräthen, Hermes, Hillmer und Wolters‐
dorf viel Aufſehen. Der letztere ſtimmt zur Güte

bei Einführung der reinen Lehre; ersterer wünscht
eine Inquisition, will auch nun selbst einen neuen
Landeskatechismum schreiben, der wahrscheinlich
das Schicksal der allgemeinen christlichen Lehre
haben dürfte. Viele Leute werden bey diesen Umständen
den warm; allein der Geist der Zwietracht ist schon
selbst unter die Orthodoxen und Wiederhersteller der
reinen Lehre gefahren, und wo ein so respektables,
aufgeklärtes, standhaftes und freimüthiges Justiz=
Collegium, als das Königl. Kammergericht, die
Rechte der Vernunft vertheidigt, da ist jede Furcht
einer wieder einbrechenden Nacht des Aberglaubens
wo nicht überflüßig, doch wenigstens nicht schre=
kend. (*) Lesen Sie, um sich davon zu überzeugen,
den gedruckten Prozeß des Buchhändler Unger
gegen den Ober = Consistorial=Rath Woellner;
ein Document der preußischen Justiz=Pflege und Ver=
fassung, welches den philippischen Reden des Demos=
thenes, und den gerichtlichen Reden des Cicero, und
d'Aguesseau, an die Seite zu setzen ist.

Wichtiger als dieses, ist die Erscheinung des all=
gemeinen Gesetzbuchs für die preußischen Staa=
ten, welches zum Titelkupfer eine Büste des regie=
renden Königs, mit der Umschrift: Friedrich Wil=
helm der Gesetzgeber, und der Gerechtigkeit, mit
ihren Attributen hat; und welches mit dem 1ten Juni
1792. Gesetzeskraft erhält. Ich werde Gelegenheit
haben Ihnen nach dessen näherer Bekanntschaft, da
es von dem erschienenen Entwurf sehr abweicht, meine
Gedanken darüber ausführlicher mitzutheilen. Vor=
itzt nur etwas, was die Autoren=Welt am nächsten
angeht. Der §. 1017. des 17ten Titels des 1ten
Theils unter No. 7. von Verlags = Verträgen,
verordnet;

(*) Man lese die vortrefliche Rede des Abten Bartels zu
Rebbagshausen: Kurze Aussichten für die Religion in
die Zukunft! und lasse den Kleinmuth fahren.

Der erste Verleger einer Schrift, kann niemals eine neue Ausgabe machen, ohne mit dem Schriftsteller einen neuen **Vertrag** darüber geschlossen zu haben.

§. 1018. Dagegen kann auch der Schriftsteller keine neue Ausgabe veranstalten, so lange der erste Verleger, die von ihm rechtmäßig veranstalteten Auflagen noch nicht abgesetzt hat.

§. 1019. Können Verfasser und Buchhändler sich wegen der neuen Ausgabe nicht vereinigen; so muß ersterer, wenn er dieselbe in einen andern Verlage herausgeben will, zu vorderst dem vorigen Verleger alle noch vorräthigen Exemplare der ersten Ausgabe gegen baare Bezahlung des Buchhändler-Preises abnehmen.

§. 1020. Das Recht des Verfassers, daß ohne seine Zuziehung keine neue Ausgabe veranstaltet werden darf, geht, wenn nicht ein anderes ausdrücklich und schriftlich verabredet worden, auf seine Erben nicht über.

§. 1021 Vorstehende Einschränkungen des Verlagsrechts zum Besten des Schriftstellers fallen weg, wenn der Buchhändler die Ausarbeitung eines Werks nach einer von ihm gefaßten Idee dem Schriftsteller zuerst übertragen, und dieser die Ausführung ohne besondern schriftlichen Vorbehalt übernommen; oder wenn der Buchhändler mehrere Verfasser zur Ausführung einer solchen Idee als Mitarbeiter angestellt hat.

§. 1022. In diesen Fällen gebührt das volle Verlagsrecht vom Anfange an, dem Buchhändler, und der oder die Verfasser können sich auf fernere Auflagen und Ausgaben weiter kein Recht anmaßen, als was ihnen in dem schriftlichen Vertrage ausdrücklich vorbehalten ist.

§. 1023. Anmerkungen zu Büchern, worauf ein anderer das Verlagsrecht hat, besonders abzudru-

ken, ist erlaubt. Mit dem Werke selbst aber
können dergleichen Bemerkungen ohne Einwilligung des Verfassers und seines Verlegers nicht
gedruckt, noch in den königlichen Landen verkauft
werden.

§. 1024. Niemand darf ohne Einwilligung des
Verfassers und seines Verlegers einzelne gedruckte
Schriften in ganzen Sammlungen aufnehmen,
oder Auszüge daraus besonders drucken lassen.

§. 1025. Wohl aber können Auszüge aus Schriften
in andere Werke oder Sammlungen aufgenommen
werden.

§. 1026. Neue Ausgaben ausländischer Schriften
welche ausserhalb des deutschen Reichs, oder der
königlichen Staaten in einer fremden Sprache geschrieben, und deren Verleger weder die Frank-
further noch die Leipziger Messe besuchen, können
nachgedruckt werden; in so fern der Verleger darüber kein hiesiges Privilegium erhalten hat.

§. 1027. Uebersetzungen sind in Beziehung auf das
Verlagsrecht für neue Schriften zu achten.

§. 1028. Das Veranstalten einer neuen Uebersezung durch einen andern Uebersetzer ist kein Nachdruck der vorigen.

§. 1029. Wenn keine Buchhandlung, welche auf
die neue Ausgabe eines Buchs ein Verlagsrecht
hat, mehr vorhanden, und auch das Recht des
Schriftstellers nach §. 1020. erloschen ist; so stehet jedem frei, eine neue Ausgabe des Werks zu
veranstalten.

§. 1030. Sind jedoch in diesem Falle noch Kinder
des ersten Grads von dem Verfasser vorhanden,
so muß der neue Verleger, wegen der zu veran-
staltenden neuen Ausgabe mit diesen sich abfinden.

§. 1031. Uebrigens gilt zwischen diesem neuen Verleger und dem Schriftsteller, welcher die neue Ausgabe besorgt, alles das, was bei neuen Werken
verordnet ist.

§. 1032. Auch der Nachdruck solcher Ausgaben ist unter eben den Umständen unerlaubt, unter welchen der Nachdruck eines neuen Werks nach obigen Vorschriften nicht statt findet.

§. 1033. Insofern auswärtige Staaten den Nachdruck zum Schaden hiesiger Verleger gestatten, soll letzteren gegen die Verleger in jenen Staaten ein Gleiches erlaubt werden.

§. 1034. Wer Bücher und Werke, deren Nachdruck nach vorstehenden Grundsätzen nicht erlaubt ist, dennoch nachdruckt, muß den rechtmäßigen Verleger entschädigen.

§. 1035. Diese Entschädigung besteht in dem Ersatze des Honorarii, welches der rechtmäßige Verleger dem Verfasser bezahlt hat; und der mehrern Kösten, welche derselbe wegen bessern Drucks und Papiers gegen den Nachdruck gerechnet, auf die rechtmäßige Auflage verwendet hat.

§. 1036. Uebrigens sollen unerlaubte Nachdrücke in hiesige Lande bei Vermeidung der Confiscation nicht eingeführt, und unbefugte Nachdrucker nach näherer Bestimmung des Kriminalrechts ernstlich bestraft werden.

19.

Marggräflich Badensche Verordnung die Versorgung der Bastarte betreffend.

Carlsruhe den 5. August 1791.

1.) Wo zwischen einer rechtlich erwiesenen Zeit des Beischlafs und der Niederkunft der Dirne nicht über 11 und nicht unter 6 Monate verflossen sind, mithin noch die vom gemeinen Recht aufgestellte Vermuthung, daß der Beischläfer Vater des Kinds sei, Statt finden kann, soll das Paternitäts-Erkenntniß gegen den

Beischläfer eintreten, es mag nun die eigentliche Zeit
der Schwängerung zwischen ihm und der Dirne im
Widerspruche verfangen oder gewiß und bestritten seyn.

2) Der Einwand mehrerer Mittheilhaber in gleichem Vergehen mit derselben Dirne soll künftig nicht
mehr für eine die Vaterschafts = Forderungen des Kindes wegen Ungewißheit der Paternität niederschlagen-
de Schuz = Wehr gelten, sondern jeder überwiesene
Beischläfer nach Mehr = Zahl der Personen zu den
Alimenten, Kindbett = Kosten und Bastard = Fall also
beizutragen verbunden seyn, daß so weit solcher Antheil von einem oder dem andern Unvermöglichkeit halber gar nicht, oder wenigstens nicht zu rechter Zeit
eingebracht werden kann, eben so gut einer für alle,
und alle für einen unverschiedentlich haften sollen.

3) Dafern auch in Mangel aller näher verpflichteten endlich der Staat und dessen gemeine Kassen zur
Ernährung eines Bastards eintreten müßten, und Personen verhanden wären, die, obwohl ohne eines unehlichen Beischlafs überwiesen zu seyn, dennoch eines innerhalb obiger Zeit vor der Niederkunft mit
der Pöck getriebenen verdächtigen nächtlichen Zuwan-
dels, da sie nehmlich ausser erlaubten Zusammenkunfts-
Zeiten auf eine dringende Vermuthung eines unzüchti-
gen Vorhabens enthaltende Art, oder sonst auf eine
verbotene Weise zusammengeschlupft, überführt wären, sollen alsdann diese einen Drittel des dem Staat
zugehenden Kosten = Aufwands beizuschiessen verbunden
seyn und angehalten werden.

4) Sollen künftig die Vaterschafts = Lasten ihrem
Quanto nach in der Maaße willkührlich seyn, mithin durch das Ermessen der obrigkeitlichen Stelle, von
welcher die Entscheidung der Paternitäts = Sache in
erster Instanz abhangt, bestimmt werden, daß jedoch
die Alimentations = Gelder, welche bis zu erreichter
Mündigkeit gezahlt werden, nicht unter 15 kr. und
nicht über 48 kr. wöchentlich, der Bastard = Fall nicht

nuter 8 fl. und nicht über 50 fl. gesezt, auch nebst
diesem der Schuldige noch zu 5 bis 15 fl. Kindbett-
Kosten verurtheilt werden soll.

a) Die geringste der obigen Summen ist nur da
zu erkennen, wo der Schwängerer nach Maas des
ihm erblich anerfallnen, obwohl auch noch in Nuzniessung laufenden Vermögens, und seiner Verdienst-
Fähigkeit ein mehreres zu zahlen nicht vermag.

b) Bei Auswahl der verschiednen stufenmäsig ein-
tretenden Erhöhungen soll zwar vornehmlich auf das,
was der zur Vaterschafts-Last Verbundene zahlen kann,
zugleich aber, so weit hierbei ein Minder oder Mehr
eintritt, auf den Stand, Verdienst-Fähigkeit, und
Vermögen der Mutter des unehlichen Kindes und
auf die davon abhängende mehrere oder mindere
Schwierigkeit und Kostspieligkeit des Erziehungs-Auf-
wandes gesehen, besonders

c) Nicht ohne sehr deutlich in den Akten bewie-
sene Nothwendigkeits-Gründe unter das Mittlere der
obenbestimmten Summen heruntergegangen werden.
Da auch,

5) Wo einmal die Schuldigkeit zu Tragung der
Vaterschafts-Lasten in Anwendung der That auf dieses Unser Gesez rechtlich gewiß ist, die Ermäßigung,
wie viel er nach Maas der Bedürfnis des Kindes
und seines Vermögens beizutragen habe, damit das
Kind gehörig erzogen werden könne, nicht sowohl
mehr ein Gegenstand richterlicher Discußionen, als
vielmehr ein Vorwurf der Landes-Polizei-Verord-
nungen ist: so soll das Kind und dessen Mutter aus
der unterrichterlichen Ermäßigung nie ein wolerwor-
benes Recht erlangen, noch solche Bestimmung der
Summe eine Rechts-Kraft bestreiten, folglich zwar
wohl über die Frage, ob jemand mit Recht für den
Vater des Kindes erklärt, oder doch in die Vaterschafts-Lasten verwiesen oder dessen entbunden worden, niemals aber über die Bestimmung der Sum-

me der Recurs an die Ober-Gerichte durch den Weg
der für Schwängerungs-Sachen in unserer Verordnung dd. 21 Apr. 1778 im Wochen-Blatte de 1778
Nro. 31 festgesezten Appellations-Form statt haben;
dahingegen wegen der Bestimmung der Summe,
wenn der Thäter solche nicht ohne seinen Ruin zahlen zu können, vermeinte, ihm so wie der Dirne,
wenn sie, daß ihr Kind nicht nothdürftig bedacht worden sei, darlegen zu können glaube, bei unserer Fürst-
lichen Regierung um anderweite Taxation einzukom-
men frei stehen soll, die alsdann nach genommener
Einsicht der sämmtlich obwaltenden Umstände darüber
sachgemässe Resolution ertheilen wird, wobei es nach-
mals sein endliches Verbleiben ohne ferneres Suppli-
ciren behalten soll.

6) Wo weder die Schwängerer, noch die Dirne
und der leztern Eltern, oder Gros-Eltern die Kindbett und Ernährungs-Kosten beizuschaffen und zu
bestreiten vermögen, oder wenigstens solche Kosten
nicht gleich, sondern etwa aus Nuzniessung laufenden
Vermögen ein und anderer der obgedachten sämmtlichen, zur Ernährung verpflichteten Personen erst nach
Endigung der Nuzniessung künftig erhoben werden
könnte, sollen die Kindbett-Kosten zur Hälfte von
den Gemeinden im Lande, aus welchem die Mutter
des Kindes gebürtig ist, nach Befinden unter Con-
curenz jener Gemeinden, in welcher die Dirne zur
Zeit der Schwängerung in Diensten gestanden, oder
sonst einen ordentlichen Aufenthalt gehabt, zur andern Hälfte aber von den geeigneten piis fundis, die
Ernährungs-Kosten aber für das Kind zur Hälfte
ebenfalls von jenen Gemeinden, und zur andern Hälfte aus den Jurisdiktions-Gefällen bestritten, auch
von jenen Stiftungen, oder den Gerichtsbarkeits-Ge-
fällen das Ganze alsdann bestritten werden, wenn
jene Gemeinden das ihnen obliegende zu bestreiten
gänzlich unvermögend wären.

7) Sollen schwangere frembe Dirnen, wenn sie der Niederkunft nahe sind, niemals vor derselben und den überstandenen Sechswochen, nachher aber, oder vorher, so lang sie noch ohne Gefahr, weiters gewiesen werden können, nicht anders, als nach dem Ort ihrer Heimath unter zuverläßiger Benachrichtigung ihrer Obrigkeit weggewiesen werden.

20.
Zwei Beispiele edler Handlungen aus Schwaben.

Hirsau, (im Wirtenbergischen) den 1 Aug. 1791.

Bisher hatten die katholischen Unterthanen zu Wiesenstetten (bei Augsburg) keinen Pfarrer. Sie mußten ziemlich weit in eine auswärtige Kirche zum Gottesdienst gehen, welches besonders im Winter für neugeborne Kinder hart war. Jetzt aber hat der Besitzer dieses Orts, der augsburgische Baron von Munch, der sich zur evangelischen Religion bekennt, aus Liebe zu seinen Unterthanen, in Wiesenstetten eine eigene Pfarrei errichtet. Das neue Pfarrhaus steht schon schön da, und ein würdiger Priester aus einem aufgehobenen Kapuziner Kloster hat die Stelle erhalten, und ist damit auch versorgt.

Gestern Nachmittag badete ein 10 jähriger Knabe aus Ottenbrunn in der Nargold. Bald bemerkte er Zuschauer, und zog sich deshalb unter die Brüke zurük. Hier gerieth er in die Tiefe unter das Wasser, ward wieder gehoben, und sank abermals, bis er endlich unter dem Bogen der Brüke, wo an dem steinernen Pfeiler Gesträuche heraus wächst, etwas davon zu fassen bekam. Ganz entkräftet und angstvoll war der Knabe dem Unglük nahe, seine schwankende Stüze und sich selbst den Wellen überlassen zu müssen. Es entstand deshalb am Ufer Lärmen, der auch einen jungen Fremdling, welcher zu Pferd im nahen Wirthshause angekommen war, herbeizog. Dieser entkleidete sich in Gegenwart der vielen herumstehenden schreienden, aber nichts wagenden Zuschauer, stürzte sich hinein, schwamm hin und zog den Knaben, der schon seiner nicht mehr bewußt war, heraus. Dieser befindet sich auch schon wieder ganz gesund. Vergeblich wünschten die Umstehende und der Beamte den jungen Mann zu kennen. Er entdekte sich nicht. Man wollte ihn beschenken oder endlich wenigstens zechfrei halten. Aber er nahm nichts an, sondern reiste nach einigen Stunden über Calw gegen Stuttgart wieder ab. Durch einen besondern Zufall hat man erfahren, daß dieser Reisende, der unbekannt seyn wollte, der Lieutenant von Saussüre unter der Herzoglichen Garde-Legion ist.

21.

Eine für die Menschheit wichtige Nachricht.

Aus Straßburg.

Heute den 2f August (d. J.) hat sich der Carabiniers, Petit, ganz nackend zu einem Fenster des Privets im Militärhospital in den Rheinarm gestürzt, der unten vorbei fließt. Um drei Uhr Nachmittag nahm man wahr, daß er mangle, und man glaubt, daß er etwa eine halbe Stunde mag im Wasser gelegen haben. Hr. Lombard Oberchirurgus ließ, da er die Unzulänglichkeit des Reibens, um dem Körper die mangelnde Wärme wieder zu geben, kannte, den Ertrunkenen auf ein wolgewärmtes Bett bringen. Er legte ihn so, daß der Kopf hoch war, die Aerme am Leib hinunter, und die Beine nahe neben einander lagen. Hr. Lombard begnügte sich alsdann ihm immerfort warme Tücher auflegen zu lassen, besonders auf die Gegend des Magens und auf die Füsse. Er hat auch an verschiedenen Stellen des Betts, nahe beim Körper, warme Backsteine legen lassen, die mit Tuch umwickelt waren. Nach sieben bis acht Minuten nahm man an dem obern Augenlied eine kleine Bewegung wahr. Die untere Kinnlade, welche zusammengezogen war, gab nach, es gieng Schaum zum Munde heraus, und Petit konnte einige Löffel rothen Wein verschlucken. Der Puls kam wieder, und um drei Viertel auf fünf Uhr konnte er wieder reden. Man merke sich doch ja diese leichte Art Ertrunkene wieder zum Leben zu bringen, und leide ja nicht, daß man jemand stürze.

Anm. Ich lebe in einer Gegend, in welcher diesen Sommer allein sehr viele Menschen, in einem geringen Umfange beim Baden ertrunken sind, und mit den gewöhnlichen Mitteln nicht wiederhergestellt werden konnten, selbst wenn die Unglücklichen nur wenige Minuten im Wasser waren.

A. d. R.

22.

Eine Anekdote und eine Frage.

In Nummer 283. der Geschichte der gegenwärtigen Zeit (von Straßburg) vom 16 August dieses Jahres las ich folgende mir sehr merkwürdig scheinende Erzählung, die ich wörtlich hier einrücke:

„Herr Parrot, hiesiger Lehrer der Mathematik, gab einem französischen Flüchtling, Namens Bigot, Lection. Dieser wußte ihm, daß er einen seiner Cameraden, — der sich in die schwarzen Complotte hatte ver-

verwikeln laſſen, und ſich ferner ſchämte, in ſolcher
Geſellſchaft zu bleiben — beredet hatte, getroſt wie=
der nach Frankreich zurük zu kehren. Hr. Parrot
bringt nun die Kärtchen, welche beweiſen, daß der
Monat geſchloſſen iſt. Der Ariſtokrat machte über
die Zahlung Schikane. Hr. Parrot ſagt, er wäre
nicht gewohnt, um Geld zu zanken, er mache ihm
ein Geſchenk damit. Der Ariſtokrat ſpringt ihm an
den Hals, und ſchmeißt ihn zur Thüre hinaus. So
behandelt man keinen Lehrer, verſezte Hr. Parrot, wenn
es darauf ankömmt ihn zu bezahlen. Nun fielen der
Ariſtokrat und drei ſeiner Mithelfer über dieſen einzi=
gen wehrloſen Mann her, und ſchlugen ihn, ſo lan=
ge es nur ihre Kräfte zulieſſen, die Bedienten eil=
ten herbei, mußten ſich aber entfernen. Niemand im
Hauſe eilte herbei, weil man einen fürchterlichen Lärm
an dieſen Leutchen gewohnt iſt. Hr. Parrot ent=
weicht endlich blutrünſtig, mit einigen gefährlichen
Wunden am Kopf; er flieht nach Hauſe, ſeine Gat=
tin erfährt, was vorgegangen: Arzt und Wundarzt
können ihr nicht für das Leben ihres Mannes bür=
gen, den ſie über alles liebt. Die edle Frau tömmt
der Verzweiflung nahe, läuft auf die Parade, be=
gehrt vom kommandirenden Oberſten Gerechtigkeit ge=
gen die Meuchelmörder, wo ſie die That erzählt,
und läuft wieder nach Hauſe. Alle Umſtehende wur=
den gerührt. Das Oberamt erhielt Befehl, die Sa=
che gleich zu unterſuchen. Nachmittags mußten die
Thäter erſcheinen, die Frau erſcheint mit; ſie dringt
auf Feſthaltung; allein dies war wider die Ettikette,
denn die Schläger waren von Adel, und der Miß=
handelte eine bloß bürgerliche Canaille. Auf das To=
ben der gereizten Frau erhielten ſie endlich Stadt=
Arreſt. Noch iſt die Frau in einer Art von Wuth.
Sie ſucht allenthaben Piſtolen anf. Ha! ſchrie ſie
ihnen ins Angeſicht, wären nun noch ſo Weiber
ſo wie ich, bald ſollte die T...s=Bruth hier aus=

gerottet seyn. Das schaale Verfahren der schlafen=
den Gerechtigkeit, weil sie vor den Hochwohlgebornen
nicht wachen darf, hat jedem die Galle rege gemacht,
der auch ohne Ahnen Gefühl von Menschheit hat;
und seit dieser Geschichte haben sich sehr viele als
offenbare Demokraten erklärt. „ —

Und nun die Frage : Verhält sich die Sache so?
Oder ist sie von einem unredlichen Korrespondenten
entstellet worden? — Sollte der menschenfreundliche
Marggraf in seiner Residenz einen Gelehrten (*)
so ungestraft mißhandeln lassen — von Fremdlin=
gen mißhandeln lassen? Es ist dem Frager, und ge=
wiß auch den Lesern dieser Zeitschrift daran gelegen,
von einem unbefangenem Manne nähere Auskunft hier=
über zu erhalten. Diese erbittet sich im Namen Aller
Der Redacteur.

23.
Merkwürdige Aufzählung der Rechte und Privilegien der königlichen Familie von Großbrittanien.

Aus dem Englischen.

Der erste und ansehnlichste Zweig der Königlichen
Familie, nach dem König ist die Königin. Die Kö=
nigin von England ist entweder regierende Königin
(Queen Soverein) Gemalin des Königs (Queen

(*) Ich kenne einen deutschen Staat, in welchem mich eine
solche Behandlung eines Gelehrten nicht befremden wür=
den, da dort der Soldat, der unnüze Miethling des
Staats mehr gilt, als der verdienstvolle Gelehrte, und
diesen ungestraft mißhandeln darf.
A. d. R.

Consort) oder verwitwete Königin (Queen dorvager).
Die regierende Königin trägt die Krone aus eigenem
Rechte, wie die erste und zweite Königin Marie,
Königin Elisabeth und Königin Anna. Sie hat die=
selbe Vorrechte, Würden und Pflichten, die der Kö=
nig hat.

Die Queen Consort ist die Gemalin des regie=
renden Königs, und genießt verschiedene Vorrechte
vor andern Damen. — Erstlich ist sie eine persona
publica, vom Könige in vielen Rücksichten unabhän=
gig und verschieden, und nicht wie andre verheura=
thete Frauenspersonen so fest an ihren Gatten ge=
bunden, daß sie alle gesetzliche und abgesonderte Exi=
stenz verlieren sollte, so lange die Ehe dauert. Denn
die Königin ist befugt liegende Güter anzukaufen, sie
auf andre zu übertragen, zu verpachten, Copyholds
(*) zu verleihen, und andre Handlungen die aus dem
Eigenthum fliessen, auszuüben, ohne die Theilnahme
ihres Gemals, welches kein andres verheurathetes
Frauenzimmer thun kann. Sie ist auch fähig vom
Könige gewisse Verleihungen zu erhalten, welche keine
andre Gattin von ihrem Manne erlangen kann. Die
Königin von England hat einen eigenen Hofstaat und
Hofbediente, die von denen des Königs verschieden
sind, nicht allein in Rücksicht des Ceremoniels, son=
dern auch in Rücksicht der Rechte. Ihr Advocat
und Generalsachwalter haben das Recht auf einen
Platz innerhalb der Schranken in den Gerichten Sei=
ner Majestät, eben so wie das Conseil des Königs.
Sie kann ebenfalls allein Prozesse führen, und Pro=
zesse können allein gegen sie geführt werden, ohne Ver=
bindung mit ihrem Gemal. Sie darf ein abgesön=
dertes Eigenthum in beweglichen und unbeweglichen

(*) Copyhold ist eine Art niederer Lehen, bei welchen der Le=
henmann weiter nichts als die Abschrift des Protocolls aus
den Gerichten des Lehenberrn aufzuweisen hat. Ungefehr
das, was man in Deutschland eine Erbpacht nennt. A. d. U.

Gütern besitzen, und hat das Recht durch ein Testament darüber zu disponiren. Kurz sie ist in allen gerichtlichen Handlungen als ein unverheurathetes (feme
sole) und nicht als ein verheurathetes Frauenzimmer
(feme covert) zu betrachten. Der Grund hievon ist,
daß das gemeine Recht (common Law) nicht haben
will, daß der König — dessen beständige Sorgfalt
und Aufmerksamkeit auf das gemeine Wesen gerichtet
seyn soll — durch die häuslichen Angelegenheiten seiner Gemalin beunruhiget werden soll, und deswegen
versieht es die Königin mit der Gewalt in ihren eigenen Angelegenheiten zu handeln, als ob sie ein
unverheurathetes Frauenzimmer wäre, ohne alle Dazwischenkunft des Königs.

Die Königin hat ferner viele Freiheiten und kleine
Vorrechte, z. B. sie bezahlt keinen Zoll, und ist
keinen Geldstraffen bei den Gerichten unterworfen.
Jedoch wo sie die Gesetze nicht ausdrücklich für frei
erklärt haben, bleibt sie mit andern Unterthanen auf
gleichen Fuß gesetzt, indem sie in jeder Rücksicht
des Königs Unterthan, und nicht seines Gleichen ist.

Das ursprüngliche Einkommen unsrer Königin
scheint vor und bald nach der Eroberung (*) in gewissen vorbehaltenen Rechten oder Renten aus den
Domainen der Krone, die der Königinn Majestät
ausdrücklich und vom Könige unterschieden zugeeignet
waren, bestanden zu haben. Es geschieht öfters ein
Doomsday Book, (**) nachdem die Einkünfte, welche
der Krone gebühren, aufgezählt worden sind, daß

(*) The Conquest heißt in der Engländischen Geschichte vor-
    zugsweise die Eroberung Englands durch Wilhelm den
    Eroberer, Herzog von der Normandie im Jahr 1066.
                                              A. d. U.

(**) Doomsday Book ist das grosse unter Willhelm dem Er-
     oberer verfertigte Lager = oder Lehenbuch, worinn alle
     Landgüter in England mit ihrem Werthe verzeichnet sind.
                                              A. d. U.

eine gewiſſe Summe Goldes oder andrer Renten hin=
zugefügt iſt, die der Königin vorbehalten ſind. Die=
ſe wurden ihr häufig zu beſondern Beſtimmungen ge=
geben, als Wolle zum Gebrauch Sr. Majeſtät ein=
zukaufen, Oel zu ihrer Lampe herbeizuſchaffen, ihren
Anzug vom Kopf bis zu den Füſſen anzuſchaffen, der
öfters ſehr koſtbar war. So kam ein einziges Kleid
im fünften Jahr König Heinrich des zweiten die Stadt
London auf achtzig Pfund zu ſtehen. Dieſe Gewohn=
heit hat einige Aehnlichkeit mit dem, was Cicero von
der Gewohnheit in den Morgenländern ſagt, wo gan=
zen Städten und Provinzen angewieſen wurde, ein=
zelne Theile von dem Anzuge der Königin herbeizu=
ſchaffen. Man hält dafür, daß dieſe Entrichtung des
Goldes für die Königin urſprünglich als eine weitere
Zulage verwilliget worden iſt, indem diejenigen Gna=
denbezeugungen, aus welchen es herkommt, meiſtens
durch die mächtige Fürbitte der Königin von der Kro=
ne erhalten wurden. Man findet einige dunkle Spu=
ren von der Entrichtung deſſelben im Doomsday Book
und in der groſſen pipe-roll Heinrich des erſten.
Es ſcheint, man habe es unter der Regierung Hein=
rich des zweiten wohl verſtanden, und von dieſer Zeit
an erhielten und genoſſen es alle Königliche Gemalin=
nen, bis zum Tode Heinrich des achten, wiewohl
die Einnahme deſſelben, nachdem die Familie Tudor
auf den Thron gekommen war, ſehr vernachläßiget
geworden zu ſeyn ſcheint. Da nun nachher keine kö=
nigliche Gemalin bis zur Thronbeſteigung König Jacob
des erſten da war, in einem Zeitraum von faſt 60 Jah=
ren, ſo wurde ſeine Natur und Summe ſehr unge=
wiß und zweifelhaft. Der König übergab die Unter=
ſuchung dem chief juſtice nun chief baron, deren
Gutachten ſo ungünſtig ausfiel, daß Anna, die Ge=
malin des Königs, es niemals für ſchicklich hielt, es
einzufordern, ob ſie gleich Anſpruch darauf machte.
Im Jahr 1635, einer Zeit, die ſo fruchtbar an Hilfs=

mitteln war, Geld durch Ansprüche aufzubringen, die
in unsern alten Urkunden schliefen, — von welchen das
Schifgeld ein trauriges Beispiel ist — gab König
Karl der erste auf Ansuchen seiner Gemalin Henr
riette Marie den Befehl, es zu erheben. Allein
nachher kaufte er es seiner Gemalin für 10000 Pfund
ab, da er vielleicht die Erhebung zu geringe und zu
verdrießlich fand. Und da nach der Restauration (*)
die military tenures und die Geldstraffen die daraus
herflossen, abgeschaft wurden, so wurde das wenige
was von diesem Einkommen gesetzmäßig übrig blieb,
fast auf nichts zurückgebracht. Herr Prynna bemüh=
te sich vergebens iu einem Traktat, der seinen anti=
quarischen Kenntnissen Ehre macht, die Königin Ka=
tharina aufzufordern, diesen alten Anspruch wieder
hervorzusuchen.

Ein andres Recht, das der Gemalin der Königin
gebührte, war, daß wenn ein Wallfisch an den Kü=
sten gefangen wurde, er als ein Königlicher Fisch
zwischen dem König und der Königin getheilt werden
sollte, nur daß dem König der Kopf und der Köni=
gin der Schwanz gebührte. Der Grund dieser schnur=
rigen Distinktion ist, wie ihn unsre Urkunden ange=
ben, daß man die Königin mit Fischbein versehen
wolle.

Obgleich die Königin in jeder Rüksicht ein Unter=
than ist, so steht sie doch in Ansehung ihrer Person
und ihres Lebens mit dem König auf gleichem Fusse.
Es ist ein gleicher Hochverrath, den Tod derjenigen
Frau, welche die Gefährtin des Königes (**) ist, im

(*) The Restoration heißt in der Englischen Geschichte die
grosse Revolution, da der Prinz Willhelm von Oranien
nachmaliger König Willhelm der dritte im Namen seiner
Gemalin Marie, einer Tochter König Jacob des zweiten
im Jahr 1688. von England Besiz nahm, und den Kö=
nig seinen Schwiegervater vertrieb. A. d. U.

(**) our lady the King's companion.

Schild zu führen, als den Tod des Königs selbst.
Die Schändung der Königlichen Gemalin wird als
ein Verbrechen angesehen, sowohl bei der Person,
die es begeht, als bei der Königin, wenn sie darein
williget. Wenn die Königin wegen irgend einer Art
des Hochverraths angeklagt würde, so muß sie von
den Pairs des Parlements gerichtet werden, sie mag
Königliche Gemalin oder verwittibte Königin seyn,
so wie Königin Anna Boleyn, unter der Regierung
Heinrich des achten verurtheilt wurde.

Die verwittibte Königin genießt, als Wittwe des
Königs einen grossen Theil der Vorrechte, welche
der Gemahlin des Königs gebühren. Allein es
ist kein Hochverrath gegen ihr Leben zu konspiriten,
oder ihre Keuschheit zu verlezen, weil die Thronfolge
dadurch nicht in die Gefahr gesezt wird. Doch kann
in Ansehung ihrer Königlichen Würde nach dem sechsten Statut Heinrich des siebenten kein Mann die
verwittibte Königin, ohne besondre Erlaubniß des
Königes heurathen, bei Verlust aller seiner Güter.
Wenn sie gleich eine Fremde ist, so hat sie doch einen Anspruch auf das Wittwengehalt, nach dem Tode des Königs, welches Recht keine andre Auslände-
rin hat. Eine verwittibte Königin, wenn sie sich
wieder mit einem Unterthanen verheirathet, verliert
ihre Königliche Würde nicht, wie die Wittwen der
Pairs ihre Pairschaft verlieren, wenn sie einen Mann
heurathen, der kein Pair ist. Katharine, Wittwe König Heinrich des fünfeen, ob sie gleich den
Tudor, einen Unadelichen heurathete, führte doch gegen den Bischof von Carlisle einen Prozeß unter
dem Namen Katharina Königin von England.

Der Prinz von Wallis, der wahrscheinliche Thronerbe und seine Gemalin, wie auch die Princess Royal,
die älteste Tochter des Königs, werden von den Gesezen gleichfalls mit besondrer Aufmerksamkeit betrachtet. Denn ein Complot gegen den ersten, oder
eine Verlezung der Keuschheit der beiden andern,

wird eben so gut als Hochverrath angesehen, wie ein
Komplot gegen den König oder ein Verlezung der
Keuschheit der Königin. Dies beruht auf dem oben
angeführten Grunde, weil der Prinz von Wallis der
nächste Thronerbe ist und die Verlezung der Keuschheit seiner Gemalin das königliche Blut mit Bastard-
schaft beflefen könnte, und weil die älteste Tochter
des Königs gleichfalls allein ein Erbrecht zur Krone
hat, in Ermanglung männlicher Nachkommen, daher sie auch von den Gesezen grössere Achtung ge-
niesst, als ihre jüngere Schwesteren, so sehr, daß
in dieser Rüksicht und in Verbindung mit andern
Lehensgrundsäzen, während unsere Militärlehen noch
im Gange waren, der König befugt war, eine Bei-
steuer zur Verheurathung seiner ältesten Tochter oder
zwar nur für sie allein zu erheben. Der wahrscheinliche Thronerbe wird gewöhnlich durch eine besondere
Ernennung und Verleihung zum Prinzen von Wallis
und Grafen von Chester gemacht. Als der älteste
Sohn des Königs ist er, erblicher Herzog von Cornwall ohne eine besondere Ernennung. Man rechnet
die jährlichen Einkünfte des Herzogthums Cornwall
auf 14000 Pfund und die des Fürstenthums Wallis seit 350 Jahren auf 4680 Pfund. Der gegenwärtige Prinz von Wallis hat ein jährliches Einkommen von 60000 Pfund aus der Civil-Liste (*) seines Königlichen Vaters.

Den Rest der königlichen Familie kann man aus
zween Gesichtspunkten betrachten, nach dem verschie-

(*) Civil-Liste heißt das Verzeichniß derjenigen Summen, welche der König von England zu seinen bürgerlichen Ausgaben, das ist, zur Unterhaltung seines Hofstaats, der
Gesandten, Gerichte u. s. f. nöthig hat. In einem andern Sinne heißt Civil-Liste die dazu gehörige Summe
selbst, welche einem Könige von England allemal bei dem
Antritte seiner Regierung auf die ganze Dauer derselben
versichert wird. A. d. U.

denen Sinn, in welchem man den Ausdruk Royal
Family gebraucht. In weiterm Sinne schließt es al=
le diejenigen ein, die durch irgend eine Möglichkeit,
ein Erbrecht auf die Krone haben. Im engern Sinne
begreift er bald diejenigen, welche mit dem Regen=
ten in einem gewissen Grade der Verwandschaft ste=
hen und für welchen die Geseze deswegen eine vor=
zügliche Achtung haben. Wenn sie aber über diesen
Grad hinaus gehen, fallen sie in die Klasse gewöhn=
licher Unterthanen und werden wenig anders angesehen,
ausser daß sie in Ermanglung der nähern Linien zur
Thronfolge gerufen werden.

Auf die jüngern Söhne und Töchter des Königs
und die übrigen Zweige der königlichen Familie, die
nicht unmittelbar von der Erbfolgslinie sind, nehmen
die ältern Geseze wenig Rüksicht, ausser daß sie ih=
nen bis zu einem gewissen Grade den Rang vor al=
len Pairs und geistlichen und weltlichen Staatsbe=
dienten geben. Dieß geschah durch das ein und dreißig=
ste Statut Heinrich des achten, der verordnete, daß aus=
ser den Kindern des Königs sich niemand einen Plaz
an der Seite des Baldachins in der Parlementskam=
mer anmassen sollte, und daß gewiße hohe darinne
genannte Officiers den Rang vor allen Herzogen,
ausgenommen solchen, die des Königs Sohn, Bruder,
Oheim, Neffe — (nach Sr. Edward Coke's Ausle=
gung soll dies Enkel, nepos, bedeuten) — haben sollen.

Im Jahr 1718 wurde auf eine Anfrage, die der
König Georg der erste allen Richtern vorgelegt hatte,
mit 10 gegen 2 Stimmen beschlossen, daß die Er=
ziehung und Aufsicht der Kinder des Königs, wäh=
rend ihrer Minderjährigkeit bei Lebzeiten ihres Va=
ters Seiner Majestät als König zustehen solle. Sie
beschlossen ferner einmüthig, daß die Sorge und Ein=
willigung in ihre Verheurathung, wenn sie erwach=
sen seyn würden, dem Könige ihrem Großvater zu=
stehen solle. Und 1772 waren die Richter der Mei=

nung, daß diese Fürsorge und Genehmigung sich auch auf
den wahrscheinlichen Kronerben erstreken solle, wie wohl
man nicht genau bestimmt findet, wie weit dies auch auf
die übrigen Zweige der königlichen Familie gehen soll.
Die häufigsten Beispiele von der Einmischung der
Krone gehen nicht weiter als auf Neffen und Niecen,
doch sind Beispiele vorhanden, daß sie sich auf ent-
ferntere Seitenverwandte erstreckt haben. Das ge-
dachte Statut, welches die Verheurathung der verwit-
weten Königin ohne die Einwilligung des Königs verbietet, giebt folgenden Grund an: weil die Mißheu-
rath der Königin für die übrige Damen vom Königs-
lichen Geblüt, eine grössere Anreizung seyn möchte,
Mißheurathen einzugehen. Und daher ist es durch
das acht und zwanzigste Statut Heinrich des achten
— das unter Eduard dem sechsten erneuert wurde —
für einen jeden Mann zum Hochvorrath gemacht worden, mit des Königs Kindern oder vermeinten Kindern, seines Vaters Schwestern oder Tanten, oder
seinen Bruders- oder Schwesterkindern, eine Heurath
einzugehen. Nunmehr ist auch durch das zwölfte
Statut Seiner jetzigen Majestät, kein Nachkömmling
Georg des zweiten — ausser den Nachkommen der
Prinzeßinnen die in fremde Familien verheurathet sind
— fähig, eine Heurath, ohne die vorausgehende Einwilligung des Königs, die unter dem grossen Siegel
ausgefertiget wird, einzugehen, und eine ohne diese
Einwilligung eingegangene Ehe ist nichtig. Es können jedoch diese Descendanten, wenn sie über fünf
und zwanzig Jahre alt sind, wenn sie ein Jahr vorher dem geheimen Rathe davon Nachricht gegeben
haben, ohne die Einwilligung der Krone, eine Heurath eingehen und vollziehen, wofern nicht vor Ab-
lauf dieses Jahres die beiden Parlamentshäuser die
Mißbilligung einer solchen beschlossenen Heurath ausdrücklich erklärt haben. Alle Personen die bei einer
solchen Verheurathung gegenwärtig sind, sollen in

die Strafen des Statuts præmunire fallen. Dieses
Statut ist zwar ursprünglich gemacht worden, um
die übermäßige Gerichtsbarkeit die sich der Pabst in
diesem Königreiche anmaaßte, einzuschränken, es wur-
de aber seitdem auf Vergehen ausgedehnt, die keinen
Bezug auf diesen ursprünglichen Zweck haben. Diese
Strafe besteht darinn, daß derjenige der überwiesen
wird, daß er eine solche Heurath befördert hat, des
Königs Schutz verlieren soll, und seine Ländereien,
Besitzungen, Mobilien und Vieh an dem König ver-
fallen seyn sollen, der ihn selbst nach Gefallen mit
Gefängnißstrafe belegen kann.

Joseph * * *

24.

Aus einem Briefe von Marburg.

An einen Freund zu S..

Sie kennen doch * * * den Zeitungsschreiber? Thun
Sie mir doch die Liebe, und sprechen sie in meinem
Namen mit ihm. Grüßen Sie ihn herzlich von
mir, und sagen Sie ihm: er könne wohl von mir
vermuthen, daß ich kein Schmeichler sei, folglich auf
mein Wort als ein Wort der Wahrheit trauen dürfe.
Zuweilen theilt er Seitenhiebe auf unsern Herrn Landgrafen aus, auf einen grossen, und guten Fürsten,
den er ganz und gar nicht, sondern nur aus bloß-
sen Gerüchten und durch Lästerer kennt. Solche Quellen müssen keinem Schriftsteller die Feder führen, er
weiß nicht wie erschröklich er dadurch schadet, ohne
im geringsten zu nützen. Ich bezeuge vor Gott dem
Allwissenden, vor dem ich wandle und dem ich diene,
daß unser Fürst einer der besten Regenten Deutschlands ist, er schäzt und beglükt seine Unterthanen auf al-

le mögliche Weise, wird durchgehends von ihnen
geliebt und verehrt, und alles was man ihm auffer
Landes nachsagt, sind durchgehends verdrehte Calum=
nien; er ist ein Christ, ein Freund der Religion
und ihr Beschützer, überhaupt thätig und weise und
ein sehr rechtschaffener Mann; das alles kann ich mit
Grund sagen, denn ich kenne ihn genau. Warnen Sie
also * * * in meinem Namen und sagen Sie ihm,
er möchte doch keine Lästerungen drucken lassen, er
würde sonst auch einmal darüber zur Rechnung ge=
zogen, und wenn es nicht geschähe, geschähe es ge=
wiß einmal vor dem strengen Richterstuhl dessen, der
recht richtet. Fürsten haben Fehler, denn sie sind
Menschen, jedermann können sie es nicht recht ma=
chen, und viele müssen auch degoutirt werden, die
blasen dann Lärmen, und stellen alles im falschen
Licht dar. —— —

Dies schrieb einer der geschäztesten deutschen
Gelehrten — ein Mann von anerkannter Recht=
schaffenheit an einen seiner Freunde, über die man=
cherlei Verläumdungen, welche über den regierenden
Landgrafen von Hessen=Cassel ausgesprengt werden.
    Wir glauben ihm gerne; aber eben so sehr wün=
schen wir auch von diesem treflichen Manne oder
von irgend einem andern Edeln aus Hessen Aufklä=
rung über die Geschichte des Raths und Bibliothe=
kars Cuhn zu erhalten. Warum widerlegt man
die hierüber ausgeposaunten Gerüchte nicht? —

Anmerkung der Herausgeber.

25.

Schubart.

Schreiben aus Stuttgart, vom 12 October, d. J.

Unser Schubart ist todt! So trauert ißt diese gan=
ze Stadt, und selbst die, welche diesen berühmten
deutschen Mann verkannten oder verkennen wollten,
seufzen ißt in Einem Tone: Er ist uns zu frühe ge=
storben!

Er starb am 10. dieses Morgens um halb neun
Uhr an einem Steckflusse, nach einer vierwöchigen
Schleimkrankheit, von welcher er wenige Tage vor
seinem Hinscheiden bald wieder hergestellt zu seyn
glaubte.

Er war im Jahr 1739. am 26. März zu Ober=
sontheim in der Grafschaft Limpurg gebohren; ward
im Jahr 1777. als Gefangener auf die Wirtember=
gische Veste Asperg gebracht, woselbst er bis 1787.
im Kerker ausharren mußte. Er wurde in diesem
Jahre wieder befreit, und als Herzogl. Wirtember=
gischer Hofdichter und Theaterdirektor mit einem Ge=
halte von 600 fl. angestellt. Er war aber eigentlich
nur Theaterdichter, und gab sich mit der Direktion
des Theaters wenig ab. Er schrieb seit seiner Be=
freiung, die unter dem Titel Chronik bekannte Zei=
tung, welche vor seinem Tode gegen 4000. Abneh=
mer hatte, und jeßt von einer Gesellschaft, an deren
Spiße der rühmlichst bekannte Dichter Doct. Stäud=
lin steht, fortgesetzt werden soll. Es ist aber zu be=
fürchten, daß diejenigen Leser, welche dies beliebte
Zeitungsblatt um Schubarts willen lasen, jeßt zu=
rücktreten möchten, da Schubart todt ist.

Er hinterließ einen einzigen Sohn, Ludwig
Schubart, Königl. Preußischen Gesandtschaftssecre=

taire in Nürnberg, einen hoffnungsvollen, geistreichen jungen Mann — und eine einzige Tochter Julie, Sängerinn bei der hiesigen Hofkapelle und sehr beliebte Schauspielerinn bei dem Hoftheater, seit 1789. Gattinn des ältern Herzogl. Hofmusikus Kaufmann, ein geistvolles Frauenzimmer. Sie machte ihren innigstgeliebten Vater zum Großvater zweier Enkelchen — ein Vergnügen, das der Verewigte mit ganzer Seele genoß.

Er ist nun nicht mehr! — Die Musen trauren um ihn, denn er war einer ihrer geschäzteſten Oberprieſter! — Wer seinen moralischen Karakter kennen will, der lese seine selbst im Kerker verfaßte Lebensbeschreibung — wer ihn nicht persönlich und lange gekannt hat, kann ihn nicht beurtheilen. Er war einer von den seltenen Feuerköpfen, die für kältere Menschen ganz unbegreiflich sind. — Die Zeugen seines guten, edeln Karakters sterben nicht!

Man will eine Subscription eröfnen, um ihm ein Denkmal zu sezen — er verdient es — aber ich weiß nicht, ob es zu Stande kommen wird. Hier theile ich ihnen das Denkmal mit, das ihm einer seiner Verehrer sezte.

* *

Thränen auf die Urne Schubarts.

Menschheit
weine bei dieser Asche!
Sie bewohnte
ein hoher nun entfesselter Geist! —
Deinen Fridrich den Einzigen
liebte und sang Er,

stark und wahr und groß wie Keiner. —
    Auch Er war Einzig
  im Kerker und in der Freyheit,
voll deutscher Kraft und Biederkeit und Muth,
  Dein Sänger, Lehrer, Freund.
Vom Bauren bis zum Fürstensohne,
im sanftesten Lispeln und im harmonischen Donner
  Der Rede: Ton: und Dichtkunst —
Dachten, fühlten, lächelten, weinten
  die Völker Ihm nach.
Er lehrte sie wägen die Thaten
  im Krieg und im Frieden,
Der Freyen und Sclaven,
  Der Despoten und Väter des Vaterlands.
Religion, Freyheit und Frieden
  mit ihrem Jahrtausend beglükendem Seegen,
wünschte, lehrte, erflehte Er.
  Ein Wort, Eine That, Eine Thräne
aus dem fühlenden Herzen
  Des Bauren, wie des Königs
Liebte und lobte er mehr
  als tausende des erkauften unsterblichen
durch alle Welt posaunten Ehrgeizes
    grosser Geister.
Für eine solche theilte Er mit
  Dem Armen Trost aus seinem Geiste,
und von seinem Brode;
    Für eine solche
Konnte Er vergessen den Undank einer Welt —
  von ihnen gefesselt seine Feinde umarmen
und für sie und die Menschheit beten.
Verzeiht Ihm, er betet für euch,
Die Ihr, — war Er nicht Mensch?! — seine Fehler
  zu strenge richtet —
    im Sturme der Leidenschaft
  rang er verblendet, nach Frieden und Freiheit

war ob stürmischer Jugend gefesselt
und trugs zum Beispiel für Alle. —
    Ihm wurde, für Alle zum Beispiel
weil Er vergab, auch vergeben — und Freiheit Ihm —
und Gnade vor Gott, den Regenten und Völkern.
    Er genießt sie unvergleichbar izt
            im ewigem Vaterlande —
unvergeßlich bleiben im irrdischen
uns deine Schriften, dein warnendes Beispiel
Schubart!

————————

Er war gebohren am 26 März 1739. und starb
am 10. October 1791.

Von seinen Freunden auf sein Grab geschrieben.

Stuttgart, am 12. October.

1 7 9 1.

        Eugen von Scheeler,
Vorgesezter Offizier bei der Her=
zogl. Karls=Hohen=Schule.

Der
Weltbürger.
III. Heft.

26.

Beiträge zur Statistik der deutschen Reichs-
städte.

Erster Versuch.

An die Herausgeber des Weltbürgers statt der Einleitung.

Die Statistik, die den Deutschen ihr Daseyn, ihre Ausbildung zur Wissenschaft, und eine Aus-
dehnung zu verdanken hat, die unserem Zeitalter wahre Ehre bringt — eben diese von uns so ange-
baute Wissenschaft bleibt noch immer, was unser Deutschland selbst betrift, so voller Lüken, so man-
gelhaft, daß man jenes kaum glauben sollte.

Der grosse deutsche Staatskörper besteht aus einer Menge grosser und kleiner Staaten, von welchen viele noch wirkliche terræ incognitæ für den Statistiker sind, der oft den nordamerikanischen Frei-
staat besser kennt, als die Verfassung des ihm zu-
nächst gelegenen Landes oder Ländchens. Eine ängst-
liche Zurükhaltung, eine lichtscheue Politik, oder auch Mangel an innländischen Statistikern, Mangel an der Litteratur so unentbehrlicher Aufklärung, Mangel an Hülfsquellen für den answärtigen Statistiker und auch oft die Unbedeutendheit des Länd-
chens selbst, das noch kein forschender Reisebeschrei-

ber seiner Aufmerksamkeit gewürdigt hat; dies sind
die Hauptursachen des tiefen Dunkels, das noch izt
auf der Statistik so vieler deutschen Staaten liegt.
Von den grössern derselben will ich gar nicht sprechen; sie reizen eher die Forschbegierde des Stati-
stikers, als die kleineren, und doch ·hat auch bei
diesen die Statistik noch ungeheure Lüken. Diese
auszufüllen, wetteifern izt unsere vaterländische Gelehrte, und legen eigene Magazine dafür an. —
Ich will hier nur von den deutschen Reichestäd-
ten reden, deren Statistik, einige der grössern ausgenommen, noch gar sehr vernachlässigt ist. Die
kleinliche Politik. verbietet es gewöhnlich dem Inn-
wohner, wenn je noch einer da ist, der sich dieser
verdienstvollen Arbeit unterziehen kann und will, statistische Nachrichten von seiner Vater- oder Wohn-
stadt in's Publikum zu bringen, und der fremde
Reisende findet oft zu wenig Reize in einer kleinen
Stadt, um so lange darinn zu verweilen, bis er
die nöthigen Nachrichten eingezogen hat, um uns
die Beiträge zu ihrer Statistik zu liefern. Auch
reisen sehr viele Leute ohne die nöthige Beobach-
tungsgabe, oder reisen ohne nüzliche Beobachtungen
sammeln zu wollen, oder fliegen so schnell in Post-
kutschen dahin, daß sie uns keine andere Bemerkungen mittheilen können, als solche die sie im
Fluge in Wirthshäusern aufgeklaubt oder von unun-
terrichteten Postillionen, Frisairen u. s. w. ausgefragt
haben. Daher dann die Armuth der deutschen reichs-
städtischen Sthtistik.

Ich habe mir vorgenommen —, ich hoffe zum
Vortheile der Statistik und zum Vergnügen des Publikums — alle statistische Nachrichten von deutschen
Reichsstädten sowohl die ich in gedrukten Büchern
vorfinde, als durch Korrespondenz erhalten, und aus
eigenen Reisen zusammen lesen kann, zu sammeln,
damit einst aus diesen einzelnen Materialien, wenn

ſie ſich, wie ich hoffe, noch mehren, mit der Zeit
ein brauchbares Ganzes werden könne.

Den Grund dazu lege ich mit dieſer kurzen all⸗
gemeinen Ueberſicht, die Sie, m. H. wenn es ihnen
gefällig iſt, in den Weltbürger aufnehmen mögen.
Es iſt zwar izt nur noch ein fleiſchloſes Gerippe
aus einzelnen Angaben zuſammengeſetzt, und mit
den nöthigen litterariſchen Notizen verbrämt; aber
ich gedenke, dies Skelet nach und nach, ſo weit es
mir vergönnt iſt, auszufüllen. Es iſt ohne Zweifel
noch ſehr fehlerhaft; ich glaube es ſelbſt; doch hoffe
und wünſche ich, daß dieſe Fehler ſelbſt ſolche Män⸗
ner aufmerkſam machen werden, welche ſie verbeſ⸗
ſern können. Zu dem Ende fordere ich hiedurch
alle einſichtsvolle Leſer dieſer Blätter geziemendſt
auf, die Fehler, die ſie etwa in dieſem erſten ſtati⸗
ſtiſchen Verſuche entdeken, gütigſt zu verbeſſern,
und ihre Rügen und Verbeſſerungen an die Herren
Herausgeber des Weltbürgers zur Einrükung zu
überſenden. Vielleicht erwekt dies auch manchen
Freund der Statiſtik, daß er Ihnen, m. H. ſeine
einzelne Beiträge zur Kenntniß dieſer oder jener noch
unbekannten oder verkannten Reichsſtadt, und durch
ſie dem Publikum mittheile. Dies hoffe ich um ſo
mehr, da ja ſolche ſtatiſtiſche Nachrichten ganz ano⸗
nymiſch eingeſchikt werden können. Wie würde ich
mich freuen, wenn auf dieſe Art unſre vaterländiſche
Statiſtik bereichert würde! —

Bieten Sie mir, Ihre Hände dazu, meine
Herrn, und nehmen Sie einſtweilen mit dieſem
Scherblein vorlieb!

* * *

Allgemeine Litteratur der Statistik der Reichsstädte.

a) Allgemeine geographische und statistische Werke.

1) Büschings Erdbeschreibung.
2) Canzler's Abriß der Erdkunde.
3) Fabri's Handbuch der Geographie.
4) (Randels) statistische Uebersicht ꝛc.
5) Sammlung geographischer Schriften.

b) Besondere geographisch-statistische Schriften.

1) Haids Tabelle von Schwaben.
2) Geographisches Lexikon von Schwaben.

c) Juridische Werke.

1) J. R. Wegelini Thesaurus Differtationum & Commentationum de liberis ac immediatis S. R. J. Civitatibus &c. fol. Lindaviæ & Curiæ, 1770.
2) Pb. Knisbild Tractatus de juribus & privilegiis Civitatum imperialium &c. (Neueste Ausgabe.) fol. Ulmæ 1740.
3) J. J. Moser's Reichsstädtisches Handbuch. 4. Tüb. 1732. 2 Bände.
4) J. J. Moser's Reichsstädtisches Magazin. 8. Ulm 774. 2. Bde.
5) T. L. U. Jägers juristisches Magazin für die Reichsstädte. 8. Ulm 1790.

d) Reisebeschreibungen.

Unter der grossen Zahl derselben hebe ich nur folgende aus:

1) Blainville's Reisen.
2) Sonders Reisen.
3) Gerken's Reisen.
4) (Riesbek's) Briefe eines reisenden Franzosen.
5) Reisen durch Deutschland.
6) Nicolai's Reisen.
7) Auswahl kleiner Reisebeschreibungen.

c) Sammlungen und periodische Schriften, in welchen zerstreute statistische Nachrichten von den Reichsstädten zu finden sind.

1) Schlözers Briefwechsel und Staatsanzeigen.
2) Büschings Magazin, und wöchentl. Nachrichten.
3) Journal von und für Deutschland.
4) Fabris geograph. Magazin und Monatsschrift.
5) Wagenseils Magazin von und für Schwaben.
6) Hausleutners schwäbisches Archiv.
7) (Elbens) schwäbische Chronik.
8) Hirschings allgemeines Archiv.
9) Zuschauer (der deutsche.)

Anm. Einige einzelne Quellen habe ich bey jeder Reichsstadt angezeigt.

Allgemeine statistische Uebersicht der deutschen Reichsstädte.

Nach ihrer Rangordnung.

1. Köllln, am Rhein.

Eine sehr alte und grosse Stadt.

Litteratur: Gerken's Reisen. Fabri's geogr. Magaz. Journal v. u. f. Deutschland. 1781.
Grösse. 8000. Häuser.
Volksmenge. 60,000. Einwohner. (Nach Büsching nur 40,000.)
Nahrung und Gewerbe. Handlung und Schiffarth auf dem Rheine. Manufakturen.
Regierungsverfassung. Demokratisch.
Herrschende Religion. Die römisch-katholische.
Gebiet. Keines.

2. Aachen.

Litteratur: J. C. Meyers, Geschichte von Aachen. Denkwürdigkeiten von Aachen. Sonders, Gerken's u. a. Reisen. Auswahlen kleiner Reisebeschreibungen. III. Bd.
Grösse. 3000. Häuser.
Volksmenge. 25000. Einwohner.
Gewerbe. Manufakturen. Auch etwas Handlung.

Regierungsform. Demokratisch.
Religion. Römisch-katholisch.
Gebiet. Genannt das Reich von Aachen; hat 7. Stunden im Umfang, Bergwerke, 18. Dörfer und etwa 3000. Einwohner.

3. Lübek.

Eine veste See- und Handelsstadt an der Ostsee.

Litteratur: Lübek's Annehmlichkeiten (v. Willebrand) v Melle, gründliche Nachricht von der Reichsstadt Lübek.
Grösse. Die Stadt ist groß. Ihre Häuser-Zahl un bestimmt.
Volksmenge. 30000. Einwohner.
Gewerbe. Ansehnliche Handlung und Schiffarth. Auch Manufakturen.
Regierungsform. Demokratisch.
Religion. Evangelisch-lutherisch.
Gebiet. Von 3½. Q. M. im Flächenraum, wozu die sogenannten Vierlande gehören. Einwohner des Gebiets, 10000. Seelen.

4. Worms.

Litteratur. Vorzüglich Gerbers Reisen, und andere zerstreute Nachrichten.
Grösse. 700. Häuser.
Volksmenge. 6000. Einwohner. (Nach andern 6500.)
Gewerbe. Handlung, Weinbau, Ackerbau und Handwerker.
Regierungsform. Aristokratisch.
Religion. Die evangelisch-lutherische.
Gebiet. Von 2. Stund. im Umkreise, aber ohne Dörfer.

5. Speier.

Litteratur. Zerstreute Nachrichten.
Grösse. Mittelmäßig.
Volksmenge. 7000. Einwohner.
Gewerb. Handlung, Ackerbau, Viehzucht, und einige Gewerbe.
Regierungsform. Demokratisch.
Religion. Evangelisch-lutherisch.
Gebiet. Keines, außer 4000. Morgen Wiesen und einigen andern Feldgütern.

6. Frankfurt, am Main.

Litteratur. Faber's topographische politische und histo-
rische Beschreibung von Frankfurt. 8. Frf. 1788.
Grösse. 3000. Häuser.
Volksmenge. 36000 (nach andern 40000.) Einwohner.
Gewerbe. Eine sehr ausgebreitete wichtige Handlung.
Auch Fabriken.
Regierungsform. Aristokratisch = demokratisch. Die
Staatseinkünfte sollen 600,800. Gulden betragen.
Religion. Die evangelisch = lutherische, duldet alle an-
dern, vorzüglich viele Juden. (7000. an der Zahl.)
Gebiet. Von 6½. Q. M. und 43. Ortschaften.

7. Goslar, am Harz.

Litteratur. Michaelis, Nachr. vom Urspr. der Stadt
Goslar. 4. Goslar 1758.
Grösse. Mittelmäßig.
Volksmenge. 8500. Einwohner. (Andere sagen 6000.)
Gewerbe. Vorzüglich Fabriken.
Regierungsform. Demokratisch.
Religion. Evangelisch = lutherisch.
Gebiet. Klein; hat Metallwerke.

8. Bremen.
Veste Stadt an der Weser.

Litteratur. Fabri's geogr. Mag. II. B.
Grösse. 5550. Häuser.
Volksmenge. 40000. Einwohner.
Gewerbe. Wichtige Handlung, Schiffarth und Fabriken.
Religion. Evangelisch = lutherisch und reformirt.
Gebiet. Von 3. Quadratmeilen.

9. Hamburg.
Veste See = und Handelsstadt.

Litteratur. V. Griesheims Beschr. d. St. Hamburg.
8. 1767. Ziegra, Beitr. zur Hamb. Historien. 8.
1767-71. Hamburgs Annehmlichkeiten, (v. Willebrand.) 8. 1772. (v. Heß.) Hamburg topogr. histor.
und polit. beschrieben. 8. 1787.
Grösse. 17800. Häuser.
Volksmenge. 100,000. Einwohner.

Gewerbe. Sehr grosse wichtige Handlung und Schif-
farth, auch Manufakturen.
Religion. Evangelisch=lutherisch.
Regierungsform. Aristokratisch. Staatseinkünfte, 3.
Mill. Hamb. Mark oder 800 000. Rthlr.
Gebiet. Allein 2. Quadratmeilen. Gemeinschaftlich mit
Lübek die Vierlande von ½. Meile.

10. Mühlhausen, am Thüringer Wald.

Litteratur. Starkens Beschreib. der Reichsstadt Mühl-
hausen. 8. Mühlh. 1767.
Grösse. Mittelmäßig.
Volksmenge. 8000. Einwohner.
Gewerbe. Manufakturen, auch Handlung.
Regierungsform. Demokratisch.
Religion. Evangelisch=lutherisch.
Gebiet. Von 4. Quadratmeilen mit 21. Dörfern und
5000. Einwohnern. (Mit der Stadt also 13000.
Einwohner.)

11. Nordhausen, an der Zorge.

Litteratur. Histor. Nachrichten der Reichsstadt Nord-
hausen. 4. Nordh. 1740. Siekels Beschreibung von
Nordhausen. 8. Nordh. 1753.
Grösse. 1500. Häuser.
Volksmenge. 9000. Einwohner.
Gewerb. Handlung und Fabriken.
Regierungsform. Demokratisch.
Religion. Evangelisch=lutherisch.
Gebiet. Von 1½. Quadratmeile.

12. Dortmund in der Grafschaft Mark.

Litteratur. Schlözers Staatsanzeigen, VIII. B.
Grösse. Eine Stunde im Umkreis, aber nur 1200.
Häuser.
Volksmenge. 4000. Einwohner.
Gewerbe. Akerbau.
Regierungsform. Demokratisch.
Religion. Evangelisch=lutherische herrschend, duldet
auch Katholiken.
Gebiet. Die alte Grafschaft Dortmund, von 2. Qua-
dratmeilen, (nach Büsching) und 14. Dörfern. Eine
äusserst fruchtbare Strecke.

13. Friedberg, an der Usbach.

Litteratur. Zerſtreute Nachrichten, doch in geringer Menge.
Gröſſe.
Volksmenge. } Noch unbekannt, gewiß aber gering.
Gewerbe. Feldbau und Handwerker.
Regierungsform. Ariſtokratiſch‐demokratiſch.
Religion. Evangeliſch‐lutheriſch.
Gebiet. Keines.

14. Wezlar, Siz des Reichskammergerichts.

Litteratur. Fabris geogr. Mag. 10. Heſt.
Gröſſe. 700. Häuſer.
Volksmenge. 6000. Einwohner.
Gewerbe. Akerbau, Handwerker.
Regierungsform. Demokratiſch.
Religion. Evangeliſch‐lutheriſch. Auch ſind viele Katholiken da.
Gebiet. Keines.

15. Regenspurg an der Donau. Sitzung des Reichstags.

Litteratur. Vorzüglich Nicolais Reiſen. II. B.
Gröſſe. 1000. Häuſer. (Nach Büſching 2000.)
Volksmenge. 20000. Einwohner.
Gewerbe. Handlung.
Regierungsform. Demokratiſch.
Religion. Evangeliſch‐lutheriſch. Hat auch viele Katholiken.
Gebiet. Ganz klein, und begreift nur einige Inſeln in der Donau.

16. Augspurg, am Lech.

Litteratur. Stettens Beſchreibung von Augsburg. Nicolais Reiſen VII. B. Briefe über Augsburg u. ſ. w. Geogr. Lexikon von Schw.
Gröſſe. 3047. Häuſer. (Nach Stetten.)
Volksmenge. Etwa 30000. Einwohner. (Nach Haids Tabelle 38000. Nach den Todtenliſten berechnet nur 27000.)
Gewerbe. Handlung, Manufakturen, beſonders Kunſtarbeiten.

Regierungsform. Aristokratisch. Kriegsmacht: 250.
Mann Soldaten.
Religion. Römisch=katholisch, und evangelisch=luthe=
risch, gemischt.
Gebiet. Ganz gering.

18. Nürnberg, an der Pegniz.

Litteratur. B. Murr's Beschreibung der vornehmsten
Merkwürdigkeiten von Nürnberg. 8. Nürnb. 1778.
Nicolais Reisen, I. B. Waldaus Beitr. zur Gesch.
von Nürnberg.
Grösse. 4800. Häuser.
Volksmenge. Höchstens 30000. Einwohner.
Gewerbe. Vorzüglich Manufakturen, Kunstarbeiten,
leichte Waaren.
Regierungsform. Aristokratisch. Staatseinkünfte: 2.
Mill. Gulden. Soldaten: Gegen 1200. Mann.
Religion. Evangelisch=lutherisch.
Gebiet. Sehr ansehnlich von 25. Quadratmeilen, 7.
Städten, (worunter die Universitätsstadt Altdorf,)
7. Flecken, über 70. andere Ortschaften, und über
20000. Einw. (Nämlich ohne die Stadt. Andere
sagen 35000. also mit der Stadt 65000.) Dies gäbe
für jede Q. M. 2166. Menschen, gewiß nicht zu viel.

18. Ulm, an der Donau:

Litteratur. Halds Ulm mit seinem Gebiete. Zerstreute
Nachrichten.
Grösse 2000. Häuser.
Volksmenge. 15000. Einwohner.
Gewerbe. Handlung, Schiffarth, Leinwandweberei,
Gerberei, Feldbau.
Regierungsform. Aristokratisch. Staatseinkünfte. Et=
wa 1. Mill. Gulden. Soldaten, einige hundert Mann.
Religion. Evangelisch=lutherisch.
Gebiet. Ansehnlich von 17. Quadratmeilen; besteht aus
13 Aemtern, mit 25000. Unterthanen. (Dazu ge=
hört auch die Stadt Geißlingen, mit 1600. Einwoh=
nern, verfertigt Drechsler=Arbeiten.)

17. Eßlingen, am Nekar im Wirtembergischen.

Litteratur. Vorzüglich geographisches Lexicon von Schwa=
ben. 1. B. Hausleutners Archiv. 1. B.

Größe. Mittelmäßig.

Volksmenge. Gegen 6000. Einwohner.

Gewerbe. Weinbau, Weinhandel, Handwerker.

Regierungsform. Aristokratisch-demokratisch.

Religion. Evangelisch-lutherisch.

Gebiet. Einige Dörfer und Ortschaften, in welchen zusammen etwa 2000. Einwohner. Starker Wein und Obstbau.

20. Reutlingen, im Wirtembergischen.

Litteratur. Journal v. u. f. Deutschland. Zerstreute Nachrichten in Reisebeschreibungen.

Größe. Hat nur 450. rheinl. Ruthen im Umfang.

Volksmenge. 7000. Einw. mit dem Gebiete. Ohne dasselbe über 4000.

Gewerbe. Etwas Handlung, Handwerker, Buch- und Nachdruckereyn, Feldbau.

Regierungsform. Demokratisch.

Religion. Evangelisch-lutherisch.

Gebiet. Von ⅔. Quadratmeilen. Enthält 4. Pfarrdörfer.

21. Nördlingen, im Rieß, am Egerfluß.

Litteratur. Vorzüglich Müllers Beschreibung von Nördlingen.

Größe. 750. Häuser.

Volksmenge. 5000 Einw. (Nach andern 7 bis 8000.)

Gewerbe. Kornhandel, Gewerbe, Manufakturen.

Regierungsform. Demokratisch.

Religion. Evangelisch-lutherisch.

Gebiet. Von 1. Q. M. und 1200 Unterthanen.

22. Rothenburg, an der Tauber.

Litteratur. Einige wenige zerstreute Nachrichten.

Größe. 1200 Häuser. Mit den Nebengebäuden und Scheunen.

Volksmenge. 8000 Einwohner.

Gewerbe. Vorzüglich Akerbau und Viehzucht.

Regierungsform. Aristokratisch-demokratisch. Stadtsoldaten: 110 Mann.

Religion. Evangelisch-lutherisch.

Gebiet. Von 25. Quadratmeilen, und 28. Ortschaften, ist sehr fruchtbar.

22. Halle, oder Schwäbisch-Hall, am Kocher.

Litteratur. Geogr. Lexikon von Schw. 1. Fabris Monathsschr. 6 H. Hirschings Archiv. 2. B. Hausleutners Archiv 1. B.

Grösse. 717 Häuser.

Volksmenge. 6000 Einw. (Nach andern 5200.)

Gewerbe. Vorzüglich Salzwerke, Feldbau, Viehzucht, Kornhandel.

Regierungsform. Aristokratisch-demokratisch. Staatseinkünfte gegen 100000 Gulden.

Religion. Evangelisch-lutherisch.

Gebiet. Von 6 Q. M. in 6 Aemter abgetheilt. 14000 Unterthanen. (Nach Haid.)

24. Rothweil, am Nekar.

Litteratur. Ausser Haids Tabelle, sehr wenig und zerstreute Nachrichten.

Grösse. Mittelmäßig.

Volksmenge. 2000 Einwohner.

Gewerbe. Feldbau.

Regierungsform. Demokratisch.

Religion. Römisch-katholisch.

Gebiet. Von 1½ Q. M. Enthält 10 Pfarrdörfer.

25. Ueberlingen, am Bodensee.

Litteratur. Vorzüglich Hausleutners Archiv 1. B.

Grösse. Mittelmäßig.

Volksmenge. 3000 Einwohner.

Gewerbe, Handlung, Weinbau.

Regierungsform. Demokratisch.

Religion. Römisch-katholisch.

Gebiet. Von sechs Landpfarren und zwei Schlössern.

26. Heilbronn, am Nekar.

Litteratur. Vorzüglich geographisches Lexicon von Schwaben. Auch Hausleutners Archiv. 1. und Gerkens Reisen. 1.

Grösse. 900 bis 1000 Häuser.

Volksmenge. Gegen 8000 Einwohner. (Nach der Zählung von 1788. 7162 Seelen. Nach Haids Tabelle aber nur 5000.)

Gewerbe. Handlung, Schiffarth, Weinbau.

Regierungsform. Aristokratisch-demokratisch. Stehen-
des Kreiskontingent 100 Mann.
Religion. Evangelisch-lutherisch. In der Stadt leben
auch einige Hundert Katholicken.
Gebiet. Von 4 Pfarrdörfern und 3 Höfen zusammen,
mit 3000. Unterthanen.

27. Gmünd, oder Schwäbisch Gmünd, an der Rems.

Litteratur. Ausser dem Lexicon von Schwaben und
Haids Tabelle sind nur wenig zerstreute Nachrichten
zu finden.
Grösse. Ist ziemlich beträchtlich.
Volksmenge. Kaum 5000 Einwohner.
Gewerb. Feldbau, Metallarbeiten, Manufakturen.
Regierungsform. Demokratisch.
Religion. Römisch-katholisch.
Gebiet. Von drey Quadratmeilen; in 5. Aemtern von
24. Dörfern, 8000. Unterthanen.

28. Memmingen, an der Aach.

Litteratur. Gerkens Reisen. 1. B. Wagenseils Maga-
zin. Auswahl kleiner Reisebeschreibungen. XIV.
Grösse. 1200. Häuser.
Volksmenge. 8000. Einw. (Nach andern nur 6700.)
Regierungsform. Aristokratisch-demokratisch.
Religion. Evangelisch-lutherisch.
Gebiet. Von 2 Quadratmeilen, 21 Ortschaften, und
4500 Unterthanen. (Nach Haid.)

29. Lindau, auf Inseln im Bodensee, ist bevestigt.

Litteratur. Gerkens Reisen 1. B. Briefe eines reisen-
den Deutschen, und sonst noch zerstreute Nachrichten.
Grösse. 700 Häuser. (Nach Haid 4000. Nach andern
5000. welches zu viel ist.)
Gewerbe. Handlung und Schiffarth, auch Weinbau
und Handwerker.
Regierungsform. Aristokratisch-demokratisch.
Religion. Evangelisch-lutherisch.
Gebiet. In 16 Dörfern, Schlössern und Höfen, etwa
1000 Unterthanen.

30. Dinkelsbühl, an der Werniz.

Litteratur. Vorzüglich Geogr. Lex. v. Schw. Die Reisenden. II.
Grösse. 900 bis 1000 Häuser.
Volksmenge. 6500 Einwohner. (Nach Haid nur 5000.)
Gewerbe. Manufakturen, Feldbau.
Regierungsform. Demokratisch.
Religion. Gemischt.
Gebiet. Klein, doch soll es (nach Haid) 1000 Unterthanen enthalten.

31. Biberach, am Flüßchen Rieß.

Litteratur. Lex. von Schw.
Grösse. 800 Häuser.
Volksmenge. 6500 Einwohner. (Nach Haid nur 5000 nach Todtenlisten 7000.)
Gewerbe. Manufakturen, vorzüglich Webereien, Feldbau.
Regierungsform. Aristokratisch-demokratisch.
Religion. Gemischt. Die Protestanten machen ⅔ der Einwohnerschaft aus.
Gebiet. Von zwei Quadratmeilen. In 1 evangelischen und 9 katholischen Pfarren, überhaupt 20 Dörfern und Weilern, 3000 Unterthanen.

32. Ravensburg, am Schuß.

Litteratur. Gerkens Reisen. 1.
Grösse. 700 Häuser.
Volksmenge. 4000 Einwohner. (Nach Haid 4800.)
Gewerb. Handel, Manufakturen, Papier, Feldbau, Weinbau.
Regierungsform. Demokratisch.
Religion. Gemischt.
Gebiet. Von 2 ½ Quadratmeilen. Herrschaft Schmalegg und andere Güter in der Landvogtei.

33. Schweinfurt, am Main.

Litteratur. Die Reisenden für Länder- und Völkerkunde 2. Bd. und andere zerstreute Nachrichten.
Grösse. Ziemlich beträchtlich.
Volksmenge. Gering und nicht genau bestimmt. Ungefähre Schätzung 3000 Einwohner.
Gewerbe. Handlung, Aker- und Weinbau.

Regierungsform. Demokratisch.
Religion. Evangelisch · lutherisch.
Gebiet. Von 1½ Quadratmeilen und 3 Dörfern. Sehr fruchtbar.

34. Kempten, an der Iler.

Litteratur. Geogr. Lex. von Schw. 1. Bd. (Abels)
Histor. statistisch. Magazin von Oberschwaben 2. Heft.
Meusels histor. Litter. 1783. 3. St. Briefe eines regienden Deutschen.
Grösse. Ueber 400 Häuser.
Volksmenge. 4000 Einwohner. (Im J. 1789 wurden
3154 gezählt, worunter 4:4 meist kathol. Bel assen.)
Gewerbe. Handlung, auch Hardwerker u. s. w.
Regierungsform. Gemässigt aristokratisch=demokratisch.
Religion. Evangelisch lutherisch.
Gebiet. Keines, auffer Höfen und Gefällen.

35. Windsheim, an der Aisch.

Litteratur. Nur wenige zerstreute Nachrichten.
Grösse. 750 Häuser.
Volksmenge. 4 bis 5000 Einwohner.
Gewerbe. Akerbau und Weinbau.
Regierungsform. Demokratisch.
Religion. Evangelisch = lutherisch.
Gebiet. Auffer der Feldmark ein ganz eignes Dorf, und
einige Unterthanen in 25 benachbarten Dörfern.

36. Kaufbeuren, an der Wertach.

Litteratur. Geogr. Lex. von Schw. Wagenseils Magaz.
Meusel's histor. Litter. 1783. 6. St.
Grösse. 450 Häuser.
Volksmenge. 4200 Einw. (Nach den Todtenlisten.)
Gewerbe. Webereien, Handel, Feldbau.
Regierungsform. Demokratisch.
Religion. Gemischt, doch haben die Protestanten die
Oberhand.
Gebiet. Von 3 Quadratmeilen, und 11 Dörfern mit
2645 Unterthanen.

37. Weil, (Weilerstadt) im Wirtemb. an der Wurm.

Litteratur. Sehr wenig Nachrichten, Schlözers Brief=
wechsel 5tes Heft.

Grösse. Unbeträchtlich.
Volksmenge. Etwa 1500 Einwohner.
Gewerbe. Feldbau und Handwerker.
Regierungsform. Demokratisch.
Religion. Römisch-katholisch.
Gebiet. Ganz klein und unbedeutend.

38. Wangen, am Fluß Argen.

Litteratur. Briefe eines reisenden Deutschen.
Grösse. Mittelmässig.
Volksmenge. Etwa 2000 Einwohner.
Gewerbe. Feldbau und Handwerker.
Regierungsform. Demokratisch.
Religion. Römisch-katholisch.
Gebiet. In 5 Pfarren 3400 Unterthanen.

39. Isny (besser Ysni) am Flüßchen Aach, oder Isnaa.

Litteratur. Geogr. Lex. von Schwaben. Briefe eines
   reisenden Deutschen. Specht's Isnisches Denkmal.
   8. Lindau. 1750.
Grösse. Etwa 300 Häuser.
Volksmenge 1200 Einw. (Nach den Todtenlisten.)
Gewerbe. Leinenweberei, Akerbau, etwas Handlung.
Regierungsform. Demokratisch.
Religion. Evangelisch-lutherisch.
Gebiet. Keines, ausser der Feldmark.

40. Pfullendorf, im Fürstenbergischen.

Litteratur. Ausser Halb's Tabelle wenige zerstreute
   Nachrichten.
Grösse. Unbeträchtlich.
Volksmenge. Höchstens 2000, mit dem Gebiete 3800.
Einwohner.
Gewerbe. Feldbau.
Regierungsform. Demokratisch.
Religion. Römisch-katholisch.
Gebiet. Vier Pfarrdörfer, und einige Weiler und Höfe.

41. Offenburg, an der Kinzig.

Litteratur. Briefe eines reisenden Deutschen, und andere zerstreute Nachrichten in Reisebeschreibungen.
Grösse. Unbeträchtlich.

Volks-

Volksmenge. Höchstens 2000 (ungefähre Schätzung).
Gewerbe. Akerbau, Weinbau, Handwerker.
Regierungsform. Demokratisch.
Religion. Römisch-katholisch.
Gebiet. Ein kleiner Distrikt.

42. Leutkirch, an der Eschbach.

Litteratur. Vorzüglich Loy's Geschichte von Leutkirch.
8. Kempten 1786.
Grösse. Unbeträchtlich.
Volksmenge 1500 (ungefähre Schätzung. Nach Loy
350 Bürgerfamilien, worunter 25 katholische.)
Gewerbe. Akerbau, Viehzucht.
Regierungsform. Demokratisch.
Religion. Evangelisch-lutherisch.
Gebiet. Einige Güter und Höfe.

43. Wimpfen, (am Berg) am Nekar.

Litteratur. Einige zerstreute Nachrichten.
Grösse. Unbeträchtlich.
Volksmenge. 1800 Einwohner. (Nach Haid 2500 nebst
dem Gebiete.)
Gewerbe. Feldbau, Handwerker.
Regierungsform. Demokratisch.
Religion. Evangelisch-lutherisch.
Gebiet. Ein Dorf und einige Höfe.

44. Weissenburg, im Nordgau.

Litteratur. Vorzüglich Sammlung geogr. Schriften,
und dann zerstreute Nachrichten.
Grösse. Mittelmässig.
Volksmenge. Unbekannt.
Gewerbe. Akerbau und Viehzucht, auch Handwerker.
Regierungsform. Demokratisch.
Religion. Evangelisch-lutherisch.
Gebiet. Das Dorf Wengen und ein Eichenwald.

45. Giengen, am Fluß Brenz.

Litteratur. Vorzüglich geogr. Ler. von Schwaben.
Grösse. Etwa 3 bis 400 Häuser.
Volksmenge. 1800 Einwohner. (Nach Haid 2000.)
Gewerbe. Wollenwebereien und andere Manufakturen
u. s. w.

Regierungsform. Demokratisch.
Religion. Evangelisch. lutherisch.
Gebiet. Keines, ausser einigen Höfen, Waldungen und
Gefällen.

46. Gengenbach, an der Kinzig.

Litteratur. Vorzüglich geogr. Lex. v. Schwaben 1.
Grösse. Unbeträchtlich.
Volksmenge. Etwa 1500 Einwohner. (200 Familien
in der Stadt und 320 auf dem Lande.)
Gewerbe. Feldbau.
Regierungsform. Demokratisch.
Religion. Römisch katholisch.
Gebiet. Einige Dörfer und Weiler.

47. Zell, am Hammersbach.

Litteratur. Sehr wenig Nachrichten.
Grösse. Unbeträchtlich.
Volksmenge. Gering und unbekannt.
Gewerbe. Feldbau.
Regierungsform. Demokratisch.
Religion. Römisch katholisch.
Gebiet. Das unmittelbare Reichsthal Hammersbach
ist mit der Stadt verbunden.

48. Buchhorn, am Bodensee.

Litteratur. Vorzüglich geogr. Lex. von Schw. 1.
Grösse. Sehr unbeträchtlich.
Volksmenge. 800 Einwohner. (Nach Haid nur 770.)
Gewerb. Handlung.
Regierungsform. Demokratisch.
Religion. Römisch kathol. (Nach Büsching protestant.)
Gebiet. Die Herrschaft Baumgarten und das Dorf Ers.
kirchen, zusammen etwa 300 Unterthanen.

49. Aalen, am Kocher.

Litteratur. Vorz. geogr. Lex. von Schw. 1. Schubarts
Lebensbeschr. 1. Bd. S. 9 und 10.
Grösse. Höchstens 230 Gebäude.
Volksmenge. 800 Einwohner. (Nach Haid.)
Gewerbe. Vorzüglich Akerbau.
Regierungsform. Demokratisch.

Religion. Evangelisch-lutherisch.
Gebiet. Einige Weiler und Dörfer, in welchen über 200
Unterthanen.

50. Buchau, am Federsee.

Litteratur. Vorzügl. geogr. Lex. v. Schw. 1.
Grösse. Sehr gering.
Volksmenge. 7 bis 800 Einw. (Nach Haid 1000.)
Gewerbe. Akerbau, etwas Handlung.
Regierungsform. Demokratisch.
Religion. Römisch-katholisch.
Gebiet. Nur die Gemeinde Kappel.

51. Bopfingen, an der Eger.

Litteratur. Vorzügl. geogr. Lex. v. Schw. 1.
Grösse. Unbeträchtlich.
Volksmenge. 1600. Einw. (Nach Haid nur 600.)
Gewerbe. Feldbau und Manufakturen.
Regierungsform. Demokratisch.
Religion. Evangelisch-lutherisch.
Gebiet. Ausser der Feldmark, Antheil an einem Dorfe,
und verschiedene Gefälle.

27.

Merkwürdiges Testament König Friedrichs II. (des Einzigen) von Preussen.

Nach einer ächten Kopie des französischen Originals
wörtlich übersetzt. *)

Unser Leben ist nur ein schneller Schritt von der
Geburt bis zum Sterben. In diesem kurzen Zeit-
raum ist der Mensch bestimmt für das Wohl der
Gesellschaft zu arbeiten, deren Glied er ist. Seit-

---

*) Das Original steht abgedruckt im 64sten Hefte von Schlö-
zers Staatsanzeigen. Für Deutsche, die nicht französisch
verstehen, ist die Uebersezung eines so wichtigen Aktenstüks
gewiß ein angenehmes Geschenk.

dem ich zu der Führung der Geschäfte gelangte,
habe ich mich mit allen Kräften, welche die Natur
mir gegeben hat, und nach meinen schwachen Einsichten, bestrebt, diesen Staat, den ich zu regieren
die Ehre hatte, glücklich und blühend zu machen.

Ich habe die Geseze und die Gerechtigkeit herrschen lassen; ich habe Ordnung und Richtigkeit in
die Finanzen gebracht, und habe die Armee in einer
Kriegskunst geübt, welche sie allen Truppen Europa's überlegen machte. Nachdem ich diese Pflichten
gegen dem Staat beobachtet habe, würde ich mir
es zum ewigen Vorwurfe machen, wenn ich das
vernachläßigte, was meine Familie betrift. Um also
den Verdrießlichkeiten zuvor zu kommen, welche zwischen meinen Verwandten über meine Erbschaft entstehen könnten, so erkläre ich durch diesen solennen
Aufsaz meinen lezten Willen.

1. Willig und ohne Rückwunsch gebe ich diesen
Lebenshauch, der mich beseelt, der wohlthätigen
Natur zurück, die mir ihn geliehen hat, und meinen Körper den Elementen, aus welchen er zusam-
mengesezt war. Ich habe als Philosoph gelebt,
und will als solcher begraben werden, ohne Geprän-
ge, ohne Aufwand, ohne Pomp; ich will weder
seziert noch einbalsamirt werden; man soll mich zu
Sanssouci oben auf den Terassen, wo ich mir ein
Grab habe zubereiten lassen, beerdigen. Der Prinz
Moriz von Nassau ist auch in einem Walde bei
Cleve begraben worden. Sterbe ich im Krieg oder
auf der Reise, so soll man meinen Körper nur an
dem nächsten Orte deponnieren, und dann im Winter nach Sanssouci an den bezeichneten Ort bringen.

2) Ich hinterlasse meinem lieben Neffen Friederich Wilhelm, dem ersten Kronerben, das Königreich Preussen, alle Probinzen, Staaten, Schlösser, Zitadellen, Vestungen, Vorrathshäuser, Zeughäuser, alle von mir eroberte oder ererbte Länder,

alle Kronjuwelen, welche in den Händen der Köni-
gen und seiner Gemahlinn sich befinden, die Gold-
und Silber-Service, die zu Berlin sind, meine
Landhäuser, die Bibliothek, Münzkabinet, Ge-
mähldegallerie, Gärten u. s. w. Ferner hinterlasse
ich ihm den Schaz, so wie er sich am Tage meines
Todes befinden wird, als ein Gut, das dem Staate
gehört, und das nur zur Vertheidigung oder Erleichterung desselben gebraucht werden soll.

3) Sollte es geschehen, daß ich einige kleine
Schulden hinterliesse, an deren Bezahlung der Tod
mich gehindert hat, so soll mein Neffe verpflichtet
seyn sie zu bezahlen. Dieß ist mein Wille.

4.) Ich hinterlasse der Königin, meiner Gemahlin, die Einkünfte, welche sie bisher hatte, mit einer jährlichen Zulage von 10000 Thalern, 2 Ton-
nen Wein jährlich, freies Holz, und das Wildpret
für ihre Tafel; unter dieser Bedingung hat die Königin sich verpflichtet, meinen Neffen zu ihrem Erben zu ernennen. Da es übrigens keinen schicklichen
Ort giebt, den ich ihr zur Residenz anweisen könnte;
so nenne ich, um der Form willen, Stettin; ich verlange aber zugleich von meinem Neffen, daß er ihr
eine anständige Wohnung in dem Schlosse zu Berlin überlasse, und daß er ihr die Achtung erweise,
welche der Wittwe seines Oheims und einer Prinzes-
sin, deren Tugend sich nie verläugnet hat, gebührt.

5.) Nun zu der Allodialverlassenschaft. Ich
bin nie geizig und nie reich gewesen, auch habe ich
nicht über Vieles zu disponieren; ich habe die Einkünfte des Staats wie die Bundeslade des Herrn
betrachtet, welche keine profane Hand berühren durfte;
auch habe ich nie die öffentlichen Einkünfte zu meinem Privatgebrauche verwendet; die Ausgaben, die
ich für mich machte, haben nie die Summe von
2,20000 Thalern überstiegen. Auch bleibt mein Gewissen über meine Verwaltung ruhig, und ich darf

mich nicht scheuen, dem Publikum davon Rechenschaft abzulegen.

6.) Ich seze meinen Neffen Friederich Wilhelm
zum Universal=Erben meines Allodialvermögens ein,
unter der Bedingung, daß er folgende Legate aus=
bezahle.

7.) Meiner Schwester von Anspach eine Taba=
tiere von dem Werth von 10000 Thalern, welche
sich in meiner Schatulle befindet, und eines von mei=
nen Porcellan=Servicen aus der Berlinerfabrik.

8.) Meiner Schwester von Braunschweig 50000
Thaler, ich sage fünfzig tausend, und mein Silber=
service von Potsdam in Weinlaubfason gearbeitet,
und eine schöne Kutsche.

9.) Meinem Bruder Heinrich 200,000 Thaler,
ich sage zweimal hundert tausend, 50 Anthal unga=
rischen Wein, und einen schönen Kristallleuchter von
Potsdam, den grünen Diamant den ich am Finger
habe, 2 Handpferde mit ihren Schabraken, und ei=
nen Zug preußischer Pferde.

10.) Der Prinzeßin Wilhelmine von Hessen, sei=
ner Gemahlin, 6000 Thaler Einkünfte von dem Ka=
pital, das ich bei dem Tabakspacht angelegt habe.

11.) Ich vermache meiner Schwester der Königin
von Schweden eine von meinen goldenen Tabatieren
von 10000 Thalern am Werth, 20 Anthal ungari=
schen Wein, und ein Gemählde von Pene, das im
Pallast zu Sansouci hängt, und das ich von Al=
garotti erhalten habe.

12) Meiner Schwester Amalie 10000 Thaler
Einkünfte von dem Kapital auf dem Tabak, eine Ta=
batiere von 10000 Thalern aus meiner Schatulle,
20 Anthal ungarischen Wein, und das Silberge=
schirr, auf welchem meine Adjutanten zu Potsdam
speisen.

13.) Ich vermache meinem lieben Bruder Fer=
dinand 50000 Thaler, sage fünfzig tausend, 50 An=

thal ungarischen Wein, eine Staatskarosse mit dem
Zug und allem, was dazu gehört.

14) Seiner Frau meiner theuren Nichte 10000
Thaler, ich sage zehntausend Thaler Einkünfte, von
dem Geld, das ich auf dem Tabakspacht angelegt habe, und eine Tabatiere mit Brillianten.

15.) Meiner Nichte der Prinzeßin von Oranien,
eines meiner Berliner-Porzellanservice, eine Tabatiere
von 10000 Thalern am Werth, 40 Anthal ungarischen Wein, und eine Staatskutsche mit einem Zuge
preußischer Pferde.

16.) Meiner Nichte der Herzogin von Wirtemberg eine Tabatiere von 6000 Thalern am Werth,
20 Anthal ungarischen Wein und eine offene Chaise mit
einem preußischen Zug.

17.) Meinem lieben Neffen dem Marggrafen von
Anspach, meinen gelben Diamanten, 2 von meinen
beßten Handpferden mit ihrer Rüstung, und 30 Anthal ungarischen Wein.

18.) Meinem Neffen dem Erbprinz von Braunschweig, 2 von meinen englischen Pferden mit ihrer
Rüstung, und 10 Anthal ungarischen Wein.

19.) Meinem Neffen dem Prinzen Friedrich von
Braunschweig 10000 Thaler.

20.) Meinem Neffen dem Prinzen Wilhelm von
Braunschweig 10000 Thaler.

21.) Meiner Nichte von Schwedt Gemahlin des
Prinzen von Wirtemberg, 20000 Thaler und eine
Tabatiere mit Brillianten.

22.) Und ihrem Gemahl 2 von meinen Handpferden und 20 Anthal ungarischen Wein.

23.) Meiner Nichte der Prinzeßin Philippine von
Schwedt 10000. Thaler.

24.) Dem Prinzen Ferdinand von Braunschweig,
meinem Schwager, den ich immer hoch geschätzt habe,
eine Tabatiere von Brillianten aus meiner Kasse,
und 20 Anthal ungarischen Wein.

25.) Ich empfehle mit aller Affektion deren ich fähig bin, meinem Erbe diese brave Offiziere, welche unter meinem Kommando im Krieg gedienet haben; ich bitte ihn, Sorge zu tragen für die Offiziere, welche besonders meiner Person attachirt waren; er verabschiede keinen derselben; er lasse keinen derselben von Krankheit niedergedrückt im Elende umkommen; er wird geschickte Krieger und Leute in ihnen finden, welche Proben von ihrem Verstande, von ihrer Tapferkeit und von ihrer Treue gegeben haben.

26.) Ich empfehle ihm meine geheime Sekretäre, so wie alle die in meinem Kabinet gearbeitet haben; sie verstehen den Gang der Geschäfte, und können ihm in dem Anfang seiner Regierung über manche Sachen Erläuterung geben, von welchem sie Kenntnisse haben, welche die Minister selbst nicht besizen.

27) Ich empfehle ihm gleicher Weise alle welche mir gedient haben, so wie meine Kammerbedienten; ich vermache 2000 Thaler dem Zeißing für seine große Treue, und 500 Thaler jedem meinem Garderobebedienten, und hoffe, man werde ihnen ihr Gehalt lassen, bis man sie anständig versorgt hat.

28.) Ich vermache den Stabsoffizieren meines Regiments und denen von Lestwiz und von der Leibgarde, jedem eine goldene Schaumünze, welche bei Gelegenheit unserer Siege und der Vortheile die Truppen unter meiner Führung erkämpft haben; ich vermache jedem Soldaten dieser vier Batallionen 2 Thaler auf den Kopf, und eben so viel jedem Leibgardisten.

29.) Wenn ich noch vor meinem Tod meinem Testament ein Kodizill von meiner Hand geschrieben und unterzeichnet beifüge, so soll es eben dieselbe Gewalt und Gültigkeit haben, wie dieser solenne Akt.

30.) Wenn einer von denen, welchen ich ein Legat vermacht habe, vor mir stirbt, so ist dieses Legat dadurch annullirt.

31.) Wenn ich während dem Krieg sterbe, so soll mein Universalerbe nicht eher als nach wieder herges stelltem Frieden gehalten seyn, etwas von meiner Erb: schaft zu bezahlen, sondern so lang der Krieg währt, soll niemand das Recht haben etwas von der Verlaß: senschaft zu fordern.

32.) Ich empfehle meinem Nachfolger sein Blut in den Personen seiner Oheime und Tanten und aller seiner Verwandten zu ehren; das Ungefähr, welches das Schiksal der Menschen leitet, bestimmt die Erst: geburt; aber um König zu seyn, ist man deswegen nicht mehr werth als die andern. Ich empfehle es allen meinen Verwandten an, in Eintracht mit ein: ander zu leben, und ihr persönliches Interesse, wo es nöthig ist, dem Wohl des Vaterlands und dem Nu: zen des Staats aufzuopfern.

In dem Augenblik meines Todes werden meine lezten Wünsche für die Wohlfarth dieses Reiches seyn. Möge es immer mit Gerechtigkeit, Weisheit und Kraft regiert werden; möge es durch die Gelindigkeit seiner Geseze der glücklichste aller Staaten, in Rük: sicht der Finanzen der am billigsten verwaltete, und der von einem Militair, das nur Ehre und ächten Ruhm athmet, am tapfersten verthaidigte Staat seyn, und möge er dauern und blühen bis ans Ende der Welt.

33.) Ich ernenne zu meinem Testaments-Executor den regierenden Herzog Carl von Braunschweig, von dessen Freundschaft, Aufrichtigkeit und Rechtschaffen: heit ich es mir verspreche, daß er meinen lezten Wil: len vollbringen lassen wird.

Gemacht zu Berlin den 8ten Januar 1769.

(L. S.)   Friederich.

28.

Königl. Preuß. Land-Armen- und Invaliden-Reglement, für die Kurmark. Am 16. Juny 1791.

Eine fürtrefliche, dem König und seinen Ministern Ehre machende Verordnung, von 28. fol. Seiten, wird hier zur Nachahmung für andre Staaten, wo Raub, Müßiggang und Betteln Einwohner und Fremde belästigt, im möglichst kurzem Auszuge, vorgelegt.

Friedrich Wilhelm, von Gottes Gnaden König von Preussen, 2c. 2c. Wir haben seit Antritt Unserer Regierung ungern bemerkt, daß das Betteln sowohl in den Städten, als insonderheit auf dem platten Lande mehr und mehr überhand nimmt, dergestalt, daß die Unterstützungen, welche den umher streichenden fremden und einheimischen Bettlern gereicht werden, nicht nur wegen der grossen Zahl derselben drückend, sondern auch wegen des Muthwillens und der Drohungen, durch welche sie Unsern getreuen Unterthanen, wenn sie nicht, das Ihrige zu verlieren, Gefahr laufen wollen, abgenöthigt werden, äusserst lästig und dadurch der Erpressung einer eben so ansehnlichen, als unwillkürlichen Abgabe gleich geworden sind.

An heilsamen Verordnnngen, zur Steurung und Bestrafung der muthwilligen Bettelei, fehlt es gewiß in Unsern Staaten nicht!

Wir sind auch seit Antritt Unserer Regierung bemüht gewesen, diesen Verordnungen Nachdruck zu geben, indem Wir nicht nur häufige General-Visitationen veranlaßt, sondern auch die Versorgung der Invaliden Unserer ganz besondern Aufmerksamkeit haben empfohlen seyn lassen. Die Erfahrung hat es

aber gelehrt, daß die General=Visitationen den beab=
sichteten Zweck nicht erfüllen, indem die Zahl der bei
selbigen aufgegriffenen Bettler immer äusserst geringe,
und dennoch nach wie vorher, das Land damit gleich
überschwemmt ist, zumal die über die Gränze gebrach=
ten, bei den Visitationen aufgegriffenen Bettler, al=
ler Gegenanstalten ohnerachtet, größtentheils wieder
zurükkommen.   Eben so wenig kann die von Uns
beabsichtete Versorgung der Invaliden den erwünsch=
ten Erfolg haben, so lange umher schweifende Bett=
ler Gelegenheit finden, die Vorrechte der wirklichen
Invaliden durch Mißbrauch der gewöhnlichen Inva=
liden=Kleidung zu erschleichen.

Wir haben Uns daher veranlaßt gefunden, gründ=
lich prüfen zu lassen, warum weder die bisher erlasse=
nen Verordnungen, noch die zu deren Aufrechterhal=
tung befohlnen Visitationen, die Bettelei und deren
Vermehrung haben hindern können, und sind, durch
den Erfolg der dieserhalb angestellten Untersuchungen,
überzeugt worden, daß solches hauptsächlich dem Man=
gel öffentlicher Landes=Anstalten zuzuschreiben sey, in
welchen der Invalide versorgt, der Bettler beschäf=
tigt, zugleich aber Unsern getreuen Unterthanen ein
Mittel, sich der vagabondirenden Bettler auf eine
bequeme und zuverläßige Art zu entledigen, woran
es bisher, bei dem unzulänglichen Transport des
fremden Bettlers über die Gränze, gefehlt hat, ver=
schafft, und unsern Landes=Colegiis die Aufsicht über
die einheimischen Armen, zu deren Erhaltung die
Gerichts=Obrigkeiten, so lange sie sich für fremde
Bettler vorsäzlich ausgeben, oder mit der größern
Zahl der leztern vermischt umher streichen, mit Nach=
druk nicht angehalten werden können, erleichtert wird.

Diese öffentliche Anstalten haben Wir, um Un=
sern getreuen Unterthanen die Mittel, durch die sie
sich gegen das im Lande umherziehende Bettler= und
Raubgesindel sicher stellen können, Landesväterlich zu

erleichtern, auf Unsere Kosten zuerst in der Kurmark
anlegen und erbauen zu lassen, beschlossen, und nachdem Wir zuvor die Vorschläge Unserer getreuen Kurmärkischen Stände vernommen, und Uns haben vor-
tragen lassen; so haben Wir verordnet, daß in der
Kurmark, wenn es die völlige Abstellung der Bettelei erfordern sollte, fünf öffentliche Arbeitshäuser,
und bei jedem ein besonderes Invaliden-Versorgungs-
haus, erbauet werden sollen, wovon ausser dem,
welches zu Strausberg in diesem Jahre vollendet wird,
noch eines für die Mittelmark zu Brandenburg, eines
für die Altmark zu Tangermünde, eines für die Prieg-
niz zu Wittstock, und eines für die Ukermark zu Prenzlow oder Templin, und zwar das erstere dieser Häuser für 200 Invaliden und 400 Bettler, von den
vier übrigen aber ein jedes für 100 Invaliden und
200 Bettler, oder wenn der Zwek dieser Anstalt mit
einem geringern Raum erreicht werden könnte, für
eine verhältnißmäßig geringere Zahl bestimmt seyn soll.

Vor Eröffnung dieser Häuser muß inzwischen vestgesezt seyn:
    wie durch selbige die Bettelei aufgehoben werden,
    wie dahin der Transport geschehen,
    wie dazu der Unterhaltungsfond ausgemittelt,
    wie die Anstalt dirigirt, und
    wie dadurch der, einer jeden Kommune obliegen-
        den Verbindlichkeit zur Versorgung ihrer einheimi-
        schen Armen mehr Nachdruk gegeben werden soll?

Auch über diese Gegenstände, und insbesondere
über die zur Einrichtung dieser wohlthätigen Anstalt
jährlich erforderliche Unterhaltungskosten, deren Aus-
bringung Wir billig von Unseren getreuen Ständen
und Unterthanen der Kurmark fordern, nachdem Wir
ihnen, durch den von Uns, mit so ansehnlichen Kosten, veranlaßten Bau der öffentlichen Häuser, die
Gelegenheit verschafft haben, sich mit einem gering-

ren Beitrag, als der es war, den ihnen die Zudring=
lichkeit des Bettlers bis jezt wirklich abgenöthigt hat,
von der zur allgemeinen Landplage gewordenen Bet=
telei ganz zu befreien, und dadurch zugleich ihr Ei=
genthum, welches durch den Muthwillen des umher=
streichenden Raubgesindels oft in Gefahr gesezt wor=
den ist, sicher zu stellen, haben Wir Unsere getreuen
Kurmärkschen Stände zu Rath gezogen, und, nach
reiflicher Erwägung aller dahin einschlagenden Gegen=
stände, dieserhalb folgendes Reglement entwerfen las=
sen, dessen Beobachtung Wir hiermit befehlen, und
darauf auf das strengste gehalten wissen wollen.

Die Abschnitte des Reglements sind:

1. **Von der Aufhebung der Bettelei und der
Versorgung der Invaliden und Armen in
den öffentlichen Häusern.**

So balde die fünf Invaliden= Versorgungs= und
Arbeitshäuser auf dem Lande zu Tangermünde,
Wittstock, Strausberg, Brandenburg und
Prenzlow oder Templin werden erbauet und voll=
ständig eingerichtet seyn, so soll gleich mit öffentlicher
Bekanntmachung desselben in jedem besondern Di=
strikte kein Bettler mehr geduldet werden.

Ein jedes dieser Häuser soll zwey Hauptgebäude
haben. Eines für Invaliden, das andere für Bett=
ler, die aber ausser aller Verbindung mit einander
stehen.

In die Invaliden, Weiber und Kinder mit inbe=
griffen, werden in allem 600 Köpfe versorgt, und
soll nie Ueberzahl, zu keinen Zeiten die kurmärkischen
Stände belästigen. Das 7. Departement des Ober=
kriegs=Collegii hat diese 600 Leute zu versorgen.
Das Departement aber, soll immer auf kurmärkische
Eingebohrne, so lange sich dergleichen finden, Be=
dacht nehmen, und erst dann aus dem in der Kur=

markt cantonierenden Regimentern ergänzen mögen, so viel noch an den 600 Pläzen mangelt.

Die Invaliden werden besser gespeißt als die beßte Klasse der Armen im Arbeitshause, und kein Invalide arbeitet für die Anstalt, sondern für sich, und hat volle Freiheit, sich ausser dem Hause mit Arbeit zu beschäftigen: auch trägt er eine auf seinen ehemaligen Stand passende distinguirte Uniform.

Wer nun öffentlich bettelt; jemanden in oder ausser einem Hause um milde Gabe, Zehrpfenning zc. zc. anspricht, wird in das Arbeitshaus des Distrikts als Fehlbarer abgeliefert, ohne Ansehen der Person, er seye fremd oder einheimisch, jung oder alt; und so ist auch den Handwerksburschen alles Fechten verboten. Der 10. §. sagt: „Gleichergestalten sollen auch „diejenigen sämtlich zu den Bettlern gerechnet wer- „den, welche, ohne besondere Erlaubniß Unsers Ge- „neral-Ober-Finanz-Kriegs- und Domaine-Direk- „torii, mit Musik, Marionetten-Taschen- und Schau- „tenspielen, auch mit Herumführen wilder Thiere „und dergleichen sich Geld zu verdienen suchen, da „dergleichen Nahrungserwerb gewöhnlich nur eine „verstellte Bettelei ist. „

Dem Invalide, der Gnaden-Thaler hat, oder in dem Invalidenhause versorgt ist, ist das Betteln untersagt; wird er aufgegriffen, so ist das erstemal 6 Monat lang Arbeit für die Anstalt, seine Strafe. Würde er dann abermal auf solchem Fehler gefunden, so ist er der Invalidengnade verlustig, und wird im Arbeitshause für immer behalten.

Alle Verheimlichung der Bettler ist Wirthen, Schenken und jedermann bei 2 Thlr. oder verhält- nißmäßigen Leibesstrafe untersagt. So auch alle Attestaten und Bettelbriefe von Privatleuten, für Brand oder andere Unglüksfälle, bei 50 Thlr. und noch höherer Busse; und damit desto wirksamer dar-

auf vigilirt werde, so ist immer die halbe Busse den
Denunzianten zugesichert.

In den Arbeitshäusern werden die Bettler, nach
den Umständen unter denen sie aufgegriffen worden,
klaßificiert, und sodann besser oder schlechter gehalten.
Und damit sie nach und nach sich zu Ordnung und an
Arbeit gewöhnen, so wird ihre Beschäftigung Woll-
und Garn-Spinnerei seyn. Liederliche, Unverbesserliche bleiben Lebenslang da, und so auch alle diejenigen, die nach der ersten Entlassung abermal beym
Betteln aufgegriffen würden. Diejenigen aber, von
denen Besserung zu erwarten ist: wenn nicht Bosheit, Faulheit oder anderes das Directorium zu mehrerer Härte nöthigt, werden nach zwey Jahren dieses Arrests entlassen.

2. Abschnitt. Von dem Transport der Invaliden und Bettler in die Häuser.

Jedermann soll befugt seyn, einen Bettler anzuhalten, und an die Dorfschulze oder Polizeibeamten
abzuliefern, und sollen auch an den Thoren der
Städte dergleichen Verdächtige aufgegriffen und über-
liefert werden, so wie bey Höfen, Vorwerkern,
Schenken oder kleinen Dörfern. Haben sie keine
Beamten, so liefern sie zum nächsten Dorfe bei Strafe
von 2 Thlr. Die Schulzen und Beamten sollen bei
gleicher Strafe keinen ihnen übergebenen Bettler ent-
wischen lassen.

Da nun Magistraten und Gerichtsobrigkeiten un-
mittelbarer Transport in das Arbeitshaus nachgelassen
ist, so sollen sie bei gleicher Strafe dafür haften, daß
ihnen die Bettler nicht entkommen.

Bey den Transporten ist ein Führer, dem der
Bettler anvertrauet wird. Diesem giebt die Beam-
tung einen Vollmachtschein, worinne der Name des
Bettlers, Tag und Stunde, wenn er aufgegriffen
worden, der Ort, die Ursache warum er aufgegriffen

worden, Tag und Stunde seiner Absendung, auch
Nachweisung der bey ihme gefundenen Effekten, ver-
zeichnet sind. Dieser Schein muß also der Direktion
des Arbeitshauses übergeben werden. Versaumen
hierinn Magistrate, Gerichtsobrigkeiten oder Schulzen etwas, so werden sie nach Beschaffenheit des
Versehens mit 2 und mehr Thalern gebüßet.

Die Transporte geschehen mit Vorspann, auf
bestimmten ordentlichen Routen, wornach die Pässe
gestellt sind, dabey sollen dann alle Beamte ohne
den mindesten Verzug bei schwerer Verantwortung
durch Vorspann dergleichen Transporte weiter befördern, und da die Städte dergleichen Vorspann nicht
geben, und der Schubtransporte verschonet bleiben,
so können sie sich nicht entbrechen, die in ihren Bezirken aufgegriffene eine Meile weit, oder bis ins
nächste Dorf transportieren zu lassen.

Wenn die Leuthe im Hause abgeliefert sind, so
wird der Führer zu Handen der Absender quittiert.

Die Transportkösten werden von den benachbarten
Kreisen und Städten bezahlt, aber wieder an dem
Total Unterhaltsbeytrage der Häuser abgezogen und
berechnet.

Für die Transportpässe, wird ordentliche Con-
trolle geführt, so wie über die Haabseligkeit der
Bettler. Hat einer etwas Geld, so bekömmt er
davon zu seinem Transport für Tag und Nacht Zehr-
pfennige 3 Groschen. Hat er aber keines, so giebt
ihm der Absender so viel auf den Weg, welches
alles im Ablieferungsscheine bemeldet werden muß.

Für eine Meile Vorspann, wird für jedes Pferd
4 Groschen und dem Führer 3 Groschen Lohn
bezahlt.

Die genaue Handhab alles dessen, ist Bürgern
und Bauern gebothen, im Fall einer Verheimlichung
oder Begünstigung der Bettler, würde das Pönal 8.
14. Tage bis 1 Monat das Arbeitshaus seyn, und

für

für Leute von mehrerm Ansehen 50 bis 100 Thlr.
Geld oder Vestungsstraffe. Darauf sollen die Land-
Steuerräthe, Landpolizey-Ausreuter, Forstbediente,
ja alle Beamten genau vigilieren, auch haben einige
Dorfschulzen in den drey ersten Jahren Prämien von
10 Thalern zu erwarten, die in jedem Jahr die
meisten Bettler aufgegriffen und in das Arbeitshaus
abgeliefert haben, worüber ordentliche Rechnung gehalten wird, so wol von den Eingelieferten als auch
Entwichenen.

Die Landespolizei bestraft alle Vergehungen bis
auf 8 Thaler, von welchen die Appellation, und
auch höhere Strafen, den Landräthen der kurmärkischen Kammer-Justiz-Deputation vorbehalten ist.
Alle Bussen gehören der Anstalt.

3. Abschnitt. Von der Association der Stände
und der Fonds dieser Anstalt.

Es ist angenommen, daß angewöhnte Liederlichkeit
und der Mangel der Betriebsamkeit dieser Arbeiter,
der Anstalt nicht genug Unterhalt verschaffen, also
seyen zum Unterhalt des Instituts Fonds nothwendig, welche die Einwohner der Kurmark aufbringen
müssen. Es wird ihnen also zu Gemüth geführet,
daß sie einen solchen Beytrag weit leichter thun können als das ganze Jahr durch, die grosse Zahl der
herumziehenden Bettler mit Allmosen erhalten. Jedermann wird also aufgefordert: „In eben dem
„Maasse einen Beitrag zu geben, als er dem
„Zuspruch der Bettler im Jahre unterworfen
„war.“ Diese freywilligen Beiträge, werden alle
6 Monate bezahlt, und können vermehret oder vermindert werden. Dann gehöret auch den Arbeitshäusern, alles das, was bei Aufgreifung bey den
Bettlern gefunden worden, und damit die ganze con-
tribuierende Landschaft wisse: wie ihr Geldbeitrag
verwendet werde, so soll alljährlich durch die ganze

Kurmark am Sonntag Lätare in der Faſten in allen Kirchen eine Landarmen ⸗ Predigt geſchehen, in welchen eine gedrukte Nachricht verleſen werden ſoll, worinn angezeigt wird:

a. Wie viel Invaliden und Bettler im verfloſſenen Jahre in jedem Hauſe verpflegt worden.

b. Wie ſtark der Abgang von geſtorbenen und entlaſſenen Invaliden, und Armen. — Dann wieder der Zuwachs an Invaliden und an Armen.

c. Wie ſtark die Einnahme geweſen, an firirten, und an freywilligen Beyträgen. 1. Durch Kollekten. 2. Durch Geſchenke, und von wem? 3. Durch Vermächtniſſe und von wem? — Von den Arbeiten der Bettler in der Anſtalt, und endlich von zufälligen Einkünften, an Strafgeldern und zugefallenem Vermögen der Bettler.

d. Wie ſtark die Ausgabe geweſen, für die Invaliden und für die Bettler.

e. Wie viel in dem vorigen Jahre durch firirten Beytrag aufgebracht werden müſſen, und alſo dagegen in dem letzten Jahre mehr oder weniger aufgebracht ſey, nebſt Bemerkungen der Urſache.

f. Wie weit es mit Erziehung der darinn aufgenommenen Kinder, und Anlegung der Lehr ⸗ und Induſtrie ⸗ Schulen gekommen.

Durch dieſe Predigten ſoll denn zur Mildthätigkeit aufgemuntert werden, und ſollen die Kollekten bey dieſen Predigten zu dem firirten Beytrag kommen, und denſelben um ſo viel vermindern.

29.

Reise eines Detaschements des Löbl. Wirtembergischen Regiments in holländischem Solde, das am Kap der Hoffnung liegt, nach Java und Makassar.

Aus einem Originalschreiben.

Wir segelten am 28. Aug. 1789. vom Kap nach Ostindien ab. Schrökliche Stürme machten diese Fahrt zu einer der beschwerlichsten Seereisen. Besonders tobte ein Gewitter am 6. Sept. so stark, daß 90 Schaafe, 36 Schweine und über 500 Hüner und Gänse, die sich auf dem Verdek befanden, auch die ganze Küche, viele Fässer 2c. verloren giengen: Alle Matrosen waren zu ihrem Glük angebunden. Während des Donnerwetters gegen 23 Minuten lang, sah man auf jeder Spitze der Masten eine blaue Feuerflamme in der Grösse einer Kegelkugel: Kaum war das Gewitter vorbei, so mußten Matrosen jene Spitzen untersuchen; und diese brachten die Nachricht, daß eine schleimichte Materie wie das Weisse eines Eies da zu bemerken sey, wo das Feuer gesehen worden war. Endlich kamen wir am 27. Okt. 1789. nachdem 3 Menschen aus der ganzen Zahl gestorben waren, in Batavia an.

Der General-Gouverneur Alting nahm uns gefällig auf, wunderte sich aber, daß alle mitgekommene Offiziere vom Wirtembergischen Regiment seyen, da er doch nur eine Kompagnie Soldaten und Offiziere begehrt hatte. Uebrigens bezeugte er um so mehr seine Freude darüber, da er grossen Mangel an guten Offizieren habe.

Von der Stadt Batavia, die schon allgemein bekannt ist, nur einige Worte! Auch wir bemerkten, wie tödtlich der Aufenthalt für Europäer sey. Ich

selbst hab' es einige Mal erfahren, da ich bei Je=
mand zu Gast aß, und, da ich kaum wieder eine
Stunde zu Haus war, die Nachricht erhielt, der
oder jener aus der Tischgesellschaft, der eben so ge=
sund als ich und jeder andere zu seyn schien, sey ge=
storben. Die erste Frage ist, „war er mir Nichts
schuldig?„ und ist dieß nicht, so trinkt man zu sei=
nem Andenken ein Glas Wein: und er ist vergessen.

Auf der Ostseite von Batavia bewunderten wir
die Palläste und Gärten, die drei Stunden weit rei=
chen. Hier wohnen gewöhnlich alle Vornehme und
Reiche, die sich nicht in der Stadt durch die Aus=
dünstung der Kanäle vergiften lassen wollen. Zwi=
schen diesen Gärten sind die schönsten Spazierwege
angelegt, wo jeden Abend wohl hundert Wagen spa=
zieren fahren. Auf der andern Seite der Stadt woh=
nen die Schinesen. Auch hier ist es angenehm. Je=
der Schinese hat vor seinem Hause einen Kaufladen,
oder treibt ein Handwerk. Alles machen die Schine=
sen nach, was sie irgend sehen, nur Uhren nicht.
Bei Nacht oder gegen Abend von 6 bis 10 Uhr,
sind alle Kaufladen illuminirt, welches einen reizend
schönen Anblick giebt. Zugleich wird in jeder Haupt=
straße eine schinesische Komödie gespielt; auch dieß
ein Paar mal mit anzusehen, ist recht hübsch und
unterhaltend. Die Zahl der Schinesen mag 200,000
seyn, die unter einem Kapitain und dessen Lieutenant
stehen. Besucht man einen dieser Männer, so findet
man eine unbeschreibliche Pracht und wird aufs höf=
lichste aufgenommen.

Der Geburtstag des Generalgouverneurs wurde
auf seinem Landgute 3 Stunden von Batavia gefeiert.
Auch ich wurde dazu geladen. Morgens um 6 Uhr
kam die ganze Gesellschaft zusammen. Nach der
Ankunft legte jeder seine Gratulation dem General
ab. Dann zog man sich den Rok aus; wer eine Pe=
rüke trägt, legte sie ab, und sezte eine Kappe auf.

Jeder macht es sich so bequem als möglich. Dieß
ist Sitte des Landes, und um der Hize willen noth=
wendig. Um 8. Uhr wurde gefrühstükt. Dann
wurde gespielt oder spazieren gegangen. Während
ich mit dem General speiste, erkundigte er sich genau
nach dem Herzog vom Wirtemberg und dessen Lande.
Um 1 Uhr wurde zur Mittagstafel geblasen. Der
General trank meines Herzogs Gesundheit mir zu,
und ich dankte mit einem grossen Pokal. Abends
ward ein schinesisches Feuerwerk gegeben, das sehr
prächtig und über anderthalb Stunden brannte. Wir
bewunderten besonders die vielen Abwechslungen in
Dekorationen und Farben des Feuers. Hierauf wur=
de bis gegen Tag getanzt; aber Hize, und die häß=
lichen schwarzen und eckelhaften Frauenzimmergesichter
nahmen mir alle Lust dazu. Diese kauen unausgesezt
allerlei Blätter von scharfem Geschmak; besonders
rothe; und oft träuft der rothe Saft den ekelhaften
Geschöpfen aus dem Mund. Wenn eine solche Dame
den rothen Brei aus ihrem Mund herausnimmt und
es einem Manne präsentirt, so erfordert die Galan=
terie solchen anzunehmen und in den Mund zu steken.
Freilich bedeutet diese Gunstbezeugung etwas mehr;
er wird dadurch zu einer geheimen Audienz mit der
Schönen eingeladen; denn wollüstig sind beinahe alle
im höchsten Grad. Die Frauenzimmer werden im
9ten oder 10ten Jahr mannbar und schwanger, im
30sten Jahre aber auch schon so alt und hinfällig,
als im Wirtembergischen ein Weib von 60 Jahren.
Der Anzug der Frauenzimmer in Batavia ist ganz
einfach. Den ganzen Körper dekt nur einfacher sehr
feiner Rok von Ziz oder Seide und ein langes Kleid.
Kein Frauenzimmer in Indien trägt ein Hembd.
Als Kopfpuz tragen sie ihre Haare mit Oel gegen den
Wirbel zusammen gekämmt, auf einen Klumpen zu=
sammen gewikelt, und mit Diamanten so voll be=
stekt, daß man beinahe nichts von den Haaren sieht.

Knöpfe von Brillanten an Rok, Westen und Hosen
sieht man häufig; ja einige lassen diesen Puz sogar
ihre Sklaven tragen.

Endlich am 6. Dec. 1789. schiffte ich mit meinem
Bataillon nach Makassar ein. Stürme, ein altes
lekes Schiff, woran Tag und Nacht alle Pumpen
gehen mußten, und eine ansteckende Krankheit im
Schiff, machten diese Fahrt sehr beschwerlich. Durch
diese Seuche wurde die ganze Schiffbemannung, den
Kapitain mit 2 Lieutenants und 3 Matrosen ausgenommen, weggerafft. Auch von meinen Soldaten
starben einige, und mehr als hundert erkrankten.

Ich landete auf einem kleinen Kompagnieposten,
und sorgte für meine Kranke. Hier war aber noch
kein Krieg, und die Innländer wurden wegen unserer
Ankunft bestürzt. Der Gouverneur gab mir Befehl,
einstweilen liegen zu bleiben, und meinen Posten zu
deken. Die holländische Kompagnie hatte Krieg in
Makassar vermuthet, und deswegen Soldaten vom
Kap dahin geschickt. Jezt aber, da wir kamen,
war alles ruhig, und kein Theil wollte angreifen.
Wohl 40000 bewaffnete Innländer kamen auf eine
Entfernung von etlichen hundert Schritten gegen mich,
der ich nur 450 Mann unter mir hatte. Aber was
vermag nicht Furcht? Ein Europäer steht immer gegen ein Duzend dieser Indianer. Auch versicherte
mich jedermann, daß noch nie so viele europäische Soldaten auf dieser Insel zugleich gesehen worden.

In dieser Stellung blieben wir bis zum 3. Junius
1790. Kein Streit, kein Erzeß wurde durch meine
Leute begangen. Diese Indier sind aber die blutgie-
rigste, unversöhnlichste Nation. Wenn sie einen Europäer morden, so fressen sie sein Herz auf, indem
es noch zittert. Hüte sich jeder ihre Weiber anzu-
tasten, wenn er nicht vor ihrer Rache zittern will.
Vielweiberei, und die Freiheit sich nach Belieben
wieder zu scheiden, ist Sitte. Die ganze Insel Cele-

bes ist rauh, voll Waldungen und Berge; sie liefert
nichts als Fische und Reis, und wegen der Faulheit
der Bougonesen, auch nur so viel als diese brauchen.
Diese, der größte Theil der Nation, sind Feinde der
Holländischen Kompagnie. Die Bewohner des Stran=
des aber, wo die Kompagnie ihre Komtoirs hat,
die so genannte Makassaren, sind gutartiger als jene,
und Freunde der Holländer. Ich genoß während
meines ganzen Aufenthalts aller hier möglichen Ehre,
alles Vergnügens, und ich erwiederte dieß. Manch=
malen hatte ich 12. bis 15. Könige dieses Volks an
meiner Tafel, besonders am 11. Februar, dem Ge=
burtstage des Herzogs von Wirtemberg. Gewöhn=
lich bringt jeder König 4 bis 5 hundert Gewafnete
in seinem Gefolge mit. Es war also an diesem Tage
sehr voll. Während des Mittagessens, das ich im
Freien unter meinem Zelte einnahm, lies ich das
Bataillon ausrüken und in zwei Glieder rangieren.
Dieß gab eine hüsche Fronte; denn das Korps be=
steht beinahe durchaus aus jungen Leuten von hohem
Wuchs. Das Korps marschierte vor dem Zelt auf;
aber siehe da! Die schwarzen Könige glaubten, ich
wollte sie feindlich angreifen, und sprangen von der
Tafel weg. Schwer hielt es ihnen, begreiflich zu
machen, daß ich all dieß thue, um den Geburtstag
meines Königs (der einzige Regenten Name, den sie
kennen) zu feiern. Endlich sezten sie sich wieder.
Ich ließ jedem ein grosses Glas Wein eingiessen, den
sie gerne trinken, hieß sie aufstehen, und sagte, daß
ich dieses Glas auf die Gesundheit meines Königs
austrinken werde, und daß sie ein Gleiches thun
möchten. Aber welch ein Schreken für die India=
ner, und welches Lachen für mich und die meinige?
Ich gab dem Bataillon ein Zeichen zu 3 Salven.
Die Gläser waren groß und die Könige im beß=
ten Ziehen, da der erste Schuß fiel. Die meisten
liessen vor Schrecken die Gläser fallen; andere sezten

nur ab und starrten betäubt das Bataillon an. Mitt=
lerweile fiel der zweite Schuß; alle übrigen ließen
auch hier ihre Gläser fallen, sanken selbst zu Boden,
und blieben dann in dieser Stellung bis der dritte
Schuß vollendet war.   Nun folgten noch 24 Kano=
nenschüsse, und dann erst nach einer geraumen Weile
faßten sie sich wieder.   Ich nahm sie mit mir und
mit zitterndem Fuß folgten sie.   Ich zeigte ihnen
das Bataillon, und sie bezeugten ihre Verwunde=
rung.   Den folgenden Tag gab ich eine Beleuchtung,
die in einer Ehrenpforte bestand, und jeder der Kö=
nige brachte 30 bis 40 Tänzerinnen, die schönsten
Mädchen seines Landes mit.   Diese machten einen
Theil des Hofstaats ihres Herrn aus.   Sie sind aufs
prächtigste mit Gold= und Silberstoff geziert, und ihre
Tänze enthalten verliebte oder kriegerische Vorstellun=
gen, wobei immer gesungen wird.   Ich ließ das
Bataillon im Feuer exerziren, und die Könige zuse=
hen, umschloß sie plözlich in ein Quarree, und zwang
sie so mit zu marschieren; Feuer und Rauch machten
sie fast toll.

Wir bewunderten die ungemeine Geschiklichkeit
dieser Insulaner, und ihr unbegreiflich schnelles Rei=
ten auf der Hirsch= und Büffeljagd.   Die makassa=
rischen Mädchen gehören zu den schönsten in Indien.
Jedes solcher Mädchen als Sclavin gekauft, kostet
100 bis 150 Gulden.   Zur Bedienung einen Euro=
päer zu erhalten, ist unmöglich.   Dagegen bedient
man sich allgemein solcher jungen Sklavinnen aus
dem Lande.   Von diesen läßt man sich aus= und an=
kleiden.

Endlich, da es sich zeigte, daß die Holländische
Kompagnie keinen Krieg auf Makassar bekommen
würde, erhielten wir den 19. Mai 1790. Befehl,
zurükzukehren.   Wir Wirtemberger segelten nach Ba=
tavia zurük.   Die übrigen mit uns gekommenen,
welche Kompagnie Soldaten sind, blieben zurük.

Wir kamen am 25. Julii zu Samarang an, und blieben bis zum 2. Oft. Wir hatten hier herrliche Tage.

Java wird in 4 Reiche getheilt, das des Kaisers, des Sultans, des Königs von Bantam, und das Kompagnie=Land. Dieses umfaßt das ganze Eiland. Jene 3 Fürsten dürfen nicht Ein Boot an der See= küste halten, ohne dafür zu bezahlen. Die Kom= pagnie zahlt jährlich 50,000 Thaler Tribut au die Fürsten, und dagegen müssen diese alle ihre Landes= produkte um einen wohlfeilen Preis an die Kompag= nie abgeben. Ich reißte nach Solo, dem Wohnplaz des Kaisers, der 24 Stunden von Samarang ent= fernt liegt. Hier traf ich einen holländischen Resi= denten an, mit einer militärischen Besazung von 200 Infanteristen und 70 Dragonern. Diese liegen in einem kleinen Fort, das aus 4 Bollwerken besteht, und ungefähr 40 Kanonen, meistens 18 und 24 Pfün= der enthält. Das Fort liegt so, daß es das Schloß des Kaisers beschießen kann. Um die äusserste Mauer des Schlosses zu umgehen, braucht man 7 Viertel= stunden. Die ganze Leibwache von 25000 Mann, davon täglich 2000 die Wache beziehen, liegt darinn. In den ganzen innersten Theil darf sich keine Person männlichen Geschlechts ohne Erlaubniß des Kaisers wagen. Hier hat es allein Weiber zur Wache und Bedienung. Ich war aber in Gesellschaft des hol= ländischen Residenten oft bei ihm. Wenn wir an die Pforte des innersten Hofs kamen, so wurden wir von 2 alten Hofdamen empfangen, die uns zur Au= dienz führten. Der Kaiser spricht nur malayisch. Thee und Wein, womit er seine Gäste bedienen läßt, werden jedesmal vom Residenten mitgebracht. Die= ser muß auch dem Kaiser vor und nach dem Essen das Waschbeken halten.

Jeden Samstag wird Caroussel gehalten, wobei viele Geschiklichkeit im Reiten und in Führung der

Pike gezeigt wird. Mir gab der Kaiser zwei Tiger=
gefechte, einmal mit einem Menschen, das andermal
mit einem Büffel. Zu jenem werden Missethäter
genommen. Erhält ein solcher den Sieg, welches
aber gar selten geschieht, so wird ihm das Leben ge=
schenkt. Das Gefecht, das ich sah', dauerte eine
halbe Stunde, bis der Mensch in Stüken zerrissen
war. An diesem kaiserlichen Hofe sieht man den
größten Pracht. Seine Leibwachen sind nach euro=
päischer Art aufs beßte dreßirt. Sie haben euro=
päische Gewehre, Säbel, Patrontaschen, Trommeln
und Pfeiffen; jede Kompagnie enthält 1 Kapitain,
2 Lieutenants, 2 Sergeanten, 100 Gemeine und 1
Fähndrich mit der Fahne. Aber nur das erste Glied
hat Musketen, die beiden lezten haben 25 Fuß lange
Piken. Alle sind uniform gekleidet, aber nach asia=
tischer Tracht. Die Säbelgriffe der Gemeinen sind
von Silber oder vergoldetem Meßing. Die des Offi=
ziers sind von Gold und mit Diamanten besezt. Der
Kaiser wird so heilig als ein Gott verehrt, und die
tiefste Unterwürfigkeit aller Untergebenen vom Kron=
prinzen an übertrift alle Beschreibung. Jeder Fehler
wird aufs strengste geahndet; dabei ist der Kaiser
sinnreich in Erfindung neuer und oft unnatürlicher
Strafen. Von den 300 Kebsweibern, die er neben
seinen 3 wirklichen Gemahlinnen unterhält, wurden
ihm 2 untreu, und wurden auf eine Europäische Au=
gen und Ohren beleidigende Weise, wenn ich die Ge=
schichte erzählte, bestraft.

Der Sultan auf Java, an dessen Hofe gleiche
Pracht und Unterwürfigkeit zu sehen ist, hat 2 Es=
kadronen Dragoner, wozu nur Mädchen genommen
werden. Sie sind als Männer gekleidet. Wir sa=
hen sie exerziren und bewunderten sie. Ihre Manö=
vers geriethen vortrefflich; sie feuerten mit Pistolen
und Karabinern so gleich, daß nur Ein Schuß zu
hören war. Ihr Schwenken mit Zügen, mit 4 und

ö rechts und kurz Schwenken, ihr Aufmarschiren
alles in vollem Jagen, ihr Absizen, Pferde zurükzie-
hen, geschah mit so pünktlicher Ordnung und Rich-
tung, als es je von europäischen Dragonern zu erwarten ist. Sogar beim Absitzen war der Schlag
mit der Hand auf den Sattel nicht vergessen. Dieß
Korps enthält 250 Mädchen, die meistens schön und
alle zugleich des Sultans Kebsweiber sind. Ihr Anzug besteht in rothen Kamisölern mit Gold, grünen
langen Hosen, auch einer rothen und grünen Ungarischen fliegenden Kappe.

Ich lies nun meine Leute mit einigen Offizieren auf
Samarang, weil es der dortige Offizier so haben
wollte, und ich gieng mit den übrigen Offizieren nach
Batavia, wo wir den 11. Okt. ankamen. Da blieben wir bis zum 22. Nov. an welchem Tage wir
uns mit unserm Korps einschifften und nach dem Kap
zurükfegelten. Auf dieser Reise, wozu sonst nur
zwei Monate erfordert wurden, brachten wir 4½.
Monat zu. Heftige Stürme, ein elender Seekapi-
tän, auch Hunger und Durst, waren unsre Beglei-
ter. Jeder von uns erhielt 7 Wochen lang täglich
nur einen Schoppen Wasser und ein Viertelpfund
Reis, der aus Mangel an gutem Wasser mit See-
wasser gekocht war. Endlich kamen wir am 4 April
dieses Jahrs 1791. auf dem Kap an. Da erfuhren
wir dann mancherlei Veränderungen, die sich mit
unserm Regiment inzwischen ereigneten, und theils
noch hinfüro erfolgen sollen. Manche Personalver-
änderungen waren inzwischen vorgefallen. Z. B. der
Obristlieutenant von Franquemont war gestorben,
und dagegen der Major von Jett zum Obristlieutenant, und der Hauptmann von Ostheim zum Major vorgerükt. Mehrere Lieutenants waren zu Haupt-
leuten befördert, und 7. andere junge Leute als Lieutenants angestellt worden. Auch hatten sich inzwischen einige theils mit Urlaub, theils mit Abschied

ins Vaterland zurük begeben. Etliche Offiziere, auch
mehrere Unteroffiziere und Gemeine, haben sich auf
dem Kap verheirathet, und theils ihr Glük dadurch
gemacht.

$$* * *$$

30.

Zur Geschichte der böhmischen Manufakturen.

Aktenstüke aus dem Prozesse des Grafen von Rottenhan, mit dem Buchdruker von Schönfeld zu Prag, als Denuncianten und Verläumder der böhmischen Manufakturen.

Verordnung des Hochl. k. k. böhmischen Landesguberniums an den Prager Magistrat.

Mit Hofdekret vom 4ten d. M. ist bereits anher be:
deutet worden, daß die unverkennbare gute Absicht
Sr. Excellenz des Herrn Landesschefs Grafen von
Rottenhan bei der öffentlichen Darstellung der inlän:
dischen Manufakturserzeignisse keine Misdeutung leide,
und auf das öffentliche Ansehen des ersten Staats:
beamten im Lande, der sich bisher im höchsten Dien:
ste so rühmlich ausgezeichnet hat, kein Schatten ge:
worfen werden dürfe, der das Bild verdunkle, das
er in den Augen der Nazion, welcher er vorzustehen,
von Sr. Majestät berufen wurde, seyn muß.

Als eine natürliche Folge sehe man es daher an,
daß demselben einsweilen durch Mittheilung des Un:
tersuchungsausschlags, über die von dem Buchdruker
von Schönfeld gegen diese Sammlung der inländi:
schen Manufaktursprodukten, und die Anschuldung,
als wenn unter denen Sr. Majestät diesfalls darge:
stellten Artikeln ausländische eingeschwärzte Waaren
vorgezeigt worden wären, und durch die Bewilligung

dieſen Ausſchlag, in ſoweit derſelbe auf die Rothen=
hauſſer Fabrik Beziehung hat, in die öffentliche Zei=
tungsblätter einſchalten zu laſſen, einige Genugthuung
verſchaffet worden.

Dieſem zufolge wird dem Magiſtrat aufgetragen,
die beiliegende Geſchichtserzählung von dieſer Denun=
ziazionsanliegenheit ſamt den 6 Stük Beilagen in hie=
ſige Prager Staats= und gelehrte Nachrichten eindru=
ken zu laſſen.

Prag, den 25. Okt. 1791.

Aktenmäßige Geſchichtoerzähluug mit Beila= gen von N. 1. bis 6. incl.

Unter andern öffentlichen Anſtalten, die der Herr
Obriſtburggraf und Präſident des böhmiſchen Landes=
guberniums Graf von Rottenhan während der Anwe=
ſenheit Sr. königl. Majeſtät in Prag eingeleitet hat,
war auch dieſe, daß alle Manufakturprodukte dieſes
Königreichs nach den Formen, unter welchen ſie in
der Handlnng erſcheinen, Sr. Majeſtät mit einer aus
den Kommerzialberichten und den Mauthregiſtern
über die Wichtigkeit und den Betrag einer jeden Gat=
tung von Erzeugniſſen ſowohl in Rükſicht auf die da=
mit beſchäftigten Hände, als in Beziehung auf die
dadurch in Umlauf geſezten Geldſummen gezogene Bi=
lanzen vorgeleget worden ſind. Zu dieſer Sammlung
waren alle Fabriken und einzelne Unternehmer durch
den gewöhnlichen Weg der Kreisämter aufgefordert
worden, verſchiedene vorzüglichere Stüke und die
Muſterkarten von den in ihrem Verlag verfertigten
Waaren einzuſenden. Die Kreisämter hatten zufolge
des erhaltenen Präſidialbefehls die Manufakturpro=
dukte ihrer Kreiſe geſammelt, und einige wenige Ver=
leger hatten ihre verſpätete Waaren beſonders nachge=
tragen. Der Kommerzienrath Schreyer hatte den
Auftrag erhalten, die Waaren nach den Hauptgat=

tungen der Urstoffe zu ordnen, und die obengedachte
aktenmäßige Bilanzen zu verfassen. Diese Anstalt
war von Ihren k. k. Majestäten mit dem gnädigsten
Beifall aufgenommen worden; es wurde auch ohne
Zurükhaltung Jedermann gestattet, die in der Samm=
lung befindlichen Waaren zu durchsehen.

Nach einigen Tagen denunzirte der hiesige Buch=
druker von Schönfeld Sr. Majest. dem Kaiser, dem
H. Finanzpräsidenten dem Grafen von Chotek, und
dem H. Geheimen Staatsrath Freyherrn von Spiel=
mann, daß unter diesen Waaren, die man Sr. Ma=
jestät für eine Sammlung inländischer Manufaktures
zeugnisse ausgegeben habe, viele durch den Schleich=
handel eingebrachte ausländische Waaren unterscho=
ben worden seyen, und daß dieses auch bei der dem
Herrn Obristburggrafen eigenthümlich gehörigen Mus=
selin= Pique= und Kottonfabrike vermuthlich (wie
sich der Denunziant ausdrükte) ohne Wissen des
Eigenthümers geschehen sey.

Wäre diese Anzeige der Ordnung nach bei der er=
sten Stelle, nämlich bei dem Herrn Gubernialpräsi=
denten selbst (der zufolge der Denunziazion von dem
bei seiner Fabrike vorgehenden Betrug keine Kennt=
niß haben sollte) oder bei dem Landesgubernium an=
gebracht worden, so würden sie durch ihr eigenes
Ehrgefühl und ihre Pflicht aufgefordert worden seyn,
die Wahrheit der Angabe selbst zu berichtigen, und
wenn ja von irgend einem Fabrikunternehmer ein Be=
trug gespielt worden wäre, eine solche Vermessenheit
(durch welche dem allerhöchsten Landesfürsten auf eine
officielle Weise falsche Data vorgelegt worden wären)
exemplarisch zu bestrafen, und dann den veranlaßten
Irrthum auch selbst zu rügen. Nach der Weise
aber, wie die Anzeige, und zwar nach wiederholten
Warnungen, die der Denunziant über die Bedenklich=
keit einer so wichtigen Beschuldigung erhielt, gesche=
hen war, mußte erstlich die Anstalt, durch welche

Sr. Majestät und dem Ministerio die Produktensamm=
lung vorgelegt worden war, ein sehr zweideutiges An=
sehen gewinnen, und die Nazionalindustrie überhaupt,
so, wie die in der Denunziazion namentlich aufge=
führte Fabrike des Hrn. Obristburggrafen Grafen von
Rottenhan waren durch den Verdacht der Verfäl=
schung des Stempels und des bei der Einsendung ge=
brauchten Betrugs äusserst beschimpft. Der Herr
Obristburggraf, der hier seine eigene Sache zu ver=
theidigen hatte, gab daher, sobald er von dieser An=
zeige Nachricht erhielt, die unter Nro. 1. anliegende
Schrift bei dem Gubernium ein ; die Sache wurde
untersucht, und da der Denunziant von Schönfeld,
dem die Waarensammlung vom Amts wegen und nach
der umständlichen Vernehmung des Kommerzraths
Schreyer vorgelegt ward, auch in Beziehung auf die
der Graf Rottenhanischen Klagschrift beigelegte Muster
der in Frage gesezten, aus der Sammlung verkauf=
ten, feineren Gattungen gar keine Gründe zu irgend
einem Verdacht über ihre Aechtheit angeben konnte,
und selbst gestand, daß er seine Anzeige durch nichts
zu rechtfertigen wisse, so wurde an den Herrn Grafen
von Rottenhan das unter Nro. 2. anliegende De=
kret erlassen. Der Herr Graf begnügte sich aber
nicht mit dieser Erklärung, und überreichte das An=
bringen Nro. 3. Da nun das Gubernium die im
Wege der politischen Erkenntniß angesuchte Untersu=
chung nicht verweigern konnte, so wurde der k. Mauth=
Amtskontrolor Hr. Paunowitz, auf welchen sich der
von Schönfeld in seiner Denunziazion berufen hatte,
zur Untersuchungskommißion vorgeladen. Er weigerte
sich aber schlechterdings unter dieser Eigenschaft zu
erscheinen, indem Er es als eine unverschämte Un=
wahrheit erklärte, daß er mit dem von Schönfeld
über diese Denunziazionssache irgend eine Unterredung
gepflogen habe, und dabei versicherte, daß Er die
Sammlung nicht einmal gesehen habe. Hr. Graf

Rottenhan, dem es nur darum zu thun war, daß auch nicht dem mindesten Verdacht über seine Unternehmungen Raum gegeben werden könne, bat also, daß Hr. Pannowiz als Kunstverständiger zur Untersuchuug gezogen werden möchte, und es wurden also von dem k. Gubernium die Herren Gubernialräthe Graf von Kollowrat und Freyherr von Eben nach Rotenhaus geschikt, und denselben von der Bankalstelle der zweite Inspektoratsadjunkt des Saazer Kreises Hr. Presl, dann der erwähnte Hr. Pannowiz als Kunstverständiger zugegeben. Das Resultat dieser Untersuchung (bei welcher die nämlichen Gattuugen von Waaren, wie sie in der Sammlung zu sehen waren, in den Werkstätten nebst einer beträchtlichen Menge von dem feinsten zu dergleichen Waaren erforderlichen Gespinst vorgefunden worden sind) enthält das unter Nro. 4. beigedrukte Dekret, welchem noch unter Nro. 5. das diese Sache betreffende Hofdekret beigefügt wird, welches während den Kommißionshandlungen bei dem k. Gubernium eingetroffen ist. Der Herr Graf von Rottenhan hat hierauf in der Beilage Nro. 6. erklärt, daß, da nunmehr die Verläumdung, so weit sie seine Person und seine Fabrik betrift, hinlänglich aufgedekt sey, Er sich nicht mehr mit dieser Sache zu befassen gedenke, und nur nach vorläufiger Einsicht des Aufsatzes von Schönfelden einen förmlichen Widerruf verlange, da auch die Verläumdung den höchsten Grad der Publicität erreicht habe.

N. 1.

Hochlöbl. k. k. Landesguberniunt.

Kurz nachdem ich die nach einem erweislich bereits im Monat April in Wien entworfenen Plan angelegte Sammlung der hierländischen Manufakturenprodukte beiden Majestäten, dem Hofe, und den Hrn.

Mini-

stern mit den Kommerzialbilanzen vorgelegt hatte, ist
der Buchdruker von Schönfeld mit einer Denunzia=
zion bei Sr. Maj. dem Kaiser, bei dem Hrn. Hof=
kammerpräsidenten, und bei dem Herrn geheimen
Staatsrath Freyherrn von Spielmann aufgetreten,
um die sämtlichen feinern Stüke, die aus den Fabri=
ken eingeliefert worden waren, als ausländische durch
den Schleichhandel eingebrachte Waaren anzugeben.

Wären die Kreisämter, die diese Sammlung auf
meinen Befehl einsendeten, wäre der Kommerzien=
rath, der sie nach der von mir erhaltenen Hauptein=
theilung geordnet hatte, wäre ich selbst als der erste
Staatsbeamte dieser Provinz fähig gewesen, bei ei=
nem solchen offiziellen Anlaß, wo die Wichtigkeit und
die Mannigfaltigkeit der ältern und neuern Industrial=
produkte dieses Königreichs unter einem Gesichtspunkte
und mit der aktenmäßigen Berechnung des National=
handels anschaulich dargestellt werden sollte — bei
einem solchen Anlaß, sage ich, den Monarchen vor=
sezlich zu hintergehen, so wäre dieses ein Verbrechen,
dem ich keinen Namen zu geben wüßte, um es nach
der Grösse einer solchen Vermessenheit zu bezeichnen;
diese Denunziazion muß also in Rüksicht auf das
allgemeine der strengesten Untersuchung unterzogen
werden.

Da aber auch meine eigene Coton-Musselin und
Piquefabrik mit in diese in jedem Betracht und be=
sonders nach den Zeitumständen, unter welchen sie
geschah, äusserst boshafte Anzeige verwikelt worden
ist, und ich also hier meine Ehre als Staatsbeamter
in einer doppelten Beziehung verlezt finde, so erbitte
ich mir von der Gerechtigkeit dieser Landes=
stelle, daß ohnverzüglich eine unpartheyische Kom=
mißion nebst dem Denunzianten und dem Mauthbe=
amten Pannoviz, auf dessen Zeugnis sich Schönfeld
bey Sr. Exz. dem Freyherrn von Spielmann berief,
indessen mit Vorbehalt einer der Beleidigung ange=

(Der Weltbürger. III. Heft.)　　S

meſſenen Genugthuung auf meine Koſten nach Rot
tenhaus geſchikt werden, um dort zu unterſuchen, ob
die von der Rotenhauſer-Fabrik bezeichnete, und in
die Waarenſammlung eingeſchikte Pique, Vallis,
Muſſelin und Coton nicht insgeſamt dort gearbeitet
worden ſind. Ich verlange, daß auf alle Fälle
das Geſpinſt, die Werkſtühle, die Drükmodelle,
unterſucht, und die Arbeiter die dieſe Stüke verfertigt
haben, eidlich abgehöret werden; alles, was von
der Sammlung noch unverkauft da liegt, wird unter der Fertigung des Kommerzienraths zur
Unterſuchung deponiret.

Von einem Stük Pique, welches Ihre Majeſtät
die Kaiſerin gekauft hatten, habe ich mir ein im Kabinet verſiegeltes Muſterchen ausgebeten; von einem
Stük gedrukten Muſſelin, welches der Hr. Kammer-
fourier von Lenoble erkauft hatte, liegt hier auch ein
von demſelben petſchirtes Muſterchen bey; alles iſt
demnach zur Unterſuchung bereit, und da ich von der
Redlichkeit meiner Fabrikbeamten Kopf für Kopf ſtehen kann, ſo erbiete ich mich zur Strafe des hun-
dertfachen Werths, wenn von meiner Fabrik ausländiſche Waaren für eigene Erzeugniſſe unterſchoben
worden ſind. Die Berichtigung der die Denunziazion betreffenden Umſtände, und die Zurükſtellung
der Muſter haben veranlaßt, daß dieſe Klage erſt
jezt erſcheinen konnte.

N. 2.
Note.

An des Hrn. Oberſtburggrafen Excellenz.

In Gemäßheit des von Euer Erzellenz aus Anlaß der von dem Buchdruker von Schönfeld bey Sr.
Majeſtät dem Kaiſer, dem Herrn Hofkammerpräſi-
denten, und dem Hrn. geheimen Staatsrathe Freyherrn von Spielmann angebrachten Denunziazion,

daß sammentliche seine Waaren, welche aus den Fabriken in die Sr. Majestät vorgezeigte inländische Produktensammlung eingeliefert wurden, ausländische,
durch den Schleichhandel eingebrachte Waaren wären,
anher gestellten Belangens über diese Angabe, insofern selbe die Erzeugnisse der Rotenhauserfabrik betrift, die strengste Lokaluntersuchung zu veranlassen,
hat man diese Untersuchung den hierortigen Mittelsräthen Freyherrn von Eben, und Grafen von Kol-
lowrath aufgetragen.

Aus dem von dieser Kommißion aufgenommenen
Untersuchungsprotokolle, und dem hierüber erstatteten
Berichte, veroffenbarte sich nun das Resultat, daß
der Buchdrucker von Schönfeld nicht nur die in dem
Sammlungskabinete befindliche, von der Rotenhauserfabrik eingelieferte Waaren für inländische Produkte
dieser Fabrik anerkannt, sondern auch überdies eingestanden hat, er sey irgend einen Beweis, daß die
gleicherwähnte Waaren ausländisch sind, zu liefern,
ausser Stande.

In Erwägung dieser eigenen Erklärung des Denunzianten, durch welche die Denunziazion, daß
nämlich die von der Rotenhauserfabrik eingelieferte
Waaren, geschwärzte Waaren sind, gänzlich zurükgenommen worden ist, und in dem weitern Anbe-
tracht, daß durch das Verhör der hierüber vernommenen Kunstverständigen die Unwahrheit dieser Denunziazion noch mehr bestätiget worden, hat man befunden, daß kein Gegenstand einer Lokaluntersuchung
im Orte Rotenhaus mehr erübrige; weil diese Untersuchung dennoch keine andere Folge, als die von dem
Schönfeld selbst eingestandene Unwahrheit seiner Denunziazion haben könnte.

Man säumet daher nicht, Euer Exzellenz diese
Schlußfassung mit dem Beisaze zu eröfnen: wienach
man in Rüksicht, daß diese in jenem Zeitpunkte, wo
die höchste Gegenwart Sr. Maj. des Kaisers nicht

nur die ansehnlichsten Personen der österreichischen
Monarchie, sondern auch so viele Fremde vom ersten
Range herbeigezogen hat, angebrachte Denunziazion
sich durch das öffentliche Gericht verbreitete, den von
der aufgestellten Untersuchungskommißion erhobenen
Befund in der Absicht, damit der durch diese Verläumdung widrige Eindruk vollkommen behoben werde, und der gute Ruf der innländischen Fabriken,
dann der Rotenhauser-Manufaktur nicht leide, in die
öffentlichen Zeitungsblätter einrüken lasse.

Betreffend die wegen dieser Verläumdung wider
den Buchdruker von Schönfeld zu verhängende Strafe
werden nach Ausmaas des 127. §. des Gesezbuches
über Verbrechen und deren Bestrafung sammtliche,
den gegenwärtigen Denunziazionsfall betreffende Akten
der k. k. Appellazion als dem Kriminalobergerichte
unter einem zur Amtshandlung mitgetheilet.

Prag, den 2. Okt. 1791.

Freyherr La Moth.

N. 3.

(L. S.)

An das hochlöbl. k. k. Landesgubernium H. G. von Rottenhan.

Vorstellung auf den erhaltenen Gubernialbescheid vom
2ten Oktob. die Schönfeldische Denunziazion betreffend, und wiederholte Bitte um Lokaluntersuchung.

Mit einer Beilage.

Hochlöbl. k. k. Landesgubernium.

Die von dem vorsizenden Herrn Gubernialrath
Freyherrn La Moth unterzeichnete verehrliche Note
vom 2ten dieses Monats ist mir zugestellet worden.
Sie enthält auf meine der hohen Stelle in der Schönfeldischen Denunziazionsache überreichten Beschwerd-
schriften den Bescheid: Der Denunziant Buchdruker

von Schönfeld habe vor der aufgestellten hochlöbl.
Gub. Kommißion nicht nur die von meiner Fabrik in
die veranstaltete inländische Manufakturfammlung ein
gesendeten, und nachher in Deposito aufgehaltenen
Waaren für eigene Erzeugnisse anerkannt, deren Aecht
heit auch von den darüber vernommenen Waaren und
Kunstverständigen bestätiget worden sey, sondern er
habe sogar eingestanden, er sey auser Stand, irgend
einen Beweis für das Gegentheil zu liefern; die von
mir verlangte Lokaluntersuchung zu Rottenhaus selbst
scheine daher bey diesen Umständen nunmehr über
flüßig zu seyn.

Ich erstatte der hohen Stelle meinen ergebensten
Dank für diese mir in der mich so nahe angehenden
Sache mitgetheilte Schlußfassung. Dadurch ist al
lerdings die so boshafte als unverschämte Denunzia
zion des von Schönfeld aufgedeket, und die in den
begleitenden Nebenumständen beyspiellose Verläum
dung liegt nun schon am Tage, da der Denunziant
selbst bekennt, daß er keine Inzichten anzugeben wisse,
nach welchen einige in der auf meine Anordnung ver
anstalteten Produktensammlung Sr. Maj. vorgezeigte
Waaren als unterschobene ausländische Manufaktur
arbeiten angesehen werden könnten.

In Beziehung auf diese von mir angeordnete öf
fentliche Anstalt wären also die Kreishauptleute, der
Kommerzienrath Schreyer, und ich selbst, insoferne
Wir von Amts wegen bey diesem Geschäft eingetret
ten sind, durch dieses Bekenntniß hinlänglich gerecht
fertiget.

Meine Fabrik und Fabrikbeamte hingegen sind
noch immer nicht von den Anfällen dieses unverschäm
ten Denunzianten, und von der Misdeutung des Pu
blikums sicher gestellet. Diese Sache hat ein allge
meines Aufsehen erregt. Es ist mir nicht genug, daß
der Beweis gegen meine Fabrik aufgegeben worden
ist, seitdem ich diese Untersuchung gefordert habe;

sondern da der Demunziant ausdrüklich anzeigt, und
seither auf die argliftigste Weise das Gerücht verbreitet hat, daß es zwar ohne mein Wiſſen geſchehe, daß
aber von meiner Fabrik ausländiſche Waaren unterſchoben, und daß ich hintergangen worden ſey, ſo iſt
noch nicht aller Anlaß zur Nachrede erſchöpfet, bis
man nicht durch eine unpartheyiſche Kommißion erhoben hat, daß die Materialien, die Werkzeuge und
die Arbeiter zu ſolchen Waaren, wie man ſie Sr.
Majeſtät und dem Publikum öffentlich vorgelegt hat,
wirklich vorhanden ſind, daß die in der Sammlung
ausgelegten Rotenhauſerfabrikwaaren wirklich dort
gearbeitet worden ſind, und noch mehrere von gleicher
Qualität dort erzeuget werden.

Hätte der Buchdruker von Schönfeld ſeine Denunziazion nur geſprächweiſe angebracht, ſo würde ich
ſein Vorgeben als ein zwar beleidigendes, aber blos
ſeinen verrufenen hämiſchen Gemüthskarakter bezeich-
nendes Geſchwäz haben unter meiner Vertheidigung
halten, und nach meiner unbefangenen und Niemand-
den — ohne dazu aufgefordert zu ſeyn — nahe tretenden Handlungsweiſe darüber hinaus gehen können.
Da ich aber von dem Augenblike an, als Se. Maj.
der Kaiſer mir die erſte Eröfnung von der Schönfel-
diſchen Anzeige gethan, derſelben genauer nachforſch-
te, ſo erhielt ich die überzeugendeſten Beweiſe durch
die bedeutendeſten Perſonen, daß von Schönfeld nicht
bey dem bloſſen Vorgeben, oder einer einfachen Anzeige ſtehen geblieben ſey, ſondern daß er ſeine boshafte, die ganze Nationalinduſtrie herabſezende Denunziazion von weitemher vorbereitet und mehrerley
Nebenwege ſie zu beſtärken eingeſchlagen hätte — daß
dieſer Böſewicht ungeachtet der — bey der bemerkten
Unwahrſcheinlichkeit von Staatsminiſtern ſelbſt — erhaltenen Warnungen und Erinnerungen über die wichtigen und bedenklichen Folgen einer ungegründeten
Denunziazion von dieſer Art nicht nur darauf behar-

ret sey, sondern wiederholte vielfältige Bemühungen angewendet habe, seinen angelegten schändlichen und allen inländischen Manufakturen Gefahr drohenden Plan durchzusezen. Diese Umstände haben der von Schönfeldischen Verläumbung einen solchen Grad von Wichtigkeit gegeben, daß ich — um meine und der guten Sache Ehre aufrecht zu erhalten — die Wirksamkeit der hohen Stelle anzurufen und die strengsten Untersuchungen zu verlangen gedrungen wurde.

. Aus den angeführten Gründen, die noch immer bestehen, muß ich mir demnach hiemit nochmals die Freyheit nehmen, mein Ansuchen dringend zu wiederholen, daß, wenn es dermalen nach dem Erachten des hochlöbl. Guberniums nicht mehr nöthig seyn sollte, eine Gubern. Kommißion nach Rottenhaus abgehen zu lassen, doch durch die hohe Verfügung der Landesstelle eine andere unpartheyische Untersuchung bey meiner Fabrik veranlasset werde, um dem aufmerksam gemachten Publikum von keiner Seite einen Anlaß zum Zweifel über die aufrechte Verwaltung meiner Fabrikgeschäfte zurük zu lassen.

Ich erbitte daher von der hohen Stelle angelegentlich, daß wenigstens auf meine Kosten ein unpartheyischer Bankalbeamter mit einem Guberniglaktuar nach Rottenhaus abgeschiket, hiezu der Mauthbeamte Pannoviz (auf dessen Zeugnis sich der Denunziant von Schönfeld in mehrern Gelegenheiten berufen hat, und der gerade in dem Fache verwendet wird, wo die Aechtheit der Erzeugnisse zu inspiciren ist) als Zeuge der bey der Fabrik vorfindigen Data über die etwa vorgegebenen Inzichten der von Schönfeldischen Denunziazion beigezogen, die meiner ersten Beschwerdschrift beygelegten petschirten Müsterchen mit hinausgenommen, die hier in einer Küste deponirten Waaren noch aufbewahret, und bey der Fabrik Rottenhaus folgende Gegenstände genau untersuchet werden.

1. Ob und wie viel von dem feinen Gespinst vorräthig sey, aus welchem die eingesendeten Stüke gewebet, mehrere ähnliche erzeuget werden können, oder in der Arbeit begriffen sind.

2. Ob die Werkstühle, worauf diese und ähnliche feine Waaren gearbeitet werden, sich bey meiner Fabrik finden

3. Ob die Drukmodel, durch welche die nach englischen Mustern gedrukten Musseline und andere Drukwaaren gefertiget werden, daselbst vorhanden sind, und

4. Ob die Arbeiter, welche alle diese Waaren herstellen, dort gegenwärtig sind, die man abzuhören, und nach Gutfinden auch eidlich zu vernehmen hätte, daß hierüber also ein förmliches Protokoll aufgenommen und mit dem Untersuchungsbericht der Landesstelle zur höhern Erkenntniß und Verfügung vorgelegt werde; ich erbitte mir zugleich das Abgehen der verordneten Untersuchungskommißion zu intimiren, damit ich meinen Sekr. Hrn Jos. Pöschel, wie ich laut des hier anliegenden Anbringens schon dieser Tage, da ich das Abgehen einer hohen Gubern. Kommißion vermuthete, der hohen Stelle anzuzeigen im Begriff war, alsdenn von meiner Seite zu dieser Lokaluntersuchung Bevollmächtigten zu gleicher Zeit nach Rotenhaus abschiken könne.

Die hohe Stelle wird mir die Gerechtigkeit wiederfahren lassen, daß ich bei dem ganzen Vorgange dieser verhaßten Sache in keiner meiner Handlungen mein Amtsansehen mißbrauchet, sondern als ein offener rechtschaffener Mann den Weg eingeschlagen habe, den jeder Staatsbürger, der Achtung und Anhänglichkeit für gesetzliche Ordnung heget, zu gehen hat.

Nur izt, da ich noch bei meinem Rechte auf öffentliche Genugthuung Nachsicht gebrauchen kann, habe ich mir erlaubt meine Amtswürksamkeit zu

benüzen, um die an das Kriminalobergericht über
die Schönfeldische Denunciation abzugebenden Kom-
missionsakten indessen im Expedit noch so lange zu-
rückhalten zu lassen, bis die erbetene Untersuchungskommission sich ihres Auftrages entlediget und ihren
Bericht über den Lokalbefund meiner Fabrikerzeug-
nisse erstattet haben wird.

Alsdenn erst, wenn ich und meine Fabrikbeamte
mit der erforderlichen Publizität in den Augen des
Publikums (dessen Urtheil keinem Manne von Ehre
gleichgültig seyn kann) werden gerechtfertiget seyn,
dann werde ich so weit die Verläumdung mich insbesondere betrift mir die Erlaubniß erbitten, auch die
Genugthuung die ich von rechtswegen zu fordern habe, nach der Stimme meines von Leidenschaft freyen
Herzens abmessen zu dörfen, und ich hoffe zuver-
sichtlich, daß der üble Erfolg dieser boshaften Denunziazion den durch so viele niedrige Streiche be-
rüchtigten Sykophanten zur Witzigung dienen werde, um andern ruhigen und unbefangenen Mitbür-
gern nicht mehr durch seine Ränke und seine unverschämte Lästerzunge beschwerlich zu werden.

Prag, den 5. Okt. 1791.

Ad N. 3.

(L. S.)

**An die hochlöbl. k. k. Gubernialkommission die
Schönfeldische Denunziazion betreffend.**

Ich habe vernommen, daß die zu der von mir
vom hochlöbl. Gubernium erbetene Untersuchung der
Schönfeldischen Denunziazion aufgestellte Kommission
nach Rottenhaus abgehen werde. Da es die Ordnung und die Beschaffenheit dieses Untersuchungsge-
schäfts erfodert, daß auch von meiner Seite Jemand
dabei zugegen sey, der die Lokalumstände anzeigen,

und Auskünfte, die die hochl. Kommission zu verlangen etwa für nöthig finden wird, über Fabrikar-
beiten und Fabrikindividuen erstatten könne, der aber
zugleich auch die zur Aufklärung der Thatsachen nothwendige Vorstellungen und Anzeigen zu machen habe,
die in Folge meines eingereichten Gesuchs etwa in
Rüksicht zu nehmen sind, so werde ich meinen Se-
kretaire Hrn. Joseph Poeschl zu gleicher Zeit in dieser Absicht dahin absenden, und zu diesem Geschäft
bevollmächtigen.

Ich habe daher die Ehre dieses Euer hochlöbl.
Gubernialkommission anzuzeigen und dieselbe zu ersuchen, daß denen rechtlichen Ansuchen meines Stell-
vertretters, so weit es die Gerechtigkeit und die
Geschäftsordnung zuläßt, statt gegeben werden möge.

Prag, den 1. Okt. 1791.

N. 4.

Se. Exzellenz Herr Graf v. Rottenhan.

Die Lokaluntersuchung der Rottenhauser Fabrik betreffend.

Note.

Auf das von Euer Exzellenz unterm 5. laufenden Monats anhergestellte Belangen hat man die
Ehre zu eröffnen, daß die Lokaluntersuchung der Rothenhauser Fabrik vorgenommen, und das Resultat
dahin ausgefallen seye, daß nämlich nicht nur die
von dieser Rotenhauser Fabrik in das Manufakturs-
sammlungskabinet eingeschikte Waaren allda wirklich
verfertiget und appretirt worden, sondern auch, daß
in Rüksicht des allda vorgefundenen feinen Gespun-
stes, der Werkstühle, Drukereŋ, Bleiche, der Ap-
pretursgeräthe und der anwesenden Arbeitern noch
feinere Arbeiten geliefert werden können.

Wovon man sich die Ehre giebt Eurer Exzellenz mit dem Beisatz Nachricht zu ertheilen, daß auf Belangen des bevollmächtigten Sekretärs Pöschel demselben die Abschrift des Untersuchungsprotokolls bereits von Seite der Kommission ertheilet worden sey.

Prag, den 19. Okt. 1791.

J. Wenzesl. Freyherr von Margelik.

· N. 5.

An Se. des böhmischen Gubernialpräsidenten und Obristburggrafen, Hrn. Heinrich Grafen v. Rottenhan Exzell.

N o t e.

Man giebt sich die Ehre, den Inhalt der höchsten, in Angelegenheit der vom Hofbuchdruker von Schönfeld höchsten Orts angebrachten bekannten Denunziazion von der k. k. Hofkammer herabgelangten Entschließung vom 4. Okt. l. J. anmit Euer Exzellenz wörtlich zu eröffnen: „daß übrigens dem „Herrn Grafen von Rottenhan einsweil durch „Mittheilung des bisherigen Untersuchungsausschlags „in soweit derselbe auf seine rothenhauser Fabrik „Beziehung hat, und durch dessen Einschaltung in „die öffentliche Zeitungsblätter einige Genugthuung „verschaffet worden, auch, wenn er es verlanget, „noch die von ihm verlangte Lokalkommission ver- „williget werde; dieses sieht man als eine natürliche „Folge desjenigen billigen Bestrebens an, welchen „die Landesstelle bei der Betrachtung Platz geben „müßte, daß die unverkennbare gute, und patrioti- „sche Absicht des Herrn Landeschefs bei der öffent- „lichen Darstellung der inländischen Manufakturs- „Erzeugnisse, welche, da Ihre Majestäten selbst „diese Anstalt in höchsten Augenschein zu nehmen

„geruhet haben, hierdurch die höchste Würdigung
„erhalten hat, keine Misdeutung leide, und auf
„das öffentliche Ansehen des ersten Staatsbeamten im
„Lande, der bisher im höchsten Dienste so rühm-
„lich sich ausgezeichnet hat, kein Schatten geworfen
„werden dürfe, der das Bild verdunkelt, das er in
„den Augen der Nazion seyn muß, welcher er vor-
„zustehen von Sr. Maj. berufen worden ist."

Prag, den 12. Okt. 1791.

Freyherr la Moth.

N. 6.

(L. S.)

Hochlöbl. k. k. Landesgubernium.

Aus dem meinem Bevollmächtigten in Rothenhaus
von der in der Schönfeldischen Denunziazionssache
dahin gesendeten hochlöblichen Gubernialkommission
mitgetheilten Protokollsauszug und der verehrlichen
Nota, durch welche mir das Resultat dieser Besichti-
gungskommission, intimiret wird, ist nunmehr unläugbar dargethan, daß die feinen Waaren, die von
meiner Rotenhauser Fabrik in die Manufakturproduk-
tensammlung eingeschickt worden sind, wirkliche Erzeugnisse der Fabrik waren, daß das Garn, die
Werkstühle und die Drukmodeln, die Bleichen und
die Arbeiter wirklich dort vorhanden sind, durch
welche diese und ähnliche Waaren hergestellt worden sind, und noch ferner hergestellet werden; die
Verläumdung, der sich der Buchdrucker von Schönfeld in seiner Denunziazion schuldig gemacht hat, ist
also gänzlich aufgedekt.

Jede Genugthuung, die mir der Denunziant geben könnte, ist für mich ganz ohne Werth; allein
ich ehre das Publikum zu sehr, als daß mir auch die

entfernteste Mißdeutung meines Betragens gleichgül=
tig seyn könnte, und es ist mir daher äufferst wich=
tig, daß der Aufschluß dieser Sache eben so bekannt
werde, wie es die Verläumdung selbst ist.

Die Gerechtigkeit erfodert es, daß Denunziazio=
nen, durch welche öffentliche Anstalten in ein gehäf=
siges Licht gestellt, oder Staatsbeamte, die durch
ihren unbescholtenen Ruf allein einen nützlichen Ein=
fluß auf das Publikum gewinnen können, verläum=
det werden, öffentlich gerügt werden. Die höchste
Hofstelle hat es bereits in dem Hofdekret vom 4.
Okt. erklärt, daß das Publikum durch den Weg der
Zeitungen von dem Resultat der Untersuchung benach=
richtiget werden sollte.

Ich bitte daher, daß nachstehende aktenmässige
Geschichtserzählung samt den angeführten Beilagen
von Amtswegen in die Zeitungen gesezt werden
mögten.

Wenn dieses geschehen ist, und der Buchdruker
von Schönfeld einen förmlichen Widerruf seiner De=
nunziazion schriftlich bei der hohen Stelle eingebracht
haben wird, erlasse ich ihm in Beziehung auf mich
und meine Fabrik alle Genugthuung, die ich nach
den Gesetzen zu fodern berechtigt wäre.

Prag, den 23. Okt. 1791.

Anhang.

Nachricht.

Ohne mich in der Erörterung hineinzulassen, durch
welche Veranlassung das mir sonst immer schätzbare
Publikum verleitet worden ist, mich für einen Theil=
nehmer an einer Verwicklung zu halten, habe ich mich
entschlossen nachstehende zwei hohe Gubernialentschlüs=

fungen ddo. 2. und 11. Oktober l. J. zur Ehre der
Wahrheit in öffentliche Blätter eindruken zu lassen.

An den Zollkontrolor von Panowitz.

N. 28764.

Es unterwaltet kein Anstand, daß derselbe das ihm
von dem Publikum zugemuthete Einverständniß mit dem
Buchdruker von Schönfeld im Betreff der von erwähnten Schönfeld den hierländigen Fabriken, insbesondere
aber der rothenhauser Manufaktur zur Last gelegten
Schleichhandels bei Sr. Maj. dem Kaiser, dem Hrn.
Hofkammerpräsidenten, und dem geheimen Staatsrath
Freyh. v. Spielmann angebrachte Denunziazion; daß
sämmtliche seine Waaren, welche aus den Fabriken in
Sr. Maj. vorgezeugte inländische Produktensammlung,
eingeliefert wurden, ausländische eingeschwärzte Waaren sind, durch öffentliche Kundmachung in den Zei-
tungsblättern von sich ablehne.

Welches denselben auf sein um diese Gewilligung
hierorts gemachtes Ansuchen hiemit bedeutet wird.

Prag, den 2. Okt. 1791.

Freyherr la Moth.

An den Prager Hauptzollamtskontrolor Ernest von Panowitz. N. 29874.

Den Supplikanten zu bedeuten, daß obschon die
in dieser Denunziazionssache aufgenommene Untersuchung bewähret hat, daß derselbe an der Denunziazion des von Schönfeld nicht Theil genommen habe,
man dennoch in Erwägung, daß er in einem Fache,
welches praktische Kenntnisse der Waarenerzeugung
voraussetzt, angestellt seye, und dessen Benziehung zur
Untersuchungskommission von dem Grafen von Rottenhan anverlangt worden, denselben von der Erscheinung bey der im Rottenhaus vor zweyen hierortigen
Mittelsräthen vorzunehmenden Untersuchungskommiß

sion nicht los zählen könne, zu welcher Untersuchung
jedoch derselbe, keinerdings als ein in dieser Denunziazionssache mit verflochtener Zeug des Buchdruker
von Schönfeld, sondern vielmehr als ein Sachver-
ständiger Bankalbeamter beigezogen, und gegen dessen Beiziehung in dieser letzten Eigenschaft von Seiten des Hrn. Oberstenburggrafens Exzellenz kein Bedenken getragen wird.

Prag, den 11. Okt. 1791.

Joh. Ferd. Fischer.

So geschehen Prag, den 29. Okt. 1791.

Ernest von Panowitz.
k. k. Hauptzollamtskontrolor.

31.

So wird noch immer das deutsche Publikum gebrandschazt!

Das heilige Land — wie es der fromme Aberglaube nennt — ist in den Händen den Ungläubi-
gen — der Türken! — Ein schröklicher Gedanke
für den schwachköpfigen Andächtler.

Was sagt der hellerdenkende Christ dazu? —

Jesus, der grosse Weltverbesserer ist mein Herr
und Meister, mein Lehrer und mein Spiegel —
aber was geht mich das Land an, wo er seine
beseligende Lehre predigte, und mit seinem Blute
versiegelte?

Nicht so der Aberglaubische! — Dieser, der
immer die Schaale für den Kern hält, denkt nicht
daran, des göttlichen Jesus beglükende Lehre zu befolgen — das hält er für Nebensache — aber nach
dem heiligen Lande zu wallfahrten, und durch Ab-

mosen in dies Land dem Allmächtigen seine Barmher=
zigkeit abzukaufen — dies hält er — der arme Ge=
blendete! für ein wesentliches Stück seiner Religion,
und bedenkt nicht, daß er eben dadurch den Heiden,
die er so sehr bemitleidet, völlig gleich wird!

Diese schiefe Religionsbegriffe veranlassen die
Kreuzzüge, die Wallfarthen, die tausendfachen Bet=
teleien, die für das heilige Land unternommen
werden.

Unser armes Deutschland, das vor und nach
Tezels ärgerlichem Ablaßkram so schröklich von heili=
gen Müßiggängern — gleich Heuschreckenschwärmen
— ausgesogen wurde, wird auch jezt noch von Fran=
ziskanern gebrandschazt, die für das heilige Grab
betteln.

Sie theilen (den Marktschreiern ähnlich) folgen=
de Zettel aus.

„Allen ist bekannt, daß die H. Stadt Jerusalem,
und andere H. Oerter des gelobten Landes, worinn
unser Heiland Christus Jesus die wundervollen Ge=
heimnisse seines Lebens; Leidens und Sterbens voll=
bracht, und unser Heil gewürket hat, schon über die
500 Jahre von den P. Franciscanern bewohnet, und
mit täg= und nächtlichem Gebethe und feyerlichem Got=
tesdienste für die gesamte Christenheit eifrig bedienet
werden. Weilen nun die Abgaben an die gesamte
Türkengemeinde von Jahre zu Jahre gestiegen, auch
die Auszierung des H. Grabes Jesu Christi, die Un=
terhaltung der Klöstern und kümmerliche Lebensnah=
rung einen Aufwand verursachen, den ohne Zuthun
christlicher und mitleidiger frommen Seelen sie un=
möglich würden beybringen können, so gelanget dero,
und aller Christen des H. Landes demüthigste Bitte
dahin, ein jeder Wohldenkender wolle doch zu besag=
tem Ziel nach seiner Andacht und Belieben ein frei=
williges Allmosen herzuschiessen geruhen, damit diese
kostbare Denkmäler des Christenthums nicht von den
                                                    grau=

graufamen Türken aus Abgang des jährlichen Tribu-
tes verwüstet, oder wegen Mangel des andern verlassen werden müssen. Gott der Allerhöchste, zu dessen Anbethung und Verherrlichung bey seiner geheil-
ligten Grabstätte sie auf diese Art mitzuwürken sich
befleissen, wird diesen ihren Eifer und Andacht hier
zeitlich und dort ewig belohnen.

**Unterricht deren Kirchen, Klöstern, Residen-
zen, und anderer heiligen Oertern, wo ob-
gedachtes Allmosen angewendet wird.**

1. In Judäa zu Jerusalem das Kloster St. Sal-
vator, da alle Pilger und Fremdlinge aus der Christenheit einkehren.

2. Das Kloster und grosse Kirchen der Auferste-
hung Christi, welche mit ihrem Umkreis den Berg
Calvaria, das allerheiligste Grab Christi, wo man
um den ungenäheten Rok gewürfelt, und andere mehr
denkwürdige Oerter einschliesst.

3. Die grosse Kirch in dem Thal Josaphat, nicht
weit von dem Garten Gethsamani, darinnen der H.
Leib der seligsten Jungfrau Mariä von denen Apo-
steln ist begraben worden.

4. Die Kirch auf dem Berg Oliveti, darinnen
jährlich am Fest der Himmelfarth Christi ein Hohamt
gesungen, und viele H. Messen gelesen werden.

5. An Fuß des Oelbergs, wo Christus gebethen,
und Blut geschwizet hat, werden ebenfalls öfters im
Jahr heilige Messen gelesen.

6. In Bethania die Kapell vor dem Grab La-
zari, welchen Christus vom Tod auferweket, in welcher der Gottesdienst am Fest Magdalenä feyerlich begangen wird.

7. Zu Bethlehem das Kloster und die Kirch,
welche erbauet ist über den Stall, in welchem Christus Jesus der Weltheiland gebohren worden.

8. Das Kloster und Kirchen im jüdischen Gebürg, wo Johannes der Vorläufer Christi gebohren;
weiters im Gebürg die Wüsten und Höhle, in welcher er sich bis zur Ankunft Christi aufgehalten in
höchster Strengheit des Lebens.

9. Die jährliche Wallfarth deren P. Franciscanern mit viel hundert Christen, welche alle der Gu-
bernator zu Jerusalem samt der Guardie zu dem Jor-
dan begleitet, wo Christus von Johanne getauft
worden.

10. Die Kapell auf dem Berg Guarantana genannt, auf welchen Christus nach seiner Tauf in
die Wüsten gegangen, und 40 Täg und Nächt ge-
fastet hat.

11. Das Kloster zu Arimathäa jezt Rama genannt, da alle Pilger aus der Christenheit aufgenommen werden.

12. Die Residenz zu Joppen oder Jaffa, welche
zugleich ein Herberg für die Pilger.

13. In Galiläa das Kloster zu Nazareth, allwo
die Kirch auf denen Fundamenten der H. Kapell zu
Loreto ruhet.

14. Die Kapell auf dem H. Berg Tabor, wie
auch die Wallfarth zum Meer Tiberiadis, zum Berg
Christi, an welchen die 8 Seligkeiten erkläret worden, und nach Cana in Galiläa.

15. Das Kloster zu Ptolomaida anjezo Acri
genannt.

16. In Egypten die 2 Residenzen als zu Alexan-
dria und groß Cairo.

17. In Syrien die 4 Residenzen nämlich zu Si-
don oder Saida, Damasco, Aleppo und Tripoli.

18. Im Königreich Cypern die 2 Klöster Lar-
nica und Nicosia. Vieler anderer heiligen Oerter in
Palästina, in welchen der Gottesdienst zum Heil
und Nuzen der ganzen Christenheit verrichtet wird,

Kürze halber und wegen Enge des Raums zu geschweigen.

An allen diesen heiligen Oertern werden von den P. Franciscanern die H. Messen für die lebendige und abgestorbene Guttthäter des H. Landes gelesen.

Ad instantiam A. R. P. Commissarii Generalis Terræ Sanctæ.„

O Deutsche! Wie lange wollt Ihr noch das Spielwerk frommer Betrüger seyn? Wie lange wollt Ihr noch Euer Blut den schädlichsten Vampyren hingeben?

Kennt Ihr die Mönche und die Möncherreien nicht? *)

O schämt Euch Eurer Verblendung, und lernet endlich die wahre, ächte Christusreligion von dem elenden Machwerke der Pfaffen unterscheiden!

32.

Ueber Frankreichs gegenwärtige Lage.

Vierter Brief.

Ehe ich Ihnen, mein Lieber, meine einzelne Betrachtungen über Frankreichs gegenwärtigen Zustand, die Sie verlangen und die ich Ihnen versprach, mittheilen kann, müssen wir einige Hauptpunkte auseinander sezen, über welche ich Ihnen dann, so viel ich es vermag, das Resultat meiner Beobachtungen und Erfahrungen zu Papier bringen will.

*) Von dem giftigen Hasse der katholischen Mönche im Morgenlande erzählt Bruce im 2ten Bande seiner Reisen nach den Quellen des Nils schrökliche, empörende Beispiele — und diese Mönche brandschazen uns! —

Diese Hauptpunkte mögen etwa folgende seyn:

1. Es ist erwiesene Thatsache, die von keinem seiner fünf Sinnen noch mächtigen Menschen geläugnet werden kann, daß Frankreich vor der Revolution in der tiefsten Bedrückung, unter dem härtesten Joche der Minister, Intendanten und eines zahllosen Heers von Blutigeln schmachtete, daß ein wahrer orientalischer Despotismus jede emporstrebende Kraft des zertrettenen Wurms noch vollends lähmte, und daß der Staat an dem Rande des Verderbens hinschwankte.

Dies läugnet wahrlich keiner, der nur den mindesten Begriff von Minister-Sultanismus hat! Ich war vor und nach der Revolution in Frankreich, ich habe mehrere Provinzen dieses herrlichen Landes durchreiset, und ich versichre Sie auf Ehre, daß wir Deutsche im Vergleiche mit dem vorigen Zustande Frankreichs gar keine klare Idee von ächter Despotenhudelei haben konnten, und daß wir noch jetzt Unrecht haben, wenn wir glauben, nur den hundertsten Theil der Berechtigungsgründe zu einer Revolution zu haben, die unsre arme Nachbarn hatten; ich werde Ihnen in der Folge Beispiele anführen, vor welchen Sie schaudern werden. Denn es ist und bleibt Wahrheit, der Franzose war vor der Revolution Sklave; gedrükt von zahllosen Abgaben, bis aufs Mark ausgesogen von Intendanten, Pächtern und dergleichen Gepak, keinen Augenblik seines Eigenthums, seiner physischen Freiheit versichert, in Staub gedrükt von vornehmen Müßiggängern und Wollüstlingen mußte er die Gerechtigkeit verkaufen, die Früchte seines Schweisses verschwelgen, und sein Vaterland am Rande des Verderbens sehen. O ich könnte Ihnen hier tausend verbürgte Anekdoten als Beweise für diese Wahrheit erzählen; aber ich ver-

spare sie auf meine nächste Briefe, in welchen ich
Ihnen das ganze schauerliche Gemälde dieser Bedrü-
kungen — es ist ein Nachtstük — vor Augen stellen will.

2.) Es ist eben so gewiß, daß nur eine
solche gewaltsame Revolution, als die von welcher unser Zeitalter Zeuge ist, dem schröklichen
Uebel ganz abhelfen konnte.

Der unheilbare Schaden muß weggeschnitten werden, eh' er den ganzen Körper verderbt! — Wer da
sagen wollte, man hätte die Nationalversammlung
nach dem Willen der Grossen in zwei Kammern (wie
in England) abtheilen, und dann erwarten sollen,
was diese zum Beßten des Staats verfügen würden
— der verräth allzuviel Unwissenheit, als daß er eine
Widerlegung verdiente. Eben diese Grossen, die
sich die Gewalt anmassen wollten, waren die Urheber
des ganzen Unglüks; es war ihr Vortheil Alles auf
dem alten Fusse zu lassen, und nur Palliativa zu gebrauchen, die das Uebel vermehrt, statt vermindert
hätten; sie waren es, die durch ihre verderbliche An-
schläge die gewaltsame Revolution veranlaßten; in
ihrer Verblendung wollten sie mit den Waffen des
Despotismus gegen die auflebende Hoffnung des Volks
kämpfen; unbesonnen reizten sie den schlafenden Lö-
wen, und ihre Tollheit hatte alle die schröklichen
Folgen, welche leider! immer unausbleiblich sind,
wenn ein Volk zur Verzweiflung gebracht ist, und
die Franzosen waren dieß, denn sie mußten sehen,
daß diese vom König zusammenberufene Nationalversammlung, von welcher sie noch ihre einzige Ret-
tung erwarteten, von den Grossen gehindert, einge-
schränkt, gefesselt werden sollte.
Lesen Sie I. Buch der Könige, 12. Kap.
v. 3. bis 19. — Hier war völlig derselbe Fall;
versteht sich mutatis mutandis!

Das Volk sprach zu dem Könige: „Mache Du
„nun den harten Dienst und das schwere Joch leich-
„ter, das uns aufgeleget ist, so wollen wir Dir unt-
„terthänig seyn. „ — Und der König fragte die Nationalversammlung was er thun sollte? Und sie riethen ihm: „Wirst Du heute diesem Volke einen
„Dienst thun, und ihnen zu Willen seyn, und sie
„erhören, und ihnen gute Wote geben, so werden
„sie Dir unterthänig seyn, dein Lebenlang. „ —
Aber Er verließ den Rath der Aeltesten und hielt einen Rath mit den Jungen u. s. w.

Die Jungen riethen dem jüdischen König Re-
habeam eben so unsinnig, als die Jungen zu unsrer
Zeit dem König Ludwig von Frankreich riethen:
„Laß Truppen marschiren, führe Kanonen gegen
„die Unbewaffneten und stefe ihre Stadt in
„Brand! „ —

Die Folge war? — Israel fiel ab; aber die
Franzosen gaben der Nationalversammlung Kraft,
das erwünschte Gute zu bewirken, und jagten die
Jungen zum Lande hinaus.

Ich will die Paralelle nicht weiter fortsezen, und
hier nur noch anmerken, daß die französischen Patrioten Gewalt brauchen mußten, weil die Partei
der Jungen auch ihren Rath mit Gewalt durchzusezen entschlossen und gerüstet war.

3. Doch ist es nicht minder gewiß, daß
die Umstände, mit welcher diese gewaltsame
Revolution begleitet war, nicht halb so
schröklich sind, als sie geschildert wurden,
und daß diese Revolution noch weniger Blut
gekostet hat, als sie in jedem andern Lande
gewiß gekostet haben würde.

Ich berufe mich auf jeden unbefangenen Augen-
zeugen.

4 Daß die Nationalversammlung im Gan-
zen so viel möglich die beßten und die unter die-

sen Umständen wirksamsten Mittel zur Umbil-
dung Frankreichs ergriffen hat, ist eben so
wahr, als es unläugbar ist, daß bei dieser,
so wie bei allen Menschenwerken, Mißbräuche,
Mängel und Gebrechen mit unterlaufen.

Welcher aufmerksame Beobachter der französischen Revolution wird das läugnen wollen?

5. Daß es dabei viele Unzufriedene geben
mußte, insonderheit da man den Adel abzuschaffen gezwungen war, ist eben so natürlich.

Man lese Halems Briefe über Frankreich, in
seinen Bliken ꝛc. Ich werde mich noch ferner darauf berufen.

6. Daß seit der Revolution der Pöbel in
Frankreich herrsche und eine völlige Anarchie
dies Land zerrütte, ist ganz Unwahrheit.

Ich werde Ihnen dies in der Folge beweisen.
Die Pöbelherrschaft dauerte in Paris (anderwärts
wußte man nichts davon) keine 4. Wochen! Das ist
Thatsache.

7. Daß der plözliche Genuß der Freiheit
manchem französischen Patrioten den Kopf
schwindeln machte; daß der feurige Enthu-
siasmus der Westfranken (so wollen sie jezt genannt seyn) manche Excesse erzeugt hat, und
daß diese Begeisterung auch manche Blössen
giebt, ist gewiß; eben so unläugbar aber ist
es, daß diese Partei die bessere, die edlere ist,
und daß die trefflichsten, aufgeklärtesten, tu-
gendhafften, edelsten Männer sich derselben
beigesellt haben.

Dieser Saz bedarf doch keiner Beweise? —

8. Endlich ist es auch eine der (wahrlich
unedlern) Gegenpartei schrökliche Wahrheit,

daß diese Wiedergeburt Frankreichs Troz allen Gegenrevoluzionsplanen von Dauer seyn wird!

Die Beweise dafür folgen nächstens.

Dies sind die einzelne Themata, über welche ich Ihnen meine unmaßgebliche Betrachtungen mittheilen will.

Erlauben Sie mir nur noch folgende Korollaria dem Schlusse dieser langen Einleitung beizufügen:

1. Mancher tadelt das ganze Gebäude der neuen französischen Konstituzion, weil ihm einzelne Theile mißfallen, und der hat Unrecht. Auch ich kann nicht geradezu Alles loben, aber deßwegen table ich doch das Ganze nicht.

2. Mancher wähnt, es wäre besser gewesen, wenn man statt ein neues Kleid zu machen, das alte mit neuen Lappen geflikt hätte, und der hat wahrlich Unrecht.

3. Manchem träumt von ähnlichen Revoluzionen in andern Ländern, die weder solchen Grund, noch solche Veranlassung, noch solche Fähigkeit dazu haben, und der hat Unrecht, denn er ist ein Träumer.

Doch ich schliesse für diesmal, und bin rc. rc.

Im Oktober 1791.   * * *

───────────────────

33.

Französische Anekdoten, aus dem Zeitraum nach der Revolution.

Aus Privatbriefen, und andern guten Quellen gesammelt.

Es ist immer der Mühe werth, Anekdoten aus einem Zeitraume zu sammeln, der so reich an auffal

lenden Begebenheiten ist, wie der gegenwärtige; denn
solche kleine, dem Geschichtschreiber oft entwischende
Züge sind dem beobachtenden Weltbürger nie unwich-
tig, um so weniger, wenn sie zur Schattirung des
charakteristischen Zeitgemäldes dienen.

Die Geschichte der französischen Revolution, und
die Schilderung des gegenwärtigen Zustandes von
Frankreich, kann durch solche einzelne, zerstreute
Anekdoten, wenn sie nicht auf gut Glück zusammen-
gerafft werden, ein sehr nützliches Licht erhalten.
Wir können aus solchen Zügen die jetzige Denkart
der Franzosen, das Benehmen der Demokraten und
Aristokraten, die Bewegungen der Triebräder, welche die Staatsumwälzung bewirkten, und die Folgen
derselben richtiger beurtheilen lernen, als aus den oft
so schiefen Deklamationen der Novellisten.

Anekdoten, die hiezu dienen können, will ich hier
sammeln, und den Lesern dieses Journals von Zeit
zu Zeit mittheilen. Ich schöpfe sie theils aus eigner
Erfahrung und Beobachtung, theils aus meiner Pri-
vatkorrespondenz mit unpartheyischen Beobachtern,
theils aus guten französischen Blättern, die diesseits
des Rheins minder bekannt sind.

Zwar ist schon in diesem Jahre, unter dem angeblichen Druckorte Paris, zu Neuwied ein Broschür-
chen erschienen, betitelt:

Anecdotes, curieuses & plaisantes, relatives à
la révolution de France. —

Aber dieß Werkchen ist eine so armselige, unver-
daute Zusammenstoppelung allbekannter Zeitungsge-
schichtchen, die zum Theil nicht den mindesten Bezug auf Frankreich haben, zum Theil höchst albern
sind, daß ich nicht gegen die Bescheidenheit zu sün-
digen glaube, wenn ich diese meine Sammlung

für etwas besser halte, und sie dem zufolge dem Publikum vorlege.

Der Verfasser der Briefe über Frankreichs gegenwärtige Lage.

34.

Rede von Christoph Koch, Deputirten des Niederrheinischen Departements, vor der Eidesleistung am Altare des Vaterlandes gehalten.

Freunde und Brüder!

So ehrenvoll und so schmeichelhaft für uns der
Auftrag ist, dessen Sie uns gewürdiget, da Sie
uns zu Stellvertretern der Nation bey der bevorste-
henden Legislatur aufgerufen haben, so sehr erkennen
wir doch auch die Wichtigkeit dieses Berufs und den
weiten Umfang der Pflichten, die Sie uns auflegen.
Eine Versammlung, welcher die erste, die mäch-
tigste, die aufgeklärteste aller europäischen Völkerschaften ihre heiligsten Rechte anvertraut; von welcher sie die Aufrechthaltung ihrer theuer-erworbenen
und nie genug gepriesenen Verfassung, von welcher
sie die Zusicherung und die Erweiterung ihres ganzen öffentlichen Wohls erwartet: eine solche Versammlung sollte billig aus lauter Männern bestehen,
die mit nicht gemeinen Geistesfähigkeiten die tiefesten
Einsichten und Kenntnisse in allen Theilen der Gesetzgebung verbänden; die von dem wärmsten Gefühle
für das wahre Beste des Staats durchdrungen,
durch Klugheit geleitet, durch Erfahrung geprüfet,
alle nur erforderliche Eigenschaften besässen, um selbst
kräftige Mitwirker der allgemeinen Wohlfahrt abgeben zu können.

Es seye weit von uns entfernet, daß wir uns
sämmtlich alle diese, gewiß äufferst seltene Vorzüge
beymessen sollten; wir erkenneu vielmehr nur allzu-
wohl, was uns noch mangle, um mit vollem Anstand und Würde allem dem, was Geseßgebern eines grossen Staats oblieget, ein pflichtmässiges Genügen zu leisten.

Wenn wir indessen erwägen, daß Sie, Freunde
und Brüder, uns Ihres vorzüglichen Zutrauens gewürdiget haben; wenn wir erwägen, daß es heilige Pflicht für uns Bürger des Staates ist, alles
was wir sind, und was wir nur vermögen, dem allgemeinen Besten aufzuopfern; wenn wir erwägen,
daß brennender Eifer für das öffentliche Wohl, daß
tiefe Verehrung für die uns allen schäßbare Verfassung, auch minder grossen Verdiensten das Wort
sprechen könne: so widerstehen wir nicht dem für uns
unüberwindlichen Hang, diesen ganz einzigen Umstand
unseres Lebens zu benußen, um unsern theuren Mit-
bürgern des Niederrheinischen Departements, um der
ganzen Nation eine öffentliche Probe unserer Be-
reitwilligkeit, unseres unbegränzten Diensteifers dar-
zulegen.

Wie glücklich würden wir uns nicht schäßen,
wenn wir, Freunde und Brüder, Ihrer Erwar-
tung, wenn wir Ihren patriotischen Absichten entsprechen, wenn unsre treueifrigen Bemühungen eher Ihren Beifall, als Ihren gerechten Tadel verdienen
sollten!

So würde der für uns alle so wichtige Zeitpunkt
der beglükteste unseres Lebens werden, wenn wir in
demselben das Beste der gemeinen Sache, der Sache
der Menschheit würden befördert, wenn wir zur Erhaltung öffentlicher Ruhe, zu Feststellung unserer geheiligten Konstituzion, wenn wir zu dem aufblühen-
den Wohl des vielgeliebten Vaterlandes das Unsrige
würden beigetragen haben.

::Wir sind nun hieher gekommen, um Ihnen Freunde und Brüder, um der gesammten Nation unsre schuldige Treue zuzusichern; um uns auf dem Altar des Vaterlandes feierlichst zu verpflichten, daß wir die Konstituzion, so wie sie wirklich festgestellt ist, aufrecht erhalten, und solche nebst dem Grundsatz der Selbstgewalt der Nation, nach allen unsern Kräften handhaben werden. Wir thun dieses um so williger, um so zuversichtlicher, als wir vollkommen überzeuget sind, daß Frankreich niemals eine Verfassung haben würde, wenn nicht ihre Festigkeit, ihre Unverbrüchlichkeit, wenn nicht die Selbstgewalt der Nation, zum ersten und zum heiligsten Grundsatz aufgestellt würde.

───────────

35.

Auszug aus einer Rede über den Plan einer Gegenrevolution, gehalten im Anfang dieses Jahrs in einer französischen Konstitutionsgesellschaft.

Eine Beilage zu den Briefen über die gegenwärtige Lage von Frankreich.

Haben die Anhänger der Gegenrevolution wohl überdacht, daß seit 18 Monaten drei Millionen frey gewordene Einwohner von Frankreich unter den Waffen sind? haben sie überdacht, daß alles gegen sie ist, alles sie verdammt, Gesez, Vaterland, König, und die unwandelbare Gerechtigkeit und das allgemeine Interesse und der gewaltige unwiderstehliche Schwung der allgemeinen Kräfte, denen sie, allein schon nach dem Gesez der Schwere unterliegen müßten? Man sage nicht, daß tausend unsrer Nationaltruppen zu unmächtig sind, nur dem zehnten Theil regulirter

Truppen Widerstand zu leisten. In Ranzi und andern Orten haben sie die niederschmetternde Probe vom Gegentheil gegeben. Seit beinahe zwei Jahren hat man sie, die aus Männern jedes Standes zusammen gesezt sind, in den Waffen geübt; sie ziehen sich im Namen ihres freigewordenen Vaterlandes zusammen, glühen vor Begierde zu kämpfen für die Aufrechthaltung der neuen Ordnung der Dinge, die sie bereits wieder in ihre unschäzbare Rechte eingesezt hat, derer sie das Feudalungeheuer, der Despotismus und die Tirannei beraubt hatte. Wie kann man so verblendet seyn, zu glauben, Millionen Bürger bezwingen zu können, die in diesem Augenblik nur die Fahne der Freiheit, der Gleichheit über ihren Häuptern wehen sehen, die nichts mehr zu befürchten haben, als eines schwachen Widerstandes wegen in Ketten zurükgeworfen zu werden, die ihr Muth, ihre Tapferkeit schon zerrissen hatte! Ich frage nicht, auf welcher Seite Tapferkeit, Stärke, Ehre und Sieg sich zeigen werden. Gewiß nicht von jener der Flüchtlinge, dieser gemeinen Seelen, die nur in dem plumpen Interesse einer Vortheilbringenden Sklaverey, eines unersättlichen Durstes nach dem öffentlichen Schaze athmen. — Weniger noch von der des Taglöhnerhaufens der Knechte, Speichelleker einer blos namentlichen Größe. Nur unter dem Schatten der Freyheitsfahne kann die Pflanzschule der Helden gedeihen und groß werden! Unter dieser geheiligten Fahne erschien plözlich an den Ufern des Delaloare der unsterbliche Washington, und schon lebt in unsrer Mitte sein Zögling und Freund. Sollte dies keine günstige Vorbedeutung seyn für den glüklichen Ausgang unserer Sache? Aber schreien unsre Feinde — die Taktik! — Was Taktik? Jene Parade an Charlatanerie gränzende Wissenschaft ist bei uns auf den einfachen Grundsaz zurük geführt worden: Laßt uns frey seyn und drein schlagen. Wer wird

euch anführen? fragen sie weiter. Die **Lükner**,
Rochambeau, la **Fayette**, und eine Menge an=
derer Krieger gewordene Bürger, die um die Wette
eifern werden, unsre Truppen anzuführen, und sie in
der Siegeskunst zu bilden. In ihren eigenen Woh=
nungen werden unsre freyen Legionen streiten, und
in ihrer Mitte die nothwendigen Magazine jeder
Gattung haben, während unsre Feinde wer sie auch
seyen, ihren Unterhalt nur aus der Ferne beziehen
können. Unsere immer verstärkten, immer wo es
nöthig erneuerten Heereshaufen müssen ganz natürlich
die rebellischen Phalangen zerstören, die ihnen vor
die Augen kommen; ich sage rebellisch, denn auf
unsrer Seite ist die gesezgebende und ausübende Macht.
Diese Rebellen hatten ihre Hofnungen hauptsächlich
auf eine Empörung gegründet, die unvermeidlich in
der Vorstadt von Paris erfolgen sollte, welche den
grösten Antheil an den ersten Bewegungen der Re=
volution gehabt hatte. Der mehr als 80 jährige
Priester des Kirchspiels St. Margaretha war geehrt
und geliebt von seinen Beichtkindern. Man war
gewiß daß er sich weigern würde, den Eid zu leisten,
und würden jene wie man meinte nie in eine Tren=
nung von ihm, nie in die Ernennung eines Nach=
folgers willigen. Das Gegentheil erfolgte, denn der
erste Vikarius jener Pfarrey ist gegenwärtig Pfarrer,
und seine Ernennung war von dem besten Erfolg.

Eine Menge mit den stärksten Gründen versehe=
ne Schriften haben die schwachen Weigerungen und
Manövers jener Menschen zernichtet, die sich gewei=
gert haben den Bürgereid zu schwören, daß ihre
Anzahl mit jedem Tag geringer wird, und man
ihren Anhang schon als halb überwunden anse=
hen kann.

Vergeblich muthmaßt man die Möglichkeit, uns=
re Feinde werden uns einige ihrer Märsche zu verde=
ken wissen, und dann beim ersten Anfall einigen

Vortheil über uns gewinnen. Ach! man muß zitt
tern darüber, eine schrökliche Szene öfnet sich der
Rache und der Zerstörung. Aber hofft nicht darauf
schlechtdenkende Franzosen, die ihr euch vor der Freyheit fürchtet, weil die Sklaverey alle eure Räube-
reyen begünstigte. Nein ein augenbliklicher Vortheil
wird euch wenig Nuzen bringen, ihr werdet unsre
nie zu zerstörende Einsichten nicht verwischt haben.
Ihr Glanz kömmt von dem Himmel und ist vor
eurem Angriff sicher, die Freyheit hat sich gezeigt, zurükkehren kann sie nicht, und ihr werdet genöthigt seyn,
der immer wachsenden und unerschöflichen Anzahl
unserer bewaffneten Bürger zu unterliegen; nein
das verhaßte, verwünschte und alte Regiment kann
nicht wieder statt finden; für immer und ewig ist es
vergraben auf dem Felde der Föderation.

_____

36.

Auszug aus einem Briefe aus Straßburg.

Vom 12. Nov. 1791.

Die Neugierde, unsre Gegner die Freiheitscheuen
Aristokraten nebst ihrer schreklich seyn sollenden Armee, von welcher man so viel spricht, näher zu
sehen, hatte mich vor einiger Zeit bewogen, eine
Reise in die Gegenden von Worms, Mainz und
Frankfurt zu machen. Jezt da ich wieder zu Hause
bin und freie Luft genieße, will ich Ihnen erzählen
was ich alles schrekliches und fürchterliches gesehn
habe. In Neustadt an der Hard, war eine Menge
Pfaffen, meistens gewesene Elsasser Bauren, welche,
als sie mich vor dem Wirthshaus absteigen sahen und
ça ira trillern hörten, plözlich ihre Nasen mit welchen sie am Fenster prangten, zurükzogen, das Kreuz

machten, und die Läden zuschlugen, als wenn sie
befürchteten von mir erkannt zu werden, oder als
wenn ein patriotisches Liedchen ein giftiger Hauch
wäre. — In Worms drei bis vier hundert ci de-
vant; alle in den Uniformen der ehemaligen Regimenter welche sie zu kommandieren die unverdiente Ehre
hatten. Die weissen Kokarden sind da Trumpf; allein mit diesem Trumpf, glaub ich, werden diese
Herren nichts gewinnen. Bei vielen, sehr vielen,
vereinigen sich zwei kontrastirende Eigenschaften,
Stolz und Armuth. Wenn man sie sprechen hört,
sollte man glauben, es wäre keiner unter ihnen, dem
nicht der patriotische Pöbel wenigstens 2 bis 3 Schlösser in Brand gesteckt hätte — und doch haben sich
diese Grafen, Marquis, Barons, nur aus Frankreich geflüchtet, um ihren Schuldnern, als welche
unverschämte Kanaillen sind, zu entgehen. *) Der
ganze Weg von Worms, der Residenz Conde's, bis
nach Coblenz der Residenz Artois, ist mit dieser Landplage bedeckt; die reichern reisen immer hin und her,
um die wichtigen Depeschen welche sie alle Tage erhalten, einander mitzutheilen; jedoch ob sie gleich dadurch vielen Aufwand machen, so sind sie dennoch
von Niemand geliebt, und von den Postpferden am
wenigsten, diese armen Thiere haben Tag und Nacht
keine Ruhe, sie allein fühlen die Rache welche wir
fühlen sollten. Der Wirth in Worms, welcher einige sechzig Aristokraten logirt und speißt, hat mich
auf Ehre versichert, daß er nur auf den Augenblick
warte, da ihnen das Geld ganz ausgeht, um sie alle
zum

---

*) Ich kenne zwei geflüchtete französische Edelleute, der eine
  ist arm, und sucht sich durch die Klage über erlittenen
  Verlust dreier Dörfer Mitleid zu erwerben, aber ich weiß
  es ganz gewiß, er hatte keinen eigenen Hühnerstall in
  Frankreich gehabt; der andre ist reich, und gesteht es
  gerne ein, daß er sehr wenig verloren habe!!! —
  Anm. des Herausg.

zum Teufel zu jagen. Die Bürger, welche durch
Vertheurung der Lebensmittel und durch Insolenz der
Vornehmen viel leiden, haben dem Kaiser eine Bitt-
schrift eingehändigt, worinn sie demselben dringendst
anliegen, er möge sie von diesem Uebel doch einmal
befreien. In Frankfurt, Mannheim, Heidelberg,
Mainz, Karlsruh, und in allen Orten welche ich
durchreisete, hörte ich durchgehends die nämliche Klage, dies war mir ein Beweis, daß unsre Nachbarn, die Deutschen, nichts weniger als auf ihrer
Seite sind. Die Nationalkokarde durfte ich nirgends
zeigen, jedoch erlaubte ich mir ein unschuldiges Vergnügen; ich hatte in meinem Hut ein Futter mit den
drei Farben, und wenn ein Aristokrat mich in meiner Chaise grüßte, so zog ich im Vorbeifahren den
Hut so ab, daß dieser nach den so oft verfluchten
Wappen der Freiheit sehen mußte. — Ein andermal ein Mehreres. Ich habe dieses nur in Eile geschrieben.

Der Ihrige.

37.

Nachtrag zu dem merkwürdigen Rechtsfall.

(Weltbürger, Heft I. S. 101.)

Aus einem Privatschreiben.

Der Ettenheimerprozeß ist nun in Wezlar anhängig.
Maire Dietrich und Konsorten haben an das Kammergericht appellirt, und diese Appellation im vorigen Monat (November) dem Oberamt Ettenheim
durch einen Notarium significiren oder insinuiren lassen. Besagtes Oberamt hat dabei für gut befunden,

den Notarium zwei Tage auf die Wache sezen zu lassen, um — wie es nachher sagte — ihn vor den Insulten des Mirabeauschen Korps zu sichern! Der Notarius hat jezt auch geklagt. Dies ist nicht die einzige Illegalität, welche bey diesem Prozeße vorfiel. Lesen Sie nur die bekanntgewordenen Akten! Damit Sie diese vollständig haben, lege ich Ihnen noch die beiden ersten Stüke bey; denn es ist der Mühe werth, die aussergerichtlichte Aussage des Verhafteten zu prüfen, und mit dem Schreiben des Ettenheimer=Oberamts, das sich auf gerichtliche Aussage gründet, zu vergleichen. Was Ihnen am ersten auffallen wird, ist, daß es in Beilage A. heißt, der Verhaftete habe sich für den Offizier d'Espiard ausgegeben, und in dem spätern Ettenheimer Schreiben wird gesagt, er sey es!!! —

* * *

A.

Des zu Ettenheim verhafteten d'Espiard, aussergerichtliche, aber durch den Druk bekannt gemachte Aussage.

Am 30sten Julius wurde zu Ettenheim ein verdächtiger Mensch in Verhaft genommen, welcher bald gestand, daß er den Auftrag gehabt, den Cardinal Rohan zu ermorden. In dem über ihn gehaltenen Verhöre sagte er folgendes aus:

Auf die Frage, wie er hieße, und welche Profeßion er treibe? antwortete er: er hieße Tassard, sey gebürtig von Givry, bey Chalon in Bourgogne, 25 Jahr alt, anfänglich Bedienter bey einem Pächter gewesen, nachher ein Herumläufer. Auf die Frage, welche Ursachen ihn nach Ettenheim gebracht hätten? antwortete er, er sey von dem Magistrate zu Straßburg geschikt worden, um bey dem Kardinal von Rohan Spion zu seyn, von allen seinen Schritten

ten Nachricht zu geben, überhaupt von allem was
ihn beträfe, insbesondere aber solle er suchen ihn zu
ermorden, alle seine Instruktionen wären ihm von
dem Herrn Levreault, Gemeindeprokurator, und H.
Dietrich, dem Maire oder Bürgermeister von Strasburg gegeben worden, welche ihm eine unbestimmte
Summe Geldes versprochen hätten, wenn er seinen
Streich glüklich ausführte, die aber hinreichend seyn
sollte, sein Glük zu machen. Er sezte hinzu, daß
er auch den Auftrag gehabt, von der Stärke der
Mirabeauschen Legion, von der Beschaffenheit der
Leute, woraus sie bestünde, Nachrichten einzuziehen,
und überhaupt alles anzuwenden, um die Soldaten
zum Desertiren zu bewegen, indem er ihnen im Namen des Magistrats einen vortheilhaften Dienst jenseits des Rheins verspräche. Auf die Frage, ob er
nicht derjenige wäre, der im Clubbe zu Straßburg
auf die Ermordung des Kardinals von Rohan ange-
tragen hätte? antwortete er: Nein; die Motion aber
sey in seiner Gegenwart im Spiegelsaale von einem
gewissen Noisette, dem Sohn eines banquerotten
Kaufmanns zu Straßburg gemacht worden. Auf
die Frage, ob er der einzige wäre, dem die Ausführung des Ermordungsplan sey übertragen worden?
gab er zur Antwort: Er hätte gehört, daß sich auch
ein Feldweibel vom Regiment Bourbonois, dessen
Name er nicht wisse, zur Ermordung des Kardinals
angeboten hätte, er könne aber keine weitere Auskunft über diesen Menschen geben. Auf die Frage,
ob ihm etwas davon bekannt sey, daß man gleiche
Absichten auch gegen die französischen Prinzen habe?
antwortete er: Er hätte öfter im Clubb gehört, daß
man den Grafen von Artois und den Prinzen von
Condé, es koste was es wolle, auf die Seite schaffen müsse; es wären ihm aber nicht die Mittel bekannt, die man deßhalb angewandt habe; indessen
wisse er aufs zuverläßigste, daß Personen, die er

weiter nicht kenne, zur Ausführung, oder auch zur
Vorbereitung dieser Mordthaten, wären abgeschikt
worden.   Auf die Frage, ob ihm nichts weiter bekannt sey? antwortete er: So viel wiffe er gewiß,
daß sich 3 Nationalgarden zu Straßburg erboten hätten, den Kopf des Generals von Bouille zu liefern,
und daß sie vor ungefähr 14 Tagen abgereiset wären.
Einem jeden hätte man 30000 Livres versprochen,
wenn der Streich glüklich ausgeführt würde.   Auf
die Frage, ob er nichts über den König und die Königin wiffe? antwortete er: Nein; gestand aber,
wie er über die besondern Umstände seines Lebens
seit dem Anfange der Revolution befragt wurde,
daß er einer von denjenigen Personen gewesen sey,
die zu Versailles als Frauenzimmer waren verkleidet
gewesen.   Am 4ten Oktober hätte er von den Agen-
ten, mit denen er correspondirte, die Anweisung erhalten, sich nach einem gewiffen Hause, das er jezt
nicht bezeichnen könne, das er aber wieder leicht finden würde, wenn er zu Paris wäre, zu begeben,
Frauenskleider daselbst anzuziehen und Waffen zu
empfangen, die unter denselben leicht versteft werden
könnten.   Für das Unternehmen wären ihm vorläufig 8 Louisd'or bezahlt worden.   Seine Instruktionen
hätten, so wie die seiner Kammeraden, dahin gelau-
tet, daß man den ersten Tumult benüzen müsse, um,
wo möglich, in die Zimmer des Königs und der Königin zu dringen.   An seiner Seiten hätte er auf
gleiche Art verkleidet, den Herzog von Aiguillon,
Barnave, und mehrere andere Mitglieder der Nationalversammlung gesehen, die ihm nur dem Gesichte
nach bekannt wären.   Auf die Frage, was er von
den darauf erfolgten Ereigniffen wiffe? antwortete er:
Daß er kurz nach jener schreklichen Epoche nach Marseille geschikt worden wäre, mit der einzigen Anweisung, daselbst die Befehle des Magistrats zu empfangen; vor seiner Abreise habe er von dem Magistrat

zu Paris ein Bandzeichen erhalten, um unterweges
von den verschiedenen Magistraten erkannt werden zu
können, und die nöthigen Unterstüzungen zu erhalten, um nach seiner Bestimmung zu gelangen; auf
allen seinen Reisen durchs Reich habe er dieselbe
Hülfe gefunden; bey seiner Ankunft zu Marseille
habe er sich mit dem Raubgesindel aus Paris und
ganz Frankreich verbunden, an der Eroberung des
Forts und an der Ermordung des Hrn. von Beausset
aber weiter keinen Antheil genommen, als daß er
sich nach den Befehlen, die er von dem Magistrate
erhalten, mit dem grossen Haufen vermischt habe,
und dem Strohm gefolgt sey. Nach diesen Vorgän-
gen sey er von dem Magistrate zu Marseille nach
Lyon geschikt worden, wo er gleichen Antheil an den
daselbst kurz darauf vorgefallenen Ereignissen genommen habe; auch müsse er gestehen, daß er unter den
Strassenräubern gewesen sey, die den Hrn. von Borie auf seiner Reise nach Lyon hätten ermorden wollen, bey den Stichen, die man ihm versezt, sey er
aber so gut wie unthätig gewesen. Von da sey er
nach Nancy gesandt worden; über die Revolte der
dasigen Garnison, der er mit beigewohnt, könne er
aber keine neue besondere Merkwürdigkeiten mittheilen; indeß sey ihm zuverläßig bekannt, daß der Herzog von Orleans 1000 Louisd'or an die Karabiniers
habe austheilen lassen, damit sie den Hrn. von Mal-
seigne aufopfern möchten. Von da habe er sich nach
Strasburg begeben, um von dem dasigen Magistrate
neue Befehle zu empfangen.

Auf die Frage, was inzwischen ihm und den beiden Gliedern des Magistrats besonders vorgegangen
sey? antwortete er: Um ihn weniger verdächtig zu
machen, und ihm Gelegenheit zu verschaffen, desto
leichter zu dem beabsichteten Zweke zu gelangen, hatten sie ihm einen Paß nach Lyon, vom 22. d. M.
datirt, gegeben, mit der Anweisung, über Mont-

beillard zu reisen, und ihn da attestiren zu lassen; überdem hätten sie ihm die Brieftasche eines Offiziers vom Regimente Bourbonois, Namens Esplard, der vor kurzem zu Straßburg arretirt worden, mit gegeben, mit der Instruktion, sich im Nothfalle für eben den Offizier auszugeben, die Attestate und Schriften in der Brieftasche zu gebrauchen, und, um sich noch interessanter zu machen, sich als ein Opfer des Despotismus jenes Magistrats darzustellen. Ueberdem hätten sie ihm einen Degen und Uniform, und so genaue umständliche Nachrichten über die Familie und die Verbindungen des erwähnten Offiziers mitgetheilt, daß er im Stande sey, alle Fragen deshalb zu beantworten. Obgleich er den Auftrag gehabt, fügte er hinzu, den Kardinal von Rohan zu ermorden, so würde er doch nie die Frevelthat ausgeführt, sondern sich damit begnügt haben, von demjenigen Nachricht zu geben, was er würde haben entdecken können. Noch gestand er, daß er von dem Prokurator Levereau 10 Louisd'or zu seiner Reise nach Ettenheim erhalten habe.

Die Aussage schloß Tassard mit der Erklärung, daß sie nichts als die reinste Wahrheit enthalte, und daß ihn nicht Furcht, sondern seine eigene Bereuung zu diesem Geständnisse bewogen habe; auch hat er jede Seite seiner Aussage nach nochmaliger Durchlesung zur Bekräftigung der Richtigkeit, eigenhändig unterschrieben.

Zur Bestätigung der Aechtheit ist dieß Protokoll unterzeichnet, von dem

Chevalier du Vallier.
Chevalier von Borie.
Vicomte von Mirabeau.

B.

Bekanntmachung der Straßburger-Municipalität.

Man macht einen gewissen Texard, der am 30sten Julius zu Ettenheim in Verhaft genommen worden seyn soll, aussagen, daß u. s. w.

Was den Deklaranten anbetrift, so haben wir Ursache zu glauben, daß wenn derselbe wirklich existirt, er ein genannter d'Espiard, und nicht Texard sey. Dieser d'Espiard ist von uns in den Monaten May und Junius dieses Jahrs, als er unter dem in hiesiger Besazung liegenden Regiment Bourbonnois als Offizier stuhnde, wegen in hiesiger Chathedralkirche und sonst angestellten Unfugen zu zwei wiederholten malen in die Haft erkannt, und endlich von dem Herrn Kommandanten auf unser Begehren fortgeschikt worden. Was nun von dem Beweggrunde der Aussage eines solchen Mannes zu halten, wird jede unbefangene Person von selbst ermessen. Durch die Aussage mehrerer Ausreisser haben wir erfahren, daß Espiard sich wirklich nach Ettenheim begeben.

Man hat sich niemalen mit dem Gedanken besudelt, daß man die Herren Artois und Conde aus der Welt schaffen müsse. Eben so falsch ist, daß 3 Nationalgarden von hier abgereiset, um Bouille nachzustreben.

38.

Straßburg, den 21. Nov.

Unser Maire, Dietrich, der ehemalige Gemeindeprokurator Levrault, und Noisette, Sohn, welche von dem Gerichtshof in Ettenheim vorgeladen wor-

ben, haben ben 22. Okt. an bie Reichsgerichte ap=
pellirt. Das Oberamt zu Ettenheim hat den Nota=
rius, welcher ihm biese Appellation significierte,
sammt den Zeugen einsezen lassen. Bey seiner Los=
lassung, nach vier und zwanzig Stunden, sprach Hr.
Landvogt **Bruder**, zum Notarius: „Aber um Got=
„tes willen, Hr. Licentiat, was haben Sie gedacht?
„Wissen Sie wohl, was für Gefahren Sie sich aus=
„gesezt? Wissen Sie nicht, daß der Name **Dietrich**
„bey dem Mirabeau'schen Korps so verhaßt ist, daß
„wenn man gewußt hätte, daß Sie dessen Namen
„in der Tasche geschrieben haben, Sie Gefahr lie=
„fen, auf die ärgste Art mishandelt, ja gar in Stü=
„ken gehauen zu werden? Sie sind mir Dank schul=
„dig, daß ich Sie zu Ihrer Sicherheit auf die
„Hauptwache habe bringen lassen. — Er fügte fer=
„ner bei: Denn da diese Leute (nämlich vom Mira=
„beau'schen Korps) alle Ausschweifungen gewohnt
„sind, so ist niemand vor ihnen sicher, und wenn sie
„eine böse That ausüben, sa laufen sie davon, und
„ein Richter ist ausser Stand, Genugthuung zu ver=
„schaffen.„

39.

Ein Beitrag zu den Schriften über die fran= zösische Revoluzion, besonders in Betracht von Straßburg.

Prophezeihung. *)

So spricht der Herr zu den Kindern der Franzosen:
Von dem erhabenen Stuhle meines ewigen und un=

---

*) Das Produkt eines Straßburgers von Kopf und Herz. Es
wurde gedrukt — aber für das Ausland ist es so gut als
Manuscript.

erschütterlichen Reiches herab, werde ich diese Nation heimsuchen. Sie war mein Volk; aber sie hat
die Heiligkeit meines Bundes verlezet. Alles Elend,
unter welchem sie seufzet, entsprang aus dem Verderben und den Lastern ihrer Priester und Lehrer. Sie
schäzten Gold und Silber höher als die Ehre meines
Namens; sie wollten denen gleichen, welche Schäze,
Häuser und Felder besizen. Darum sprach das Volk:
Es besteht die wahre Glükseligkeit im Reichthum;
denn die Männer Gottes trachten nach Ueberfluß,
sie haben sich zahlreiche Heerden gesammelt, und ihre
Häuser sind voller Knechte und Mägde.

Und die Völker glaubten den Reden ihrer Hirten
nicht mehr, wenn sie Gerechtigkeit, Weisheit und
Mäßigkeit predigten. So erlosch in jeder Brust die
Liebe zu jener Weisheit, welche allein die Nationen
beglüket, und die alles verzehrenden Leidenschaften
schlugen an derselben Stelle ihren Thron auf. Alle
Geseze der Gerechtigkeit und der Tugend wurden mit
Füssen getreten. Jeder wollte alles haben, alles ver-
schlingen, alles an sich reissen. Das Haus des Fürsten ward ein Schlund, in welchen der öffentliche
Schaz wie in einem Meerstrudel versenkt wurde. Alle
die darinn wohnten, waren ehrgeizige, stolze, wohl-
lüstige, tyrannische Menschen. Die Mächtigen waren ungerecht, boshaft, gewaltthätig; die Schwachen mußten erliegen unter den Lasten der Dürftigkeit
und der angstvollen Sclaverey. Die Kräfte des
Reichs waren erschöpft, alle Quellen waren versiegt,
weil die Habe des Volkes verzehrt war. Das Reich
wankte auf seinem erschütterten Grunde, der Augenblik seines Einsturzes war nahe; seine Feinde frolok-
ten schon ob seiner Zertrümmerung.

Da versammelten sich die Weisen der Nation und
die Abgeordneten des Volks. Sie sprachen: Lasset
uns den Stolz der Unterdrüker demüthigen, und der
Fürsten und Priester Schäze zum Trost der Unglük-

lichen anwenden, die so lange schon seufzen. Denn
ich bin es, spricht der Herr, der ich diese Gedanken
in das Herz der Gesezgeber gelegt habe, die ich dieser Nation in ihrem Leiden erweckte, damit die Wurzel des allgemeinen Verderbens ausgerottet würde,
und die neue Schöpfung aller Dinge eben da begön-
ne, wo das Uebel entsprossen ist — in meinem Heiligthum. Dieses ist die Quelle, aus welcher, wenn
sie rein ist, das Leben, wenn sie unrein ist, der Tod,
sich über die Länder verbreitet.

Nach dieser Veränderung wird mein Name groß
unter euch werden, wie er war in den Tagen der
Vorwelt, und man wird von mir und meiner Verehrung denken, wie eure Väter davon dachten, als
sie das auf die Trümmer der zerstörten Gözenbilder
aufgestekte Kreuz meines Christus zum erstenmal an-
beteten; als sie anfiengen in dem bewundernswürdi-
gen Lichte zu wandeln, welches ich den Galliern durch
meine ersten Apostel anzündete. Siehe, in der Kirche und unter allen ihren Hirten wird alles neu werden; sie werden herrlich wieder aufblühen, so bald
der Geist der Weisheit, der Einfalt und der Arbeit-
sankeit wieder auf dem Orden der Priester ruhen wird.

Denn die Kinder der Reichen werden nicht mehr
sagen: Lasset uns in das Heiligthum Gottes treten,
und das Gold daselbst zu dem Gold unserer Väter
häufen. Und die Kinder der Armen werden nicht
mehr sagen: Lasset uns dem Dienste des Tempels
uns weihen, damit wir im Ueberfluß leben, wir und
unsre Brüder und unsre Schwestern und alle unsre
Anverwandten, die nun Mangel leiden. Denn in
dem Hause des Ewigen werden keine Schäze mehr
seyn. Die Kirchendiener werden aus den Händen
der Obern des Volks den Unterhalt empfangen, welcher dem fleißigen und treuen Arbeiter gebührt.

Wann dann die Haab= und Herrschsüchtigen, wann die, welche nach Wohlleben und Pracht dür= sten, im Hause Gottes mit unnachläßige Pflichten zu erfüllen finden werden, nichts aber, womit sie thö= richte Leidenschaften befriedigen können, so werden sie den ganzen Altardienst vernünftigen, mäßigen und arbeitsamen Männern überlassen, und nur wahre Tu= gendfreunde werden nach einem Stande trachten, worinn man nur durch Tugend groß seyn kann.

Alsdann wird der Eintritt eines Jünglings in den Priesterstand nicht mehr als eine Vorsicht ange= sehn werden, die er gebraucht hat, um eine einträg= liche und zugleich bequeme Stelle zu haben. Im Gegentheil, man wird den ersten Schritt, womit er sich dem Heiligthum nähert, als den Schritt eines Großmüthigen bewundern, welcher sich dem Dienste seiner Mitbürger aufopfert, mit Muth ausgerüstet, nicht nur der Last schwerer Arbeiten sich zu unterzie= hen, sondern auch den Genuß vieler Annehmlichkei= ten des Lebens sich zu versagen.

Alsdann wird zwar der levitische Stamm weni= ger zahlreich werden, aber an innerer Stärke und Kraft wachsen und zunehmen, denn er wird den ge= sundesten, den untadelhaftesten, den ehrwürdigsten Theil des ganzen Volkes ausmachen.

Alsdann werden die Priester des Höchsten nicht mehr in der grossen Stadt umherwandeln, das ge= heiligte Gewand ablegen, unter prachtvollen weltli= chen Gestalten sich den Kindern Belials zugesellen, und in Müßiggang und Weichlichkeit die Güter der Kirche, die sie schmähen, das Almosen der Armen, deren Seufzer ihr Fluch sind, und den mit Schweiß und Mühe errungenen Lohn der unbemerkt des Ta= ges Last und Hize tragenden frommen Priester, ver= zehren.

Alsdann wird man sehen, daß es für die Heerde zuträglicher ist, wann die Hirten statt Reichthum ein

sparsames Auskommen haben: denn so werden sie
wirklich Hirten seyn, und ihre Schaafe kennen, vor
denselben hergehen, sie ihre Stimme hören lassen,
mit ihnen von Gott, Wahrheit und Tugend reden,
ihnen Liebe zum Frieden, Ehrfurcht für die Geseze,
Eifer für Ordnung und Gerechtigkeit einflössen; so
werden dem Volk seine Lehrer dasjenige schäzbar und
werth machen, was seine Gesezgeber ihm zu halten
befehlen; so wird die Religion die unerschütterlichste
Schuzwehr des Vaterlands werden, und das Vater=
land wird alles aufbieten, um das Ansehen und die
Würde der Religion zu behaupten.

Mit fortschreitender Erneuerung wird die Kirche
ihrer Vollkommenheit entgegen eilen, sie wird ihren
ersten jugendlichen Glanz wieder erreichen; es wird
immer mehr die Schminke verschwinden, wodurch
Irrthümer und Sittenerschlafung in den lezten Zeiten
ihre majestätischen Züge und ernstes Wesen entstellt
haben. Der Oberpriester wird nicht mehr wie des
Königs Sohn in Pallästen, sondern in Demuth und
Mäßigkeit gehüllet, in einer stillen prunklosen Woh=
nung leben; er wird nicht mehr in einem vergoldeten
Wagen, mit reich ausgeschmükten Rossen bespannt,
zum Tempel Gottes fahren, sondern mitten unter den
Kindern Gottes einhergehen, die sich froh und glük=
lich fühlen werden, einen so weisen und guten grauen
Vater zu umringen, und von seinen ehrwürdigen
Händen den Seegen zu empfangen.

Wenn er dann auf eine Zeitlang die Wohnungen
der Städte verläßt, um diejenigen seiner Anvertrau=
ten, die das Land bauen, segnend zu besuchen, so
werden die redlichen Landbewohner mit munterer
Freude ihrem Seelenhirten entgegen eilen. Sie wer=
den ihm laut und ehrerbietig zujauchzen, so bald sie
ihn von Ferne auf den Hügeln erbliken, und er,
von seinen Amtsgehülfen umringt, auf einen knottig=
ten Stab gestüzt, sich ihren Hütten nähert. Man

wird ihn unter dem ganzen Chor der Aeltesten an
seinem grauen Haar, an der Würde die in seiner
Stellung und seinem Gang herrscht, an seiner von
der Sonnenhize verbrannten Stirne, und an den Fur-
chen erkennen, welche Arbeit und Jahre auf sein ehr-
würdiges Gesicht gegraben haben.

Und die ganze Menge wird voll Verwunderung
vor ihm stehen, und von allen Seiten werden jene
Worte des Seegens und Lobes wiederhallen: „Wie
„lieblich sind auf den Bergen die Füsse dessen, wel-
„cher zu uns kömmt, uns den Frieden zu predigen
„und uns die Botschaft des allgemeinen Heils zu ver-
„kündigen!„

Und die Heerde wird ihren Hirten in den ländli-
chen Tempel führen, und ihm den heiligen Haupt-
schmuk aufsezen; und das Volk wird sich vor ihm
niederwerfen, als ob ein Engel des Herrn sichtbar
vor ihm stühnde. Greise, Weiber, Jünglinge,
Jungfrauen, alle werden sich nähern, sich hervor-
drängen, um sich an dem ehrwürdigen Antliz dieses
Gesandten Gottes zu weiden. Er wird auf den heiligen Lehrstuhl steigen, und von seinen Lippen wird
herzdurchdringende Beredsamkeit wie ein Strom sich
ergiessen, und alle Augen werden überfliessen von
Thränen. Dann wird er wieder herabsteigen, um
sich mitten unter die Kinder der Akerleute und der
Weingärtner zu sezen. Er wird ihnen die ersten
Grundsäze der seligmachenden Lehre auf die faßlichste
Weise erklären, sie an sein Herz drüken und segnen.
Er wird ihre offenen unschuldvolle Stirnen mit dem
kostbaren Oele salben, welches zu christlichen Sitten
sie stärket; und wann er sich entfernen wird, um
dem heissen Wunsch einer andern Gemeinde zu entsprechen, welche das Glük ihn auch zu hören und zu
sehen, mit Ungeduld erwartet, so werden dank- und
liebevolle Thränen ihn begleiten, und alle Bewohner
des Dörfchens werden es Gott angeloben, dem Bei-

spiel eines solchen göttlichen Mannes, eines so zärt=
lichgeliebten Hirten zu folgen, und seine Lehren sich
unvergeßlich ins Herz einzuprägen.

In Städten und Flecken wird es keine andere als
arbeitende Priester mehr geben. Ihre Beschäfti=
gung wird seyn, das Evangelium zu predigen, und
den Völkern nebst den Wahrheiten der zukünftigen
Welt, alles das zu verkündigen, was ehrbar, was
nüzlich, was liebenswürdig ist, was in der Anhäng=
lichkeit an die öffentliche Regierung und an ihre Ge=
seze befestiget, und treue und tugendhafte Weltbür=
ger bildet. Denn zur Gesellschaft jenseits des Gra=
bes, werden die Menschen durch eben dieselben Tu=
genden vorbereitet und tüchtig gemacht, durch welche
sie in der Gesellschaft disseits des Grabes sich die Ach=
tung ihrer Mitbürger erwerben; und ein Priester
kann unmöglich ein Lehrer der Religion seyn, ohne
zugleich ein Apostel des Vaterlandes und seiner Ge=
seze zu werden.

Alsdann wird keine Trennung mehr Statt finden
zwischen den Dienern der heiligen Lehre und den Wei=
sen, welche die Tiefen der Natur und den Gang des
menschlichen Verstandes zu ergründen suchen.

Denn so bald sich im Heiligthum die Leuchte der
Vernunft mit dem Licht der Religion verbinden wird,
um Eifer für Tugend zu erweken und zu Beobach=
tung der Pflichten das Volk anzuweisen, so werden
sich auch in den Verwaltungs= und Gerichtssälen
diese beiden Fakeln zu Erleuchtung der Menschen ver=
einen. Der Aberglaube wird nicht mehr mit seinen
finstern und tyrannischen Vorurtheilen die sanfte Ma=
jestät der Religion verdunkeln, und die großen Gei=
ster unter den Menschen werden nicht mehr mit Wor=
ten des Unglaubens und der Gotteslästerung ihre Lip=
pen befleken. Eifer zur öffentlichen Wohlfahrt wird
alle Herzen entflammen; diejenigen, welche zu Leh=
rern bestimmt sind, werden sich einander nähern,

und ein ewiger Bund wird Tempel und Lehrsaal verbinden.

Auf den Dörfern wird der Priester der Führer,
Tröster und Freund jener liebenswerthen Naturge-
schöpfe seyn, die mit ihrem Schweiß die Felder ne-
zen und dem ganzen Land Kraft und Leben ertheilen.
Er wird von seiner Heerde geliebt werden, und sie
wird ihn nur noch wegen seinen Tugenden beneiden
können. Denn nichts ist ehrwürdiger auf Erden,
als hohe Weisheit mit zufriedener Armuth verbunden,
und nichts grösser als ein edles Herz und ein unüber-
windlicher Muth.

Aber sprecht ihr: Wie soll man unser Hirte,
dessen Haus der Hütte des Armen gleichet, welcher
keinen Ueberfluß auf seinen Kornböden sammelt; für
welchen der Landbauer nicht mehr zur Erndtezeit seinen Antheil auf den Feldern zurückläßt; wie soll er
Trost in das Herz der Wittwe und des verlassenen
Waisen giessen? Wie soll er das Schicksal des dürftigen Greisen und des brodlosen Handwerkers mil-
dern, den in seiner feuchten Hütte das Elend ver-
zehret?

Höret mich, o Kinder der Armen! und laßt der
Wahrheit meiner Worte Gerechtigkeit widerfahren.
Wenn euer Seelsorger im Ueberfluß lebte, und
ein prächtiges Gebäude bewohnete, dann würdet ihr,
und zwar mit Grunde, diese Klage führen.

Ihr würdet sagen: Er kennet den Kummer nicht,
und hat keine Empfindung von unsern Leiden. Wie
kann sein Herz fühlen was uns schmerzet? Verlasset
euch also auf seine Armuth; sie wird euch eine wirk-
samere Hülfe als sein Reichthum gewähren. Armuth
ist die Mutter des Mitleids und der Erbarmung.
Der, welcher sich gegen eine jede Widerwärtigkeit
geschützt siehet, fühlet sich nicht nahe verwandt mit
den Elenden. Ein Seelenhirt, welcher sich der Last
eines Amtes unterziehet, das nur mäßig lohnet, sagt

bey sich selbst: Wann Ich, der ich Nahrung, Kleidung und Wohnung habe, noch mit Bedürfnissen streite, die ich aus meinem Einkommen nicht befriedigen kann, wie nagend muß erst der Kummer und die Betrübniß der Unglücklichen seyn, die vor meinen Augen in den Drangsalen bitterer Armuth schmachten, und die doch meines gleichen, meine Brüder, meine geistlichen Kinder sind!

Und er erwäget, daß unter seiner Heerde Landbauern, Winzer und Pächter sind, welche einen reichen Vorrath von allen Früchten der Erde sammeln, deren Fruchtböden und Keller von den reichen Geschenken erfüllt sind, womit der gütige Schöpfer der Natur ihre Mühe und Arbeit belohnt hat; und beym Ausgang aus dem Tempel, worinn er den Ewigen mit seinem Volke pries, rufet er mit lauter Stimme: O meine Brüder! die ihr so eben den Ruhm des erhabenen Gottes, der aller Menschen Vater ist, in euern Liedern besungen habt, in Seinem Namen sage ich euch: Es giebt keine wahre Religion ohne Liebe des Nächsten, ohne Theilnehmung an dem Schmerze dessen, der im Elend seufzet. Sehet, wir wollen, ich und die Aeltesten des Dorfes mit mir, in die Häuser der Begüterten gehn, und von euch freiwillige Gaben sammeln; und der Mund der Armen wird euch segnen, und euer Name wird ihnen ehrwürdig seyn, und sie werden alle eure Wünsche vor den Thron des Allerhöchsten bringen.

Durch diese Worte gerührt werden die Reichen vor ihrem Hirten hereilen, ihren Gattinnen seine Ankunft zu berichten und die milde heilige Gabe zu bereiten. Und er wird wie ein Engel des Herrn aufgenommen werden; und man wird das Korn, das Brod, den Wein, das Oel und die süssen Gartenfrüchte vor ihm hinlegen, und aus diesen frohen Geschenken wird eine nie versiegende Quelle für den Unterhalt der Armen entspringen. Dieser heilige Schatz

wird

wird in dem Hause eines von dürftigen Familien ge=
wählten Greisen aufbewahret werden; er wird ihn
unter der Aufsicht des Seelsorgers nach Maasgabe
der Umstände, der Bedürfnisse, des Alters und der
Gebrechen derer, die in der Dürftigkeit schmachten,
austheilen. Alsdann wird man sich an die Worte
erinnern, die der Ewige durch den Mund eines sei=
ner Propheten geredet hat: **Ich will die Armen
in Sion mit Brod sättigen, ich will seine
Priester mit göttlicher Stärke ausrüsten, und
seine Kinder sollen im Ueberfluß und Friede
frohloken.**

Derselbe Priester wird den Landmann auf den
Gefilden besuchen, die sein Fleiß fruchtbar macht;
den Winzer auf seinen heissen Rebbergen, den Hand=
werker in seiner einsamen Werkstätte, und den Holz=
hauer in seinem stillen Walde. Er wird ihnen heil=
samen Rath ertheilen und mit Worten des Trostes
Geduld einflössen; er wird zu ihnen sagen: Es ist
wahr, meine Kinder! wir führen hienieden ein ar=
mes und mühsames Leben, aber wie reich sind wir
nicht, wann wir Gott fürchten und gerne das Gute
thun! denn wir sind Kinder der Heiligen. Unsere
Vorfahren leben nun in der seligen Ewigkeit, und
wir sollen, wie sie, durch mancherley Trübsale zur
Ruhe Gottes und zum Glanz seiner Unsterblichkeit
eingehen.

Und wenn diese Leute bey der Tagesneige in ihre
friedlichen Wohnungen zurükkehren, so werden sie
ihren Gattinnen und jungen Söhnen erzählen, wie
sie den Mann Gottes auf den Bergen, in den Thä=
lern und in den Wäldern bey sich gesehen haben; sie
werden ihren unschuldigen Familien die weisen Reden
wiederholen, welche sie aus seinem Munde gehört ha=
ben; sie werden den Herrn der Natur anflehen, das
Schwerdt des Todes auf ewig von einem so ehrwür=
digen und theuern Haupte zu entfernen.

(Der Weltbürger. III. Heft.)   X

Dem ohngeachtet stirbt er *); und sogleich ver=
breiten sich durchdringende Klagstimmen aus dem In=
nern der Hütten bis auf die Hügel und in die Thäler
umher. Der Schäfer kömmt traurig mit seiner Heer=
de zurük; der Bauer verläßt die angefangene Furche
unvollendet, um seiner trostlosen Gattin Thränen zu
sammeln. Man begegnet sich ohne sich zu sprechen;
man läuft mit Hastigkeit und Eile, und plözlich steht
man still; man wagt es nicht einander anzublifen;
man sucht sich zu bereden, man träume.

Der Todtengräber gehet lang unentschlossen unter
den Weinenden umher; dann wendet er sein Auge
von dem betäubten Haufen weg und thut sich Gewalt
an um zu vergessen, wer der Mann seye, dem er
ein Grab bereiten muß. Langsam nahet er sich der
Todtenwohnung; allein im Begriff die Erde zu öff=
nen, verlassen ihn plözlich seine Kräfte; er läßt die
klirrende Grabschaufel zu seinen Füssen sinken und
kehrt in sein Haus zurük, sich seinem Schmerz zu
überlassen. Nicht einer im ganzen Dorfe hat Stärke
genug, die Todtengloke zu läuten. Alles scheint in
zernichtende Betäubung versunken. Man muß Nach=
baren herbeyrufen, die das Begräbniß vollenden.
Alle Umstehende umschlingen die Bähre, auf welcher
der Todte ruhet, der in seinem Leben für Arme und
Reiche, für Greise und Jünglinge, ein Gegenstand
allgemeiner Verehrung war. Alles stürzt sich auf
diesen heiligen Ueberbleibsel her; alle Lippen sind
darauf geheftet; die Mütter beugen ihre Kinder über
das Holz hin, dessen Verscharrung man mit Zittern
erwartet. Im Augenblik, da der Sarg, worinn die

---

*) Das Urbild der Schilderung, welche hier gegeben wird,
ist ein Dorfpfarrer in Lothringen, ein wirklicher gelehrter
Mann von seltener Tugend und sanftem Gefühl, der, ob
er gleich nur 700 Liv. Einkommen hatte, es den Armen
nie an Unterstützung fehlen ließ. Als er starb, geschah
buchstäblich was man oben im Text ließt.

ehrwürdige Hülle verschlossen ist, ins Grab sinket, ertönen die Lüfte von einem Wehklagen, gleich dem Brüllen der Löwin im Wald, der ein Jäger ihre Jungen geraubt hat. Es erhebet sich nach und nach der Grabhügel, und ein jeder verläßt schluchzend die Trauerstätte der Verwesung.

Es wird aber bald dem Verstorbenen ein anderer Seelenhirt folgen, der ihm an Tugend ähnlich und seiner Gutthätigkeit Nacheiferer seyn wird. Denn die Priesterklasse wird durchgehends erneuert und verbessert werden, und die Diener des Herren werden lauter rechtschaffene, großmüthige und edle Männer seyn, weil nur solche noch es wagen werden, in das Heiligthum zu treten; indeß feige, weichliche und niedrigdenkende Gemüther, wann kein Gold mehr darinn zu sammeln, sondern nur Gott anzubeten und den Armen das Evangelium zu verkündigen seyn wird, anderswo ihre unersättliche Leidenschaften zu befriedigen suchen werden.

Und, siehe, es werden alle Triebfedern der wahren Frömmigkeit, die Vestigkeit und Stärke, die sie im Alterthum hatten, wieder erhalten; und edle Rechtschaffenheit, süsse Vertraulichkeit, treue Freundschaft, gesunde Mäßigkeit, sanfte Wohlthätigkeit, Einfalt der Sitten, überhaupt alle grosse Tugenden, welche die Reiche und Staaten blühend und unzerstörbar machen, werden mit ihr wieder den Thron besteigen.

Denn die Religion ist die Mutter aller Weisheit; sie ist die Seele schöner Sitten und vernünftiger Gebräuche. Alle Grundsäze sind zweifelhaft, alle Tugenden des Menschen sind wankend, wenn sie nicht auf diesen vestgewurzelten ewigen Stamm gepfropfet sind. Durch sie werden Menschen und bürgerliche Gesellschaften unsterblich, nur durch sie wird das Glück einer Nation ein grosser und erhabener Gegen-

ſtand öffentlicher Fürſorge, und ihre neue Schöpfung
eine denkwürdige Begebenheit.

So ſegnet denn, o Kinder der Franzoſen! den
Augenblik, wo alle Quellen des Verderbens, welche
das Heiligthum entehrten, verſtopft, und wo der
Prieſterorden alles deſſen entlediget wurde, was ihm
eine Schmach und andern ein Aergerniß war. In
Zukunft wird er den Glanz der größten Tugenden
über das ganze Land verbreiten, die Liebe zur Gerechtigkeit und zum Vaterland auf den unerſchütterli-
chen Grund der Ewigkeit bauen und Religion mit
Freiheit unzertrennbar verbinden.

40.

Zur Statiſtik der Markgräflich Badenſchen Länder.

Aus einem Schreiben aus Durlach, vom 4. Dec. 1791.

In mehreren Zeitſchriften findet ſich eine Angabe der
Badiſchen Einkünfte, die aus Schlözers Staatsanzeigen herkommt, aber ſehr unrichtig iſt. Bey einigen Fächern ſind ſolche zu hoch, bey andern zu niedrig angegeben. Offenbar zu hoch iſt der Ertrag der
Stutterei zu Stuttenſee auf 19000 angeſezt; zu niedrig aber der Ertrag der Herrſchaft Badenweiler,
Röteln und Sauſenberg u. ſ. w. Damit ich nur
bey den leztern ſtehn bleibe, welche das Oberamt
Röteln ausmachen, ſo bemerke ich aus ganz zuver-
läßigen Nachrichten, daß die Landgrafſchaft Sauſenberg und Herrſchaft Röteln aus 123,346 Jucharten,
die Juchart zu 288 Quadratruthen, beſtehen. Dieſe
123,346 Jucharten entrichten Grund- oder Boden-
ſchazung 93000 fl. unter die Rubriken, nämlich
72000 fl. Schazung, 8000 fl. Landesunkoſten und

13000 fl. Landesbedürfnisse. Diese leztere Benen‑
nung ist nach dem Ende des siebenjährigen Kriegs,
während welches diese Landschaften 103,000 fl. ent‑
richten mußten, an die Stelle der Kriegskosten in
Rechnung genommen worden. Zählt man hiezu nun
noch die grossen Frucht‑ Heu‑ und Wein‑ auch kleine Ze‑
henden, den Kelterwein, den Ertrag der weitläufigen
Kameralwaldungen, das Wein‑ und Bier‑Ohngeld,
die Salzsteuer, die mancherlei Gewerbschazungen,
Zinse und Gülten; so wird die Unrichtigkeit der An‑
gabe von 65400 Gulden genug einleuchtend seyn.
Eben so unverläßig ist auch die Angabe der Grösse
und Volksmenge der Badischen Lande, wie solche in
einem neuen geographischen Werke bestimmt wird.
Baden soll nach demselben 74 Quadratmeilen Flächen
Innhalt haben. Röteln und Sausenberg machen et‑
wa ⅓tel vom Badischen aus. Es treffen es demnach
diejenigen am richtigsten, die Baden 52 bis 54
Quadratmeilen geben. Die Volksmenge giebt jenes
Werk 150000 an. Hier ist ein Verstoß von nicht
weniger als 56000 Menschen. Man hat zwar noch
keine ganz genaue Zählung, besonders in dem Baden
Badischen Antheil. Nach dem gewöhnlichen aber
hat das lezte Jahr 206000 Seelen herausgebracht.
Einige Schriftsteller wundern sich auch, daß noch
keine genaue Karte von beiden herausgegeben, und so
wenige statistische Nachrichten mitgetheilt worden sind.
Am erstern arbeitet man; leztere sind unterblieben,
weil Publicität noch nicht allgemein im Gange ist.
In den Ober‑ und Aemtern Baden, Beinheim,
Bühl, Eberstein (ohne Frauenalb), Ettlingen,
Kehl, Mahlberg, Rastatt, Sausenberg, Stein‑
bach, Stollhofen sind: Schlösser 22, Städte 9,
Marktfleken 4, Orte 150, Höfe und einzelne Häu‑
ser 114, Klöster 10, Mühlen 84, Pfarreien 61,
Vogteien 88, Forste 42, Kapellen und Wallfarthen
78, Hüttenwerke 7, Ziegelhütten 11, Fabriken 3,

Bänne oder Markthume 91, Hausplätze 2907, Morgen Garten 2683 M., Aeker 100,951, Wiesen 37644, Weinberge 6641, Waldungen 199,662, Waiden 20906. Das Wasser nimmt ein 9146, die Wege 4417 Morgen. Die Volksmenge wird auf 64000 Köpfe angegeben.

41.

Entwurf der Geseze einer mildthätigen Ge= sellschaft, in Absicht auf Erzieh= und Ver= sorgung armer Waisenkinder. *)

„Daß die Liebe gegen den Nächsten eine der er=
„sten und größten Pflichten der Religion ist, weis
„jedermann; wie aber diese Liebe praktisch, und dem
„Geiste der Religion sowohl, als der Wohlfart des
„Staats am angemessensten auszuüben seye, ist nicht
„jedermann bewust.

„Man glaubt gemeiniglich dieser Pflicht ein völli=
„ges Genügen geleistet zu haben, wenn man dann
„und wann den Gassenbettlern einige Pfenninge zu=
„theilet, die, weil sie nichts erwerben, den folgen=
„den Tag wieder betteln, und so immer dem Publi=
„kum, und sich selbst zur Last fallen, unterdessen
„nothleidende Hausarme, die aus einem Gefühl für
„Ehre sich des Bettlens schämen — da verlassene
„Waisen, die ohne Erziehung als künftige Tauge=
„nichts erwachsen, — da Künstler und Handwerker,
„die ohne Unterstüzung ihr Gewerb nicht anfangen
„können, hilflos dahin schmachten; da die hiesigen
„Armenanstalten und Kassen nicht jedem Armen,
„und Hülfebedürftigen den nothwendigen Beistand
„leisten können; und doch sind diese hauptsächlich jene

*) Aus Mannheim eingesandt.

„Nothleidenden, die einen vorzüglichen Anspruch auf
„unsere Mildthätigkeit haben.

„Diesen hinreichende Auferziehung, Nahrung
„und Arbeit zu geben, ist das wahre Allmosen,
„weil dieses allein der Noth werkthätig steuert, die
„Arbeitsamkeit befördert, der Religion gute Chri-
„sten, und dem Staate nützliche Bürger verschaffet.

„Solchen wichtigen und dem Gebote der Liebe
„so angemessenen Gegenstand nach Möglichkeit, und
„einsweilen zu einem der vorzüglichsten Theile, die
„Besorgung der verlassenen Waisen nehmlich, in so
„weit die Kräften hinreichen, und bis auch die Ue-
„brigen zur Hand genommen werden können, zu er-
„reichen, hat sich eine Gesellschaft unter dem Namen
„der Mildthätigen zusammengethan; und weil bei
„allem gute Ordnung seyn muß, diese aber ohne
„Vorschrift nicht bestehen kann, so hat man mit ge-
„meinsamer Einverständniß folgende Artikel, welche
„jedoch nach Nothdurft, und gemeinsamen Gutfinden
„vermehret und verändert werden können, festgesezt:"

Art. 1. Jedermann, der sein eigner Herr ist,
von was immer für einen Stand und Geschlecht,
kann in diese Gesellschaft eintretten, und zwar mit
einem, oder mehreren Billets; auch steht der Aus-
tritt jedem nach Belieben frei, nur sollte man es ein
viertel Jahr zuvor anzeigen, um die Ausgabe nach
der Einnahme reguliren zu können.

Art. 2. Sollte aber ein Mitglied unter dem Jahre
sterben, so sind dessen Erben, wenn sie nicht wollen,
niemals verbunden, den Beitrag fortzusezen. Vielmehr wird die Gesellschaft auf die Wittwen und
Kinder ihrer Mitglieder vorzügliche Rüksicht nehmen, wenn sie allenfalls eines Beitrags sollten be-
dürftig seyn.

Art. 3. Jedes Mitglied zahlt für ein ganzes
Billet monatlich 1 fl., und für ein halbes 30 kr.,

wofür selbes einen gedrukten und mit einem Nummn bezeichneten Zettel bekömmt.

Art. 4. Die Namen der Mitglieder, die der Publikum unbekannt bleiben sollen, weil jeder be dieser Gesellschaft blos nüzlich seyn will, werden den Nummern nach mit der Anmerkung eingetragen, wie viel jedes Mitglied Billets auf sich genommen hat. Sollte aber jemand verlangen, selbst der Gesellschaft unbekannt zu bleiben, so kann man sich unter einem nach Belieben angegebenen Namen und einem sich darstellenden bekannten Bürgen eintragen lassen.

Art. 5. Die Einlage wird in einer Kasse unter 3 Sperren verwahrt, wozu der Direktor, der Kassierer, und einer von der Auswahl einen Schlüssel hat.

Art. 6. Aus der Gesellschaft werden 12 Mitglieder mit Inbegriff des Direktors und Kassierers, und zwar ohne einiges Emolument erwählt, welche beim Direktor jeden Monat zusammen kommen, um über die vorkommenden Umstände sich zu berathschlagen, um das gehörige zu verfügen.

Art. 7. Alle 3 Jahre wird zur Wahl eines neuen Direktoriums geschritten, damit nach und nach mehrere Mitglieder vollkommene Einsicht bekommen. Sollten aber einige Mitglieder zu wissen verlangen, ob ihre Einlagen in Empfang gebracht, und richtig eingeschrieben worden sind, so steht es ihnen frei, sich unter der Hand bei dem Kassierer zu erkundigen, oder auch wechselweis bei den Versammlungen zu erscheinen.

Art. 8. Der Direktor, oder wenn dieser verhindert, oder abwesend ist, der Vicedirektor proponirt über das vorgekommene, sammelt die Stimmen, und dirigirt das Protokoll, so ein zeitlicher Kassierer führt. Und da bei dieser Gesellschaft aller Zwang ausgeschlossen ist, kann jedes Mitglied seine Stelle nach Belieben resignieren, und bei der nächsten Zusammenkunft wird zur neuen Wahl geschritten.

Art. 9. Da der einzige Endzwek der Geſellſchaft iſt, dem Publikum durch die Mildthätigkeit
werkthätig zu ſeyn, ſo können weder die laufenden
Bettler, die denſelben Tag das Empfangene verzehren, und den folgenden Tag um nichts beſſer ſind,
als vorher, noch die Preßhaften und Unheilbaren,
die nicht mehr zu arbeiten vermögend ſind, einen Anſpruch darauf machen, welche folglich in die Spitä-
ler, oder zu andern Armenanſtalten gehören.

Art. 10. Man wird alſo dermalen nur zum Anfange auf verlaſſene Kinder beiderlei Geſchlechts den
vorzüglichſten Bedacht nehmen; damit ſie guten Unterricht erhalten, und meiſtens durch ein Gewerb,
oder was noch gemeinnüzlicher iſt, durch die Land-
wirthſchaft dem Staate Nuzen ſchaffen, ſo wird man
ſie aufs Land geben.

Art. 11. Wer immer aus ſolchen, oder für ſolche von der Geſellſchaft Hilfe verlanget, der hat ſich
mittels eines Promemoria mit der Aufſchrift: An
die mildthätige Geſellſchaft, bey dem Kaſſierer
oder einem ihm bekannten Mitgliede zu melden, auch
anbei, und zwar bei Verluſt der Hilfe anzugeben,
ob, und wieviel das Kind ſchon anders woher an
Almoſen genieſſet. Das Direktorium hat alle ein-
gehende Promemoria und Anbringen bei der monatlichen Zuſammenkunft vorzulegen, und ſodann was
durch Mehrheit der Stimmen beſchloſſen worden,
den ſich meldenden zu eröfnen.

Art. 12. Sollte jemand aus der Geſellſchaft
ein ſolches Kind wiſſen, der kann es auch dem Aus-
ſchuſſe bekannt machen; in welchem Falle, wie in
allen andern nach gemachter genauer Unterſuchung die
Mehrheit der Stimmen entſcheiden wird, wobei jedes
Mitglied verſichert ſeyn kann, daß alles ohne Ne-
benabſicht geſchehen werde.

Art. 13. Damit aber der Endzwek dieſer Geſellſchaft durch diejenigen nicht vereitelt werde, die

derselben Hilfe genieffen, so wird ein jedes Mitglied von selbst den Bedacht nehmen, durch sich, oder
durch andere darauf zu sehen, wie dies Kind erzogen
werde, und wie die Aufführung, Fleis und Arbeitsamkeit bei ihm beschaffen sey, wo hienach der Befund bei der monatlichen Versammlung untersucht,
und das gehörige verfügt werden wird.

Art. 14. Endlich hat der Kassierer jährlich über
Einnahm und Ausgab Rechnung zu pflegen, auch
wird jedem Mitglied eine gedrukte Anzeige von sämtlichen Beiträgen und deren Verwendung zu Handen
gestellt werden.

42.

Brandversicherungs = Anstalt zu Oettingen,
in Schwaben.

Aus einem Schreiben aus Oettingen vom 30. Nov.

Die neue Brandversicherungs = Ordnung hat
jezt die Presse verlassen, und die Abdrüke werden nun
in jedem Orte den Gemeindevorstehern und den Wirthen vertheilt. Damit diese nützliche Anstalt bald
in Stand komme, werden alle Häuserbesitzer vorge-
rufen und befragt, ob sie der Gesellschaft beitre-
ten wollen. Als Kassiere der Brandversicherungs-
Gesellschaft, sind hier Joh. Christoph Muller und
Anton Strober ernannt worden. Der Innhalt
dieser Ordnung ist folgender: Der Fürst hat sich entschlossen, für sich und seine Lande, der Hohenlohe-
schen und Kastellischen Brandversicherungs=Gesell-
schaft beizutreten. — Der Fürst gebietet nicht, sondern ladet ein, zum Beitritt zu einer so wohlthätigen Anstalt. — Es steht jedem Unterthan frei be-

zutreten oder nicht. — Alle Privat= und öffentliche
Gebäude sind der Aufnahme fähig, doch mit einigen
Einschränkungen. — Auch Benachbarte und Einge=
sessene werden eingeladen. — Jeder Eigenthümer
darf sein Haus selbst anschlagen, aber nicht über den
mittlern Kurrentwerth. — Man macht den Anschlag
in einer runden Zahl. — Jedes Gebäude werde
besonders angeschlagen. — Nur bei wirklichen
Brand= Unglüken werden Beiträge eingefordert, beim
Eintritt aber ein Einschreibgeld bezahlt. — . Brand
durch Krieg und feindliche Ueberfälle wird nicht ver=
gütet. — Bei nicht ganz abgebrannten Gebäuden
wird das Verhältniß des beschädigten Theils zum un=
beschädigten geschäzt. — Eben so werden auch die
zu Hemmung einer Brunst niedergerissenen Gebäude
geschäzt. Die Beiträge müssen in 4 Wochen einge=
liefert werden. — Doch bei größern Brand = Un=
glüken in mehreren jährigen Fristen. — Blos zur
Wiederaufbauung der Häuser dürfen die Gelder ver=
wendet werden. — Zwei Magistratspersonen besor=
gen die Kasse. — Im Dec. ist Ab= und Einschreib=
zeit, wo jeder den Anschlag seines Gebäudes erhö=
hen kann. — Auf die Entschädigungs= Gelder kann
nie Arrest geschlagen werden; einem Gläubiger bleibt
ja das neue Haus zur Hypothek. — Jedes Haus
darf nur zur Hälfte seines eingelegten Werths ver=
hypothecirt werden. — Es wird eine eigene Brand=
versicherungs=Deputation aus einem Regierungsrathe,
Kammerrathe und bürgerlichen Beisitzern niederge=
sezt. — Ein zufälliger Ueberschuß wird zur Ver=
besserung der Feueranstalten verwendet. — Die
Brand=Deputation arbeitet ohnentgeldlich. — Die
Aemter belehren die Unterthanen und arbeiten daran,
das Institut noch vor Ende dieses Jahrs zu Stande
zu bringen. — Die Unterthanen werden ermahnt,
ihr eigenes Bestes zu bedenken, und Vormünder ge=
warnt, das Beste ihrer Mündel nicht zu vernach=

läſſigen. — Den Beſchluß macht eine Warnung vor Nachläſſigkeit mit dem Feuer. —

43.

Verdienſtvolle Männer ſollten unſterblich ſeyn! —

Verdienſtvolle Männer ſollten unſterblich ſeyn! ſo dacht ich in einſamen Stunden ſchon oft, wenn ich wieder eine Großthat hörte, die dieſer oder jener Edle für ſein Vaterland gethan hat. Hochauf klopfte dann mein Buſen, bei dem Andenken an ſeine Handlung, wozu nur ein erhabnes Herz, ein feuriger Kopf, ein groſſer Geiſt aufgelegt iſt. Lebhaft kann ich mir einen ſolchen Mann vorſtellen, wenn er als glühender Redner vor dem geſpannten Volkshauſen ſteht, jedes Menſchenherz erſchüttert, hinreißt, und entzückt. Wie ſeine Worte ſo geläufig, ſo anziehend, ſo kraftvoll, ſo paſſend, ſo ſtark, ſo kernigt, ſo zuſammenhängend, ſo faßlich, einem Feuerſtrome gleich aus dem patriotiſchen Munde ſtrömen. Wie er aus Ueberzeugung, aus Grundſäzen, als Moraliſt, als Denker die gute Sache vertheidigt, und ſich mit Rieſenſtärke der Böſen entgegenſtemmt. Wie er die verworrenſte Politik durchſpäht, Deſpotenhudelei muthig abſtreift, Verräther entwaffnet, die Sittlichkeit befördern hilft, der geſunden Vernunft, den Menſchenrechten das Wort ſpricht, Vorurtheile und ſchiefe Auslegungen verhöhnt, Misbräuche ausrottet, das Laſter zuſammendonnert, der ſchlangenartigen Kabale den Kopf zerknikt, der Philoſophie und Tugend voll Weisheit und Muth emporhilft. Dies alles that der begeiſterte Redner, der kluge Staatsmann, der beſeelte Patriot wie man hn jezt unter den freyen Franken findet!

Ihm folgt dann der tapfere Krieger auf der ruhm=
vollen Laufbahn nach. Sein Heldenmuth ist nicht
Mordlust, seine Tapferkeit nicht Brutalität, sein Ei=
fer nicht Gelddurst, seine Thätigkeit nicht Leichtsinn,
seine Treue nicht leerer Wortkram. Nur Vater=
landsliebe und Pflicht, nur Ehrengefühl und Drang
beseelen den reinen Trieb des großen Mannes. Er
zieht den Tod der Sklaverei, der Entehrung, dem
Despotenjoche vor. Schlaflose Nächte, rastlose Ta=
ge; unermüdete Anstrengung, schmerzhafte Wunden,
Hunger, Durst, Gefahr, Krankheit, kurz der Tod
selbst mit allen seinen peinigenden Vorboten vermag
es nicht seinen rastlosen Männersinn zu erschüttern.
Willig entsagt er jeder Bequemlichkeit, bietet seine
Brust unerschroken den Kugeln dar, blutet für das
Vaterland, und stirbt mit Lorbeern bekränzt als gu=
ter Bürger, als Held, als verdienstvoller Mann!

O wie himmelweit kontrastieren solche Männer
mit jenen weibischen Ofensizern, mit jenen verzärtel=
ten Weichlingen, die im schnöden Müssiggang erzo=
gen ihr Vaterland bestehlen, im üppigen Taumel
wollüsteln, weder Kopf noch Herz, weder Kraft noch
Willen besizen, für Menschenwohl zu sorgen. Sie
gleichen den Hummeln, die dem Bürger, dem Lands
mann das Mark aus den Knochen saugen, ihren
lüsternen Heißhunger zu stillen, und die heiligsten
Menschenrechte mit Füssen zu treten. Verdienstvolle
Männer sollten unsterblich seyn! Schallt es izt
wieder durch meine Ohren, bei dem Anblik dieser
moralischen Misgeburten, dieser vornehmen Thoren,
dieser hochwohlgebornen Affen. Schade, ha ewig
Schade, daß große Männer voll Herz und Geist,
voll That und Kraft, nur eine Zeit lang unter uns
Sterblichen wohnen dürfen! Wem blutet nicht das
Herz, sobald er ihre sterbliche Hülle gewahr wird,
und sich all der Schrekensscenen erinnert, die dann
unser warten, sobald sie nicht mehr an der Spize

des Volks stehen, oder nur durch einen mittelmäſſi=
gen Kopf erſetzt werden? Wer weint nicht laut, wenn
der dumpfe Hall der hinabgeſchaufelten Erde aus dem
Grab eines ſo groſſen Mannes durch unſre Nerven
bebt? Aus weſſen Mund hallen nicht wehmüthige
Klagtöne, bei dem Grabe des thatenvollen Edlen,
der itzt unthätig da liegt um zu modern? Ach die
Vernunft verlor an ihm ihren Beſchützer, die Wohl=
thätigkeit ihren Bruder, die Philoſophie ihren Freund,
die Armuth ihren Vater, die Tugend ihren Liebling,
die Beredſamkeit ihren Sohn, der Muth ſeinen
Vertrauten, der Staat ſeine Stüze. Er war es,
der der Vernunft huldigte, die Wohlthätigkeit im
Buſen nährte, mit der Philoſophie im traulichen
Umgang lebte, an die Armuth ſein Vermögen aus=
theilte, die Tugend im Herzen trug, der Beredſam=
keit Ehre machte, den Muth ausübte, und dem
Staat ſeine arbeitſamen Tage widmete. Er war es,
der ſeine kurze Laufbahn nicht in ſchnöder Luſt, und
trägem Müſſiggang durchwallte. Er war es, der
ſich ſelbſt von jedem Augenblik ſeines Lebens die ſtreng=
ſte Rechenſchaft gab, um ſie einſt mit offnen Augen
dem Weltrichter wieder geben zu können. Er war
es, der nicht lebte, um blos zu leben, wohl aber um
auch ruhig und heiter ſterben zu können. Er war
es, der ſich der Bürgerpflicht in die Arme, der Re=
ligion in den Schoos warf. Er war es, der nicht
ſchwelgte, und ſich nur dann freute, wenn andre ſich
mit ihm freuten. Er war es, der da nicht donnerte,
wo der Menſchenfreund mit Sanftmuth zu recht=
weißt. Er war es, der an ſeinen Brüdern das Gute
ſchäzte, und das Böſe bemitleidete. Er war es,
der dem Kriecher unwillig den Rüken zukehrte, und
das verkannte Verdienſt an ſeinen Buſen drükte.
Er war es, der ſich im Urtheilen nie übereilte, ſeine
Entſchlüſſe mit reifer Ueberlegung faßte. Genug er
war es, der nur zu gerne ſich ſelbſt über andere vergaß.

Ha, dies sind wahrlich nur die gröbern Pinsel-
züge im Gemälde des verdienstvollen Mannes den uns
Armen der Tod zu frühe entriß! Wie traurig stehen
wir nun da an der eisernen Hand des Ungefährs,
verwaißt, ohne Trost, ohne Führer. Wir alle fühlen tief was er uns war. Knaben neigen ihr sonst
heiteres Jugendgesicht zur Erde hin, Weiber schluch-
zen und weinen, daß ihre Thränen auf die Stirne
des Säuglings hinabrollen, ihm einzuflössen die grosse
Trauerkunde! Alles ist in tiefe melancholische Trau-
rigkeit gehüllt, über einen Verlust, den uns vielleicht
Jahrhunderte nicht wieder ersezen werden. Die Geschichte zeichnet zwar den Namen des Edlen mit
goldnen Buchstaben in ihre Jahrbücher auf, aber
dieses todte Denkmal ist nur ein kleiner Ersaz für
uns arme Verlaßne! Aenstlich bliken wir um uns
her, unter den Jünglingen allen, seinen würdigen
Nachfolger zu suchen, und zweiflen, ob je einer aus
der grossen Reihe bei dem immer mehr und mehr
verschliffenen männlichen Karakter ihn wieder ersezen
wird? Die bängste Ahndung durchbebt unsern Bu-
sen, wir ängsteln, wir zagen, und schon wieder rollen
unsre siedheissen Thränen heftiger als je, auf den
noch frischen Grabhügel des Biedermanns nieder!
Neue Seufzer beginnen um die Worte zu erstiken,
die zu seinem Lobe neuerdings aus dem gepreßten
Herzen strömen wollen. Stumm und verwirrt sen-
ken sich unsre trüben Blike zur Erde nieder, und
verirren sich in einem gedankenvollen Chaos über den
herben unersezlichen Verlust. Alles was wir noch
herauszustammeln vermögen, ist der laute feurige
Wunsch, verdienstvolle Männer sollten unsterblich seyn! —

Von einem deutschen Frauenzimmer.

44.

Sehr merkwürdige Anzeige auf Befehl des regierenden Herzogs von Wirtemberg in die Stuttgarter Zeitungen, im Dec. d. J. eingerükt.

Bey Sr. Herzoglichen Durchlaucht ist eine Anzeige, welche mit den Worten anfängt: „Ein Mann der nur auf der Seiten stehet, und doch alles beobachtet,“ eingekommen. So wenig nun Höchstdieselbe gewohnt sind, auf anonymische Schriften eine genaue Aufmerksamkeit zu richten, so ist Ihnen doch die Gegenwärtige nicht gleichgültig gewesen, da sie Wahrheiten enthält, von welchen Höchstdieselbe Selbsten die Ueberzeugung haben. Seine Herzogliche Durchlaucht lassen also den unbekannten Verfasser auffordern, noch ferner seine Bemerkungen an Höchstdieselbe einzuschiken, oder, welches Ihnen noch mehr zu gnädigstem Wohlgefallen gereichen würde, sich bei Höchstdenenselben entweder in der öffentlichen Audienz, oder in Hohenheim persönlich einzufinden, wobei Se. Herzogliche Durchlaucht ihm nicht nur die Zusicherung einer gnädigsten Belohnung, sondern auch, daß sein Name gänzlich verschwiegen bleiben solle, ertheilen lasse.

www.ingramcontent.com/pod-product-compliance
Lightning Source LLC
Chambersburg PA
CBHW021119270326
41929CB00009B/962